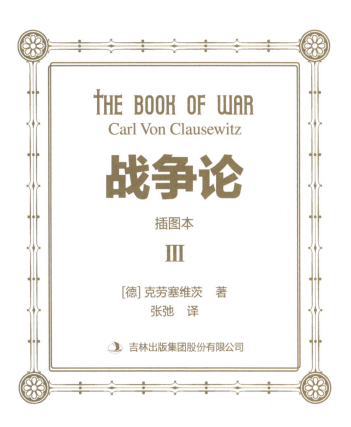

THE BOOK OF WAR

Carl Von Clausewitz

战争论

插图本

III

[德] 克劳塞维茨　著

张弛　译

吉林出版集团股份有限公司

古罗马军团士兵

　　图为古罗马帝国鼎盛时期的第14军团的骑兵和步兵。在《战争论》前两卷的插图中,我们主要讲述了腓特烈大帝时代和拿破仑时代的战争。在本卷中,我们将通过插图简要地梳理19世纪之前的西方战争史,其中包括主要战役以及主要军事人物等。

恺撒遇刺

　　提及西方历史，就不得不提罗马帝国，提及罗马帝国，就必须提到罗马共和国，而提到罗马共和国，就必须提到恺撒。公元前49年，恺撒在击败劲敌庞培之后集大权于一身，成为罗马共和国事实上的统治者。由于担心恺撒称王，实行独裁，所以元老院成员于公元前44年设下圈套，将其诱至庞培剧院暗杀，据说当时恺撒就死在庞培的雕像之下。

罗马帝国的开国君主奥古斯都（屋大维）

　　奥古斯都是恺撒的甥孙和养子、罗马帝国的开国皇帝，也是一个杰出的军事天才，据历史学家记载，奥古斯都"外表异常英俊，也极其优美""头发微曲，眉头紧锁，耳朵大小适中，鼻子上部倾斜，而下方轻微弯曲"，而且"个子不高"，但是如果"不与高个子作比较，其身高的缺憾并不明显"。

目　录

第七篇　进　攻

第八篇　战争计划（草稿）

附　录

第 七 篇

VII

进 攻

第一章　从进攻与防御的关系看进攻

　　如果两个概念在逻辑上是真正对立的——其中一个是另一个的补充，那么，我们就可以由一个概念推导出另外一个概念。虽然我们有限的智力无法一眼剖析入微，不能仅仅根据它们之间的对立关系，就由这个完整的概念推导出另外一个完整的概念，但是无论如何，对于其中一个（或者其中一个的大部分）而言，另外一个毕竟是重要而充分的说明。

　　从这个意义上来说，《防御》篇中前几章与进攻有关的论述，相应地就是对进攻的充分说明，但是这并不是与进攻有关的问题的全部。所以，当概念的对立不是像在《防御》篇前几章中那样直接涉及概念的基本部分时，我们自然就不能从《防御》篇的论述中直接推导出关于进攻所要论述的

亚克兴角战役

亚克兴角是位于希腊西北部的一个海岬，公元前31年，奥古斯都曾在此击败劲敌安东尼，之后成为罗马帝国的霸主。

内容。

变换立足点，有助于我们更加清楚地认识事物，所以，认识一种思想时，远观其大略之后，应该近观其细微，这样才能对它做出全面的说明。

与进攻有关的论述，有不少也是对防御的进一步的说明。所以，在研究进攻时，我们往往会遇到在探讨防御时曾经论述过的问题。在论述防御时，我们曾经讨论过防御的积极价值，在讨论进攻时，我们不打算闭口不提或者完全否定防御的积极价值——这是大多数工兵教程的做法。我们也不打算证明对付每一种防御手段总是有某种绝对可靠的进攻手段，因为这样做与事物的性质是南辕北辙的。

尺有所长，也有其短，防御亦然。虽然它的长处并非不可压制，但是要想做到这一点往往会得不偿失。从任何角度来看，这一点都是正确的，否则就会自相矛盾。

凡事相生相克，出现一种防御手段，就会出现一种进攻手段，但是后者往往是显而易见的，不需要从防御的立足点转到进攻的立足点才能认识它们。也就是说，出现一种防御手段之后必然会出现一种进攻手段，所以我们也不打算详尽地论述能够对付每一种防御手段的进攻手段。我们的意图，是在探讨与进攻有关的每一个问题时，说明进攻所特有的、不是直接由防御引起的情况。由于采取了这种论述方法，所以在本篇中必然会出现一些在《防御》篇中没有提过的内容。

第二章 战略进攻的特点

我们曾经说过，防御并非绝对的等待、抵御、一味忍受，而只是一种相对的等待和抵御，所以它必然多多少少有一些进攻因素。进攻亦然。

二者的区别在于，还击是防御的一个必要的组成部分，没有还击的防御是不可想象的，但是进攻并非如此。因为进攻本身就是一个完整的概念，本来不需要防御，只是由于受到了时空的限制，我们才不得不把防御作为一种迫不得已的下策。之所以说是下策，主要原因有两个。

条顿森林伏击战

公元9年，奥古斯都任命瓦鲁斯为统帅，命令他率领3个军团去征服日耳曼人。大军压境之际，日耳曼人通过诱敌深入的战术，在一个茂密的森林当中几乎全歼罗马军团。据说奥古斯都得知消息之后，以头撞墙，悲痛欲绝。

第一，进攻行动不可能无间断地持续到最后，中间必然会出现平静时期，在进攻行动止歇的平静时期，必然会出现防御状态。

第二，进攻者并不总是能够以进攻行动本身来掩护那些已经通过的地区，以及为了维持生存而必需的地区，对于这些地区，必须专门加以防护。

因此，战争中的进攻，尤其是战略上的进攻，是由进攻和防御交错而成的。但是，我们并不能将夹杂在进攻中的防御当成对进攻的强化，或者为了便于进攻而做的有效准备；简而言之，我们不能将这种防御当成一种有效因素，而只能将它当成不得已而为之的下策、妨碍前进的阻力、进攻的原罪和致命伤。

我们之所以说这种防御是一种阻力，是因为如果它对进攻没有有利影响，那么仅仅由于它耗费的时间，就必然会削弱进攻的效果。

如此一来就产生了一个问题：任何进攻活动中都包含的这种防御因素，是不是能够不对进攻产生不利影响呢？

进攻是较弱的作战形式，防御是较强的作战形式。既然我们承认这一点，那么我们似乎就可以从中得出结论：当兵力足以发动进攻时（采用较弱的作战形式），就必然可以进行防御（采用较强的作战形式），所以防御不会对进攻产生实际的不利影响。

从主要方面来看，这种说法是正确的，在《关于胜利的顶点》中，我们将对此作进一步的说明。但是我们必须知道，战略防御的优越性之一，就在于进攻本身必然夹杂着防御，而且夹杂的是一种软弱无力的防御，也就是说，进攻从防御中所得到的，是防御中最为有害的因素。而且，我们认为在此前就防御而谈的问题也不适用于这种（夹杂在进攻中的）防御。所以，这种防御能在实际

日耳曼人攻击罗马军团

上削弱进攻是不难理解的。正是因为进攻中总是产生这种软弱无力的防御,所以防御中的进攻因素能够发挥积极作用。

经过一天的鏖战之后,在接下来的十二个小时的休息时间里,防御者和进攻者的处境是多么不同啊!

防御者的营地是自己选定的,他们对这里非常熟悉,而进攻者则必须像盲人一样摸索着进入野营地。当为了等待给养物资和援军而需要进行时间比较长的休整时,防御者是在自己的要塞和仓库附近扎营,而进攻者却像栖息在树枝上的鸟儿。

任何进攻都必然以防御而告终,至于这种防御是什么形式,则取决于具体情况:如果敌军已被歼灭,情况可能会很有利;如果敌军依然蠢蠢欲动,情况可能就会很困难。虽然这种防御已经不再是进攻本身的一部分,但是它的特点必然会对进攻产生反作用,并且在一定程度上能够决定进攻的价值。

通过上述考察,我们可以得出一个结论:每次发动进攻时,我们必须考虑在进攻中必然会出现的防御,以便应对进攻过程中的缺点。然而从另一方面来看,进攻本身是持续而不间断的,防御却可以根据等待这种因素减少的程度而分为许多等级,这就会产生彼此极为不同的防御方式;由于进攻只有一个有效因素,夹杂在进攻中的防御只是一种阻力,所以进攻不像防御那样,能够分成不同的方式。

在力量、速度和威力方面,虽然不同的进攻行动之间差别甚大,但是这种差别并非方式上的不同,而只是程度上的不同。

为了顺利地达到目的,进攻者有时候也会采取防御的形式,比如占领一个有利的阵地,以逸待劳,等待敌军发动进攻。但是这种情况极为罕见。我们对概念和事物进行分类的依据向来都是普遍情况,所以我们不必考虑这种罕见的情况。因此,进攻无法像防御那样,能够被区分为不同的等级。

在进攻中可以使用的手段,通常仅仅指的是军队。某些要塞由于位于敌军战区附近,并且对于进攻有显著的推动作用,所以这些要塞也应该被包括在作战力量范围之内,不过,随着军队的推进,这种要塞的作用会越来越小,而且自己的要塞在进攻活动中也绝对无法像防御中的要塞那样能够发挥重大的作用。

此外还有民众的支持,但是只有在居民能够对进攻者夹道相迎而对本国军队抱有厌弃之心时,这种因素才能发挥作用。虽然进攻者也有盟友,但是由于进攻行动本身不一定会带来盟友,所以进攻者有盟友只是一种特殊情况。

因此,在防御活动中,我们可以将要塞、民众支持和同盟者都纳入抵抗手段的范围,但是对于进攻者,我们则不能这样做。

在防御中能够得到这些手段,是由防御的性质决定的,但是在进攻中却很少能得到这些手段,即使能够得到它们,也往往是偶然情况。

日耳曼人发动冲锋，猛攻罗马军团。

第三章　战略进攻的目标

战争目标是打垮敌军,战争手段是消灭敌军,无论是进攻还是防御都是如此。利用消灭敌军这种手段,防御可以转化为进攻,转化为进攻即可占领国土,也就是说,进攻的目标就是占领国土。但是,占领国土不一定是占领所有的国土,可以仅仅是占领国土的一部分、一个省、一个地区或者一个要塞。敌对双方媾和时,这些东西都有充分的价值,也是进攻者的政治筹码。进攻者或者可以将其据为己有,或者可以用它们来交换别的东西。

从这个意义上来说,战略进攻的目标可以大到占领所有的国土,也可以小到占领一个最不重要的地方。一旦达到战略目标,停止进攻,就会出现防御。由此来看,我们似乎可以将战略进攻设想成一种有一定界限的东西。但是,如果根据实际现象来研究这个问题的话,那么我们就会发现,事实并非如此。

因为正如防御活动往往会在不知不觉中以进攻为终点一样,在现实的进攻活动中,进攻活动也往往是在不知不觉中以防御为终点。统帅往往不能事先就预知要占领什么地方,而是必须根据事态的发展来决定。

有时候,进攻活动的进展会比统帅的预期快一些,经过短时间的平静期之后,蓄势待发的进攻又可以获得新的力量,但是我们并不能将平静期前后的行动当成两个完全不同的行动。有时候,停止进攻的时间早于统帅的预期,但是统帅并没有放弃进攻计划,也没有转入真正的防御。

综上可知,如果说成功的防御可以不知不觉地转变为进攻,那么成功的进攻也可以不知不觉地转化为防御。如果人们想正确地运用我们对于进攻所作的一般论述,就必须注意上述大小不一的战略目标。

狼狈撤退的罗马军团

第四章　进攻力量的削弱

在战略上，进攻力量的削弱是一个主要的问题，进攻者能否正确地判断出自己应该做什么，就取决于他们在具体场合能否正确地认识这个问题。

绝对力量之所以会遭到削弱，主要是因为：

第一，进攻者需要达到进攻的目标，即占领敌国领土。(这种状况往往在第一次决战之后就会出现，但是进攻并不会随着第一次决战的结束而终止。)

第二，为了保障交通线的安全，也为了维持生存，进攻者必须占领背后的地区。

安息帝国的骑兵

除了日耳曼人，位于罗马帝国东部的安息帝国也是罗马帝国的劲敌之一。由于两国都是强国，而且相距遥远，所以两国交战时往往是各有胜负，虽然有时候其中一方也能占据另一方的某些领土，但是为了确保和平共处，这些领土往往会很快物归原主。

第三，战斗伤亡和疾病减员。

第四，远离给养物资来源地。

第五，围攻或者包围敌军的要塞。

第六，士气逐日降低。

第七，同盟瓦解。

当然，与这些削弱进攻力量的原因相对应的，还有一些可以增强进攻力量的原因。但是，（在具体问题上，）我们只有把这两种不同的原因加以对比，才能得出最后的结论。比如进攻者的力量遭到削弱时，防御者的力量也遭到了削弱，那么前者就会多多少少地被后者抵消，有时候后者遭到的削弱甚至会更大。但是这种情况比较少见。

我们在进行比较时，除了考虑双方直接投入战斗的所有军队外，还应该考虑双方部署在具有决定性意义的地点上的那些相互对峙的军队。

第五章 进攻的顶点

进攻中取得的胜利是既存优势产生的结果,准确地说,是由物质力量和精神力量共同造成的优势所产生的结果。

的确,我们在前面说过,在大多数情况下,进攻的力量和优势会逐渐衰竭,但是,这种优势有时候也是可以与日俱增的。

为了增加媾和的筹码,进攻者在战争中必须以自己的军队为代价。敌对双方进行媾和的时候,如果进攻者的优势有所衰减,但是并没有荡然无存,那么他们就达到了目的。不过,这种情况是很少见的。在大多数情况下,战略进攻只能进行到它的力量还足以进行防御以等待媾和的时刻。超过这个时刻,攻守之势就会逆转,进攻者就会遭到还击,而且还击的力量通常会强于进攻的力量。这个时刻,就是所谓的进攻的顶点。

由于进攻的目的是为了占领敌国的领土,所以进攻必然会在优势消失的时候终止。这就必然会促使进攻者向着目标前进,而且他们很容易就会超出预定的目标。如果我们能想到在比较敌对双方的力量时需要考虑很多因素,那么我们很容易就能理解为什么在大多数情况下确定敌对双方谁更占据优势是一个非常困难的问题。在这种情况下,一切往往只能依靠不是十分可靠的想象力,所有的问题也都在于依靠迅速而准确的判断来发现进攻的顶点。

从表面上来看,这似乎是矛盾的。既然防御是一种强于进攻的作战方式,那么人们可能就会认为进攻绝不可能超过顶点,因为当力量足以发动进攻时,必然足以进行防御。

古罗马帝国的浮雕,其中表现的内容是一个罗马士兵(左)用一条铁链牵着安息战俘。

第六章　消灭敌军

消灭敌军是达到目的的的手段。我们应该怎么理解这一点？利用这种手段需要付出什么代价呢？

关于这个问题，有下列几种不同的看法：

第一，有的放矢，只消灭为了达到进攻目标所必须消灭的那部分敌军。

第二，尽可能多地消灭敌军。

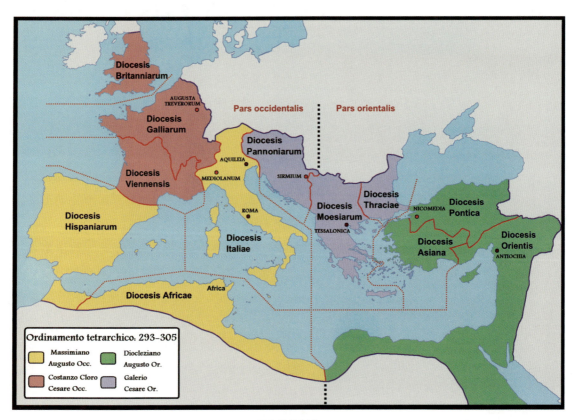

四帝共治制度

四帝共治制度是罗马皇帝戴克里先创立的一种治理模式。在戴克里先之前，由于世袭制度的缺点，罗马帝国饱受内忧外患，整个国家积弱不振，一度濒临崩溃边缘。为了扭转局势，戴克里先废除了帝位世袭和君主独裁的制度，创立了这种全新的治理模式。图中黄色部分为马克西米安的领地，绿色部分为戴克里先的领地，红色部分为君士坦提乌斯的领地，蓝色部分为加列里乌斯的领地。

第三,在保存自己力量的前提下消灭敌军。

第四,在时机有利的条件下消灭敌军——这一点从第三点中引申而来。对于进攻的目标来说,这种情况是可能发生的。关于这一点,我们在第三章中已经谈过了。

战斗是破坏敌军作战力量的唯一手段,我们可以直接(会战)或者间接地(通过各种战斗安排)利用它达到目的。会战是主要的手段,但是不是唯一的手段,占领一个要塞、一部分国土——这是间接破坏敌军作战力量的手段——也是对敌军作战力量的一种破坏,有时候甚至能对敌军的作战力量造成更大的破坏。

占领一个守备力量空虚的地区,除了能够直接达到某种预定的目的,也可以被当成是对敌军作战力量的一种破坏。诱使敌军离开敌占区的作用,与我们占领敌军守备力量空虚的地区的作用极为相似,所以我们只能对二者一视同仁,不能把它们当成是用真正的战斗斩获的成果。

人们往往会高估这些手段的价值,但是事实上它们很少能够具有一次会战那样的价值。鱼见饵而不见钩,人见利而不见害,由于采取这些手段只需要付出很小的代价,所以在采取这些手段时,人们往往会忽视风险。

由于这些手段只能带来较小的利益,只能在条件有限和动机较弱的场合使用,所以在任何时候,我们都只能把它们作为比较小的筹码。在适用的场合,它们显然强于无的放矢的会战,因为盲目发动的会战即使能够获胜,我们也无法充分利用它的成果。

第七章　进攻会战

关于防御会战，我们所谈的一切，在很大程度上就是对进攻会战的说明。

为了便于读者提纲挈领地抓住防御的本质，我们在研究防御会战时，只是将那些防御特性表现得最为明显的会战作为考察对象。事实上，这种会战寥寥无几，大多数防御会战都是半遭遇战，在这种会战中，防御的特性在很大程度上也会消失。然而，进攻会战与此相反。在任何情况下，进攻会战都能保持自己的特性，而且防御者越是偏离防御状态，进攻会战的特点就表现得越明显。所以，无论如何，进攻会战与防御会战——即使是偏离防御状态的防御会战和真正的遭遇战——

达希亚人进攻城堡中的罗马人（壁画残片）

达希亚战争发生在罗马帝国皇帝图拉真在位期间，战争的结果是罗马帝国获胜，并得到了丰厚的战利品，而达希亚王国则被征服。

也是多多少少有差别的。

进攻会战的主要特点，是一旦发动会战就包围敌军或者进行迂回。在战斗中包围敌军，是一个战术问题，也确实能带来很大的利益，进攻者不能因为防御者具有反包围的手段就放弃这一利益。只有在防御者具备采取反包围手段的各种条件时，进攻者才可以放弃包围手段。

一般而言，为了顺利地进行反包围，防御者必须事先占领一些经过慎重选择且工事坚固的阵地。然而事实上，防御者很难获得防御所提供的这些利益，因为在大多数情况下，防御只是一种不得已而为之的应急手段。也就是说，防御者往往是处于如临深渊的危险境地，是在意识到危险即将来临之后才在仓促之间决定阻击进攻者。

对于进攻者而言，发动包围或者侧翼攻击，本来应该是交通线的位置有利时采取的手段，（但是在防御者仓促进行截击的时候，）进攻者却可以凭借物质优势和精神优势利用这些手段。例如马伦哥会战、奥斯特里茨会战、耶拿会战等。

在进行第一次会战的时候，由于进攻者还在国境线附近，即使他们的基地不比防御者的基地优越，在大多数情况下，它也是比较大的。所以，在此形势下，进攻者也可以铤而走险，采取一些风险比较大的行动（发动包围或者侧翼进攻）。按照一般情况而言，此时发动侧翼攻击甚至会比发动包围更为有效。

有的人认为在发动战略包围时，一开始就应该像布拉格会战那样，同时发动侧翼攻击（变换作战正面）。事实上这种看法是错误的，因为战略包围与侧翼攻击几乎没有共同之处，而且需要冒很大的风险。关于这一点，在讨论如何发动战区进攻时再详谈。

对于防御会战而言，如果在日落之前胜负未定，那么我们即可将之视为防御者的胜利。如果说在防御会战中，统帅应该尽量推迟决定胜负的时刻，以便赢得时间，那么在进攻会战中，统帅则应该加快作战进程，但是操之过急的话，往往会造成兵力的损耗，这就必然会使进攻者面临很大的危险。

进攻会战的另外一个特点，是进攻者往往不明敌情，就像在黑暗中摸索一样。进攻者越是面临这种情况，就越需要集中兵力，尽量多攻击敌军侧翼，而少采用包围的形式。至于胜利的果实，这则需要在追击活动中斩获。关于这一点，我们在第四篇第十二章中已经说过。因此，与防御会战相比，在进攻会战中的追击更是一个不可或缺的部分。

第八章　渡河

第一，一条横断进攻路线的大河，对于进攻者而言，往往是很大的阻碍。因为在大多数情况下，他们只能在一个渡河地点渡河，所以，如果进攻者不愿意留在大河附近，那么他们所有的行动都会受到很大的限制。如果进攻者在渡河之后发动一次具有决定意义的战斗，或者敌军向他们发动一次具有决定意义的战斗，那么进攻者就会面临很大的风险。所以，如果一个统帅没有很大的精神优势或者物质优势，他就不应该使自己处于这种境地。

第二，只有在进攻者有背水作战之险的情况下，防御者才有可能守住江河，否则防御者就有失守之虞。如果防御者不将江河防御当成唯一的救命稻草，即使在防御失利之后，也可以在离江河不远的地方进行抵抗，那么进攻者不仅需要考虑敌军利用江河进行的抵抗，而且也得考虑第一条中所说的江河能够给防御者提供的所有有利条件。正是由于这两个原因，所以统帅进攻设防江河的时候总是顾虑重重。

第三，我们在前一篇中说过，如果组织得当，（从理论上来看，）在一定的条件下，利用江河防御可以取得很好的成果。然而，通过观察事实我们就可以发现，在现实中获得这种成果的可能性比从理论上来看的可能性要大得多。在理论中，我们考虑的只是必须要考虑的困难，但是在现实中，进攻者面临的困难要比理论中的困难多得多，对于进攻者而言，这当然会成为巨大的障碍。

如果我们探讨的是规避大规模决战的进攻、有所保留的进攻，那么仅从理论上来看，我们根本不用考虑那些能给进攻者带来不利的微小的障碍和偶然事件。然而，作为行动者的进攻者，首先必须接触的就是这些障碍和偶然事件。我们只需要想一想伦巴第的那些并不是很大的河流也常常能被成功地防守住，即可明白这一点。

如果说战史上也有一些江河防御没有收到预期的效果，那只是因为人们有时候期望过高，希望利用这种手段得到根本不可能收到的效果。或者说，他们根本不是根据这种手段的战术性能来利用这种手段，而仅仅是根据从经验中得知的且被高估的效果来使用这种手段。

第四，无论如何，突破江河防御也比赢得一次普通的会战容易。所以，只有在防御者将江河防御当成唯一的救命稻草，使自己处于一旦防线被突破就会面临灭顶之灾的时候，我们才可以说江河防御这种抵抗形式对进攻者是有利的。

第五，综上可知，在进攻者规避大规模决战的前提下，江河防御具有很大的价值。然而，如果

萨珊王朝国王沙普尔羞辱罗马帝国皇帝瓦勒良

公元224年,安息帝国灭亡,取而代之的萨珊王朝成为罗马帝国的东部劲敌,为了维护罗马帝国的安全,罗马皇帝瓦勒良于公元256年御驾亲征,讨伐萨珊王朝,但是兵败被俘,沦为阶下囚。图为沙普尔踩着瓦勒良的背脊上马。

兵力庞大的进攻者抱着志在必得之心,不怕发动大规模决战时,防御者却用错了这种防御手段,那么进攻者就会得到实际利益。

第六,防御者利用江河防御时,进攻者无法发动迂回的情况是很少见的。无论是在一般情况下对于整个防线而言,还是在特殊情况下对于个别地点而言都是如此。所以,如果兵力占据优势的进攻者积极寻求决战,那么他们总能找到一个佯渡地点,声东击西,在别的地方渡河,然后不惜一切代价发动猛攻,以此来扭转战斗初期可能遇到的不利情况。

从这个角度来说，进攻者依靠强势火力和视死如归的勇气强攻防御者的主要防哨，进行真正的战术强渡的情况是极为罕见的，或者说事实上是根本不可能的。对于强渡这个概念，我们只能从战略意义上去理解。因为，进攻者即使在防线上的守备力量空虚或者守备力量薄弱的地点渡河，仍然需要克服很多不利条件。

在此形势下，进攻者可能会采取的做法，是将兵力分开，在相距比较远并且不能进行共同战斗的几个地点，发动真正的渡河行动。这也是一种最为不利的做法，因为在防御者分散兵力的同时，进攻者这样做也分散了自己的兵力，从而会丧失兵力优势。

比如在1814年，贝雷加尔德就是因为这个在明乔河河畔的会战中遭到了惨败。在这次会战中，双方军队恰恰都分开在几个地点渡河，并且贝雷加尔德所率的奥地利军队的分散程度大于法军。

第七，如果防御者在敌岸设防，那么进攻者要在战略上战胜防御者的方法显然只有两个：一是不顾己岸的敌军，而在某个地点渡河，并利用渡河这种手段击败防御者；二是发动会战。

采取第一种方法时，基地和交通线状况具有很大的作用，但是与这些一般性的条件相比，为了采取这种方法而专门做的准备工作更加具有决定性的作用，比如谁的阵地位置有利，谁的兵力配置得当，谁的部下更能做到令行禁止，谁的行军速度更快等，那么谁就能利用这些有利条件抵消因为一般条件而造成的不利。

采取第二种方法时，先决条件是进攻者必须具有进行会战的决心、手段等条件，一旦进攻者具备了这些先决条件，防御者就不敢轻易采用江河防御手段。

第八，我们的结论是，即使在渡河行动中并没有不可逾越的困难，但是在规避大规模决战的场合，进攻者也往往很容易因为对未来有所顾虑而停滞不前。无论如何，敌对双方夹河对峙的情况毕竟是很少见的，所以，在此形势下，进攻者或者是将防御者留在己岸，或者是勉强渡河之后，在靠近河岸的地方停下来。

在进行大规模决战的情况下，江河也是一种能够削弱进攻的很重要的障碍。此时，如果防御者误把江河作为战术屏障，并且把江河防御作为主要的抵抗活动，那么对于进攻者而言，这就是最有利的局面，因为如此一来，他们轻而易举地就得到了进行决定性打击的利益。虽然这种打击绝不会立刻使敌军一败涂地，但是作为一种有利的战斗，它必然会使防御者的处境更加恶化。比如1796年，奥地利军队在下莱茵区的情况就是这样。

第九章　对防御阵地的进攻

如何利用防御阵地迫使进攻者停止或者发动进攻，关于这一点，我们在《防御》篇中已经详细论述过。只有具有这种作用的防御阵地才是最有用的，才能部分地消耗敌军的进攻力量，甚至是使敌军完全无法发挥作用。

如果防御阵地的确具有这种作用，那么进攻者就会束手无策，也就是说，他们无法抵消防御者的利益。然而事实上并不是所有的防御阵地都具备这种作用。

如果进攻者发现不进攻防御者的阵地也可以达到目的，那么发动进攻就是多此一举。如果必须进攻防御者的阵地，那么进攻者首先就会考虑，是否可以通过威胁敌军的侧翼来迫使敌军不战而逃，如果利用这种手段无法达到目的，那么发动进攻就是势在必然。即使是在这种情况下，攻击防御阵地的侧翼的难度也会比较小。

至于应该攻击哪一侧，则取决于双方撤退线的位置和方向，也就是说，取决于能否威胁敌军的退路和保障自己的退路。然而，在大多数情况下，这两个目的是无法同时兼顾的。在这种情况下，进攻者首先应该考虑的，是威

狄奥多西一世

狄奥多西一世是罗马帝国第67任皇帝，公元394年9月，他率领东罗马帝国军队在冷河击败西罗马帝国军队，再次统一罗马帝国，但是对于罗马帝国而言，这也是最后一次统一。

胁敌军的退路，因为这种手段本身具有进攻性质，与进攻是相适应的，而保障自己的退路则具有防御性质。当然，如果防御者兵力强大，并且阵地坚固，那么进攻者威胁敌军的退路时就必须面临很大的风险。这一点是肯定的，也是一个无可辩驳的真理。当然，在这一方面并不是没有成功的战例，比如托尔高会战、瓦格拉姆战役。但是就总体而言，这种防御阵地遭到进攻的危险还是比较小的。面对这种阵地的时候，曾有无数最为优秀的统帅选择了退避三舍。

最后，我们想说明的是，绝对不能将常见的会战与我们在这里所说的这种会战混为一谈。因为大多数会战其实就是遭遇战，在这种会战中，虽然一方是停止的，但是他们并没有停留在事先选择好的阵地上。

第十章　对营垒的进攻

由于法国边境的单线式防线屡屡被攻破，贝费恩公爵在布勒斯劳的营垒中会战失败，以及奥地利军队在托尔高战役中一败涂地，所以人们曾经对营垒工事嗤之以鼻。

此外，腓特烈大帝通过迅捷如风的行军和猛烈如火的进攻所获得的胜利，更加使人们以为防御以及与防御有关的一切都一无是处。如果命令几千人防御几普里宽的国土，或者筑垒工事只是一些没有设置障碍的堑壕，那么这种防御当然是毫无价值的，对它们寄予希望也相当于缘木求鱼。

然而，如果因此而像那些只会坐而论道的空谈家一样，全盘否认筑垒工事的价值，那也是滑天下之大稽。试问：如果筑垒工事的作用不是用来加强防御，那么它们还有什么用处呢？

一般而言，一个构筑完善且有足够的兵力严密把守的营垒工事是坚不可摧的，这是由理智得出的结论，也是经由千百次的经验得出的结果，即使是从进攻者的角度来看也是如此。如果我们承认单个的筑垒工事能起到这样的作用，那么我们同样得承认：对于进攻者来说，进攻这种营垒简直难如登天。

通常情况下，驻守营垒的兵力比较少，但是这是由营垒的性质决定的，只要善于利用地形障碍和坚固的工事，即使守军兵力很少也可以抵抗兵力占据优势的敌军。

腓特烈大帝的兵力虽然比据守皮尔纳营垒的守备部队多一倍，但是他还是认为进攻这个营垒是不可行的。由于驻守皮尔纳的萨克森军队并非精锐之师，所以后来有很多人以此作为唯一的依据，认为腓特烈大帝当时可以攻破这个营垒，然而，皮尔纳军队的状况并不能作为否认营垒作用的依据。虽然有很多人认为攻破皮尔纳营垒易如反掌，但是如果把他们放到腓特烈大帝的位置上，他们在当时能否下定进攻的决心实在是未知数。

我们认为，进攻营垒毕竟是一种非同寻常的进攻手段。只有仓促构建的营垒尚未竣工，用来阻止敌军接近的障碍物还比较少的时候，攻击营垒才有可能得手。有时候，进攻者甚至可以把此作为轻易战胜敌军的一种手段。

第十一章　山地进攻

　　从战略上来说，山地在进攻活动和防御活动中有什么一般性的作用，关于这个问题，我们在第六篇的第五章以及其他几章中已经作过详细说明。此外，我们也尽量面面俱到地谈到了山地作为真正的防线时具有什么作用。作为进攻者，由此不难看出应该如何应对作为真正的防线的山地。虽然这个问题很重要，但是在此已经无须赘述。

　　我们曾经说过，在进行次要战斗和进行主力会战时，我们应该区别对待山地防御。在次要战斗中，由于一切情况都对进攻者不利，所以进攻者只能将山地进攻当成迫不得已的下策。但是在主力会战中，对于进攻者而言，山地却是有利的。所以，如果进攻者的兵力雄厚，而且有攻坚犯难之心，那么他们就应该在山地与敌人作战，一旦这样做的话，他们也必然能够从中获益。

阿拉里克

　　阿拉里克是西哥特国王、西哥特王国的缔造者，也是卓越的军事天才。狄奥多西一世在世期间，为了安抚西哥特人，将他们安置在帝国边境，利用他们戍边。狄奥多西去世之后，西哥特人立刻推举阿拉里克为王，并断绝了与罗马帝国的联系。此后，阿拉里克屡次兴兵入侵，甚至一度包围罗马城，罗马帝国多次割地或者交付赎金，不胜其扰。

这个结论不仅与表面现象相悖，而且初看之下也与所有的战争经验水火不容，由于它很难得到别人的认同，所以我们在这里不得不再次谈到它。

无论进攻者是否寻求决战，如果敌军没有占领彼此之间的山地，进攻者就会额手称庆，并且总是会匆匆忙忙地占领横亘在面前的山地。在战争中，这种事情可谓屡见不鲜，而且任何人都会认为这种行动与进攻者的利益是相符的。这样做未尝不可，但是在我们看来，对不同的情况必须有区别地对待。

一支摩拳擦掌地准备向敌军发动主力会战的军队，必须翻过未被占领的山地时，自然而然地会担心敌军会在最后时刻封锁那些他们想利用的隘路。如果防御者仅仅是占领一个无关紧要的山地阵地，那么进攻者就可以因此获利，然而，如果防御者封锁了这些隘路，那么他们就可以集中兵力，也可以有针对性地封锁进攻者的必经之处。所以在这种山地会战中，进攻者就不再具备我们在第六篇中所说的一切有利条件，而防御者则有可能占领一个坚不可摧的阵地，并且为了应对会战，他们会更加有效地利用山地。

然而，如果能考虑防御者在最后时刻扼守这种坚不可摧的阵地的难度，我们就会发现这种防御手段是完全不足为恃的，从这个角度来说，进攻者所担心的情况事实上发生的可能性并不大。尽管发生这种情况的可能性不大，但是进攻者产生这种疑虑却是很自然的，因为在战争中，产生这种疑虑完全在情理之中。

公元410年，阿拉里克率军进入罗马，在城中洗劫3天，罗马城遭到了严重的破坏。

除了担心隘路被封锁外，进攻者必然会产生疑虑的还有一种情况：防御者可能会利用前卫或者前哨线进行暂时的山地防御。虽然防御者利用这种手段只有在少数情况下才有利可图，但是进攻者很难估计哪种情况对防御者有利或者不利，所以患得患失的进攻者难免会担心出现最不想见到的情况。

坚不可摧的阵地的确存在，不一定非得在山地上才有这种阵地，事实上，如果这种阵地不是构筑在山地上，反而能发挥更大的作用。有些人认为在山地上也能找到这样的阵地，并且防御者能够在此摆脱常见的山地阵地的不利条件，我们并不排除某个阵地因凭山地地形之便成为坚不可摧的阵地的可能性，但是我们也必须指出，这样的阵地是极为罕见的，而被我们纳入考察范围的只是一般情况。

在山地上进行具有决定意义的防御会战举步维艰，伟大的统帅进行防御会战时，总是倾向于在

阿拉里克去世之后入葬

平原地带作战,而畏山地如洪水猛兽。纵观战史,我们即可发现这一点。在整个战史中,除了法国大革命战争时期,我们再也找不到在山地进行具有决定性意义的会战的战例。在法国大革命战争时期,不得不进行具有决定性意义的会战时,人们之所以利用山地阵地,显然是因为利用有误或者推断有误。比如1793年和1794年在孚日山,1795年至1797年在意大利的情况就是这样。

1800年,梅拉斯因为没有占领阿尔卑斯山的隘路而屡遭诟病,但是这些肤浅而幼稚的批评都有欠妥当。如果将梅拉斯换成拿破仑,恐怕他也不会占领这些隘路。

与山地进攻有关的部署问题,大多数都带有战术性质。我们认为只需要对山地进攻的一般情况——那些与战略关系密切并且与它一致的部分——作几点说明。

第一,与其他地方相比,军队在山地上行军时无法离开道路,如果急需分兵前进,由一路变成两路或者三路,那么他们只能拥挤在很长的隘路上,所以军队在山地行军时,一般应该沿着几条道路前进，更准确地说，是应该在一个比较宽的正面上行进。

第二，在山地防御活动中，如果防御者的正面很宽，那么进攻者就应该兵合一处，发动猛攻。在这种情况下，想要包围敌军几乎是不可能做到的，进攻者要想取得重大的胜利，主要的方法是突破敌军的防线或者击退敌军的侧翼，而不能将希望寄托于切断敌军退路这种手段。所以（突破防御者的防线之后），在他们的主要退路上发动马不停蹄的追击是进攻者自然而然会采取的手段。

第三，如果在山地上进攻兵力配置得比较集中的敌军，那么对于进攻者而言，迂回就是进攻活动中极为重要的一部分。因为在此形势下，发动正面攻击的时候，防御者会动用最大的兵力发动还击。在发动迂回行动时，进攻者必须以切断敌军的退路为主要目的，而不能以发动战术上的侧翼攻击或者背后攻击为目的。之所以这样做，主要原因是，如果防御者兵力较大，那么他们在山地阵地的背面也能进行激烈的抵抗。只有使敌军意识到有后路被截断的危险，进攻者才有迅速获得成果的希望。在山地上，防御者能够比较早地嗅到这种危险，因为在情势危急时，防御者在这种地形上很难杀出血路。至于单纯的佯动，在发动迂回行动时，这并不是什么有效的手段，它最多只能诱使敌军离开阵地，并不能带来什么比较大的成果。所以，归根结底，我们还是必须以真正切断敌军的退路为目的。

第十二章　对单线式防线的进攻

单线式防线的正面过宽，与直接的江河防御或者山地防御相比，这种防线对进行具有决定性意义的会战极为不利，所以，如果敌对双方在这种防线上进行一次主力会战，那么进攻者就会从中得到真正的利益。

1712年，欧根在德南构筑的就是这种防线，防线崩溃之后，他遭到的损失完全不亚于会战失败之后遭到的损失。如果欧根亲王当时能够集中配置兵力，那么维拉尔恐怕就无法轻易得手。如果进攻者不具备发动一次具有决定性意义会战的条件，而且扼守防线的又是防御者的主力，那么进攻者就不敢轻举妄动。比如在1703年，维拉尔在路德维希·冯·巴登扼守的施托尔霍芬防线之前就曾踌躇不前。

当然，如果扼守防线的是次要军队，那么结果如何就取决于进攻者能够投入多少兵力。在这种情况下，防御者的抵抗并不会很激烈，但是进攻者所获的成果也不会有太大的价值。

围攻者的围攻防卫圈具有一种独特的性质，在讨论战区进攻时我们再加以详细说明。

只要是单线式配置，就必然有容易突破的弱点，比如加强的前哨线等。但是，如果突破防线的目的不是为了继续前进以求决战，那么进攻者就只能得到有限的成果。在大多数情况下，为这样的成果采取这样的行动也是得不偿失的。

汪达尔人洗劫罗马城

继西哥特人之后，迅速崛起的汪达尔人成为罗马帝国的另外一个边境大患，公元455年，汪达尔人攻入罗马城，烧杀抢掠，致使罗马城遭到了毁灭性的破坏，据历史学家记载，劫难发生之后，曾经繁华无匹的罗马城只剩下了不到7000人，就连罗马皇帝也在此次劫难中丧生。

第十三章 机动

第一，我们在第六篇第三十章中谈过这个问题。

进攻者和防御者都可以采取机动，但是由于它更多地偏向于进攻性质，所以我们想进一步探讨这个问题。

第二，机动与在大规模战斗中打算动用强大力量进行进攻的态势并不悖逆，但是它与使用进攻手段直接发动进攻是对立的，即使是在威胁敌军的交通线、发动牵制性攻击等情况下也是如此。

第三，就一般含义来说，机动这个词有诱使敌人入彀的效果，从表面来看，似乎引而不发即可产生这种效果，也就是说，这种效果产生于均势。这种机动好像下棋时的先手，是一种势均力敌的赌博，目的是蓄势待发，为后面的成功创造有利机会，进而利用这种机会获得压倒性的优势。

第四，利用机动带来的利益，有时候可以当成行动目标，有时候可以当成行动依据。这些利益主要如下。

A. 切断或者限制敌军的物资补给。

B. 同友军会师。

C. 威胁敌军与本国的联系，或者威胁敌军与其他军团、军的联系。

D. 威胁敌军的退路。

E. 利用优势兵力攻击敌军的孤立据点。

在具体情况中，这五种利益可以表现为最小的目标，并且在一定的时间内，我们可以使这些目标成为一切活动的中心。比如在这种情况下，一座桥梁、一条道路、一座工事等往往会产生重要的作用，之所以如此，是因为它们与这五种利益之一产生了某种联系。关于这一点，在任何情况下，都是不难证明的。

F. 对于进攻者或者积极行动的一方（有时候也可能是防御者）而言，一次成功的机动带来的结果，往往是得到某地、某个仓库等。

G. 在战略机动中有两组对立的概念，第一组是包围和内线活动，第二组是集中兵力和分割兵力。事实上，这四个概念是同一事物的不可缺少的组成部分。

H. 对于第一组对立概念，我们绝不能说其中一个比另外一个重要。主要原因有两点：第一，在其中一方采取其中一种行动方式的时候，必然会促使对方采取另外一种行动方式——后者就像前者的平衡力或者中和剂；第二，包围与进攻性质相同，内线活动与防御性质相同，所以在大多数情况下,包围适用于进攻者,内线活动适用于防御者,哪种行动方式用得越恰当,哪种行动方式就越有利。

I.另一组独立概念与第一组对立概念相同,我们同样不能认为其中一个比另外一个重要。兵力占据优势的一方,可以分散配置兵力,因为在战略范围内,这样做可以造成便于自己生存和行动的有利条件,也可以保全自己的军队;兵力较弱的一方则必须尽量集中兵力,然后通过机动化地行军来弥补兵力缺陷。

当然,必须具有炉火纯青的行军技巧才能获得比较高的机动性,所以,我们可以得出一个最终结论,兵力较弱的一方必须更加充分发挥自己的物质力量和精神力量。如果我们的看法始终一致,那么我们就必然处处都可以见到这个结论,所以,我们可以把它作为检验我们论证的逻辑性的试金石。比如腓特烈大帝在1759年和1760年对道恩的战局、在1761年对劳东的战局,以及蒙特库科利在1763年和1765年对屠朗的战局等,我们始终可以把此作为兵力较弱的一方最巧妙地利用机动化典范。我们的看法,也主要是根据这些战局得出的。

J.滥用上述两组对立的概念,就会得出错误的原则。同理,对于其他的一般性的条件,我们绝不能认为它们具有实际上并不存在的重要性和决定性的影响。追求的利益越小,我们就越是需要注意细节,比如地点、时间等,而一般性的情况和重大的情况也越不重要,因为在这种蝇头小利的计算中,它们基本上没有什么作用。

1765年,屠朗背靠莱茵河将兵力配置在宽度为三普里的正面上,而撤退时所用的桥梁却在最右翼。按照一般的观点来看,这简直是荒谬绝伦。然而,屠朗所采取的措施却达到了目的,从这个角度来说,将这些措施当成技巧和智慧的结晶并不是没有理由的。只有更多地注意细节,并根据它们在具体情况下所具备的价值来评价它们,我们才能理解它们。

K.综上所述可知,对于机动来说不存在任何规则,任何方法、一般性的原则都不能决定这种行动的价值,而在具体情况下,巧妙的活动、准确性、秩序、服从、视死如归的精神等,却有利于获得显著的利益,而且在这种行动中要想克敌制胜,主要依靠的就是这些特性。

第十四章　沼泽地、泛滥地和森林地的进攻

所谓沼泽地，指的是只有少数堤道的难以通行的草地。

我们在《防御》篇中说过，在战术进攻中，这种地形会带来特殊的难题，比如在沼泽地很宽的时候，既无法用炮火驱赶对岸的敌人，也难以铺设道路。所以在战略方面，人们总是力图避免直接进攻沼泽地，而是会尽量绕过它们。

如果沼泽地就像有些低洼地那样，有面积很大的耕作区，道路密布，那么从相对意义上来说，防御者的抵抗就是比较强的，但是如果是进行具有决定意义的决战，那么防御者的抵抗就显得比较薄弱，有时候甚至毫无作用。然而，如果沼泽地能够像荷兰的低洼地那样，在洪水泛滥的时候寸步难行，那么防御者的抵抗就可以得到最大化的增强，任何进攻者至此都会束手无策。

比如1672年的荷兰战争就证实了这一点。当时，法军在攻占了泛滥地之外的要塞之后，兵力还有五万，防守泛滥线的荷兰军队的兵力为两万，但是法军却始终未能攻破这条防线。1787年，布伦瑞克公爵指挥普鲁士军队与荷兰军队作战时，在普军兵力较少的情况下，只付出了轻微的代价就攻破了这道防线。如果说1787年的战局与1672年的战局截然相反，那么我们应该到防御者的政治分歧和在指挥活动中各自为战这个事实中去寻找理由。

除此之外，普军在1787年的战局中之所以能够获胜，还有一个原因。也就是说，普军之所以能够突破这道防线，直抵阿姆斯特丹城下，是一个极为微小的原因引起的：哈勒姆湖的防守力量空虚，布伦瑞克公爵正是利用这一点，绕过沼泽地防线，长驱直入，到达了阿姆塞尔温①防哨的背后。如果荷兰人当时在哈勒姆湖上布置几艘军舰，布伦瑞克就无法直抵阿姆斯特丹城下，因为当时他已经智穷力竭了。这种情况（在哈勒姆湖上布置军舰）能够对媾和产生什么影响，这不是我们所要讨论的问题，但是这道防线不可能被攻破却是毋庸置疑的。

冬季是泛滥地防御的天敌，关于这一点，我们能够以1794年和1795年的法军为佐证——当然，只有严寒的冬天才是这样。

除了沼泽地，难以通行的森林地也是能够加强防御的手段之一。如果森林地的纵深比较浅，那么进攻者就可以沿着彼此靠近的几条道路穿过森林，到达易于通行的地区，因为防御者在森林里设置防御措施的时候，各个地点的防御力量不会很强，而且森林地也绝对不会像江河或者沼泽地那样，完全无法通行。

---

① 阿姆塞尔温（Amselvoen），这里可能是作者的笔误，阿姆塞尔温应该指的是阿姆斯特丹南部的阿姆斯切尔温（Amstelveen）。——译者注

查士丁尼一世的妻子狄奥多拉皇后

　　狄奥多拉皇后善于玩弄权柄，也是个政治强人，与贝利撒留的妻子过从甚密，这也是贝利撒留屡屡被他的妻子玩弄于股掌之中的一个重要原因。

晚年行乞的贝利撒留

贝利撒留是罗马帝国的名将，此人极为具有军事天分，几乎称得上是百战百胜，虽然查士丁尼一世对他颇为猜忌，多次施以打压，但他始终忠心耿耿。根据爱德华·吉本在《罗马帝国衰亡史》中的记载，虽然此人战功卓著，但是极为惧内，甚至惧怕到了令人发噱的程度。贝利撒留一生南征北战，曾多次平定国内叛乱，并且曾先后征服汪达尔人和东哥特人，但是据说他的晚年极为凄惨，不仅财产被充公，而且被剜掉双眼，只能在街头以行乞为生，不过有的历史学家指出这只是民间传闻。

然而，如果像俄国和波兰那样，几乎到处都是难以通行的茂密丛林，那么进攻者面临的处境当然就是困难的。我们只要想一想进攻者筹措给养物资的难度，以及在森林地调集优势兵力对付神出鬼没的敌军的难度，就可以明白这一点。

第十五章　寻求决战的战区进攻

与此相关的大部分问题，我们在第六篇中已经谈过了。我们将前面的论述反过来看，就是对战区进攻的必备说明。

阿提拉

继汪达尔人之后，罗马帝国边患又起，这就是阿提拉所率的匈奴人。阿提拉是古代欧亚大陆的匈奴人最为熟知的领袖和皇帝，曾多次入侵罗马帝国，并且于公元452年攻占了西罗马帝国的首都，致使西罗马帝国名存实亡。在西欧，人们对他的评价是很不同的，有人认为他是残暴和掠夺的象征，称其为"上帝之鞭"，比如在但丁的《神曲》中，他就出现在炼狱的第七层，但是也有人认为他是一个伟大的皇帝。

从概念上来说，一个独立的战区与防御的关系往往比与进攻的关系密切。关于进攻的一些主要问题，我们在前面已经谈过了，比如进攻的目标、胜利的影响范围等，至于与进攻性质有关的一些最具有决定意义和最为重要的问题，则必须到研究战争计划时才能加以阐述。在此，我们打算从寻求大规模决战的战局这个角度来探讨几个问题。

第一，进攻的直接目标就是克敌制胜。

处于防御地位的防御者所得到的利益，进攻者只能通过微弱的优势来抵消，或者说，进攻者最多只能通过一种微弱的优越感——使自己的军队意识到自己是进攻者和前进者——来抵消防御者的优势。

在大多数情况下，人们往往会高估这种优越感的作用，然而事实上，这种优越感是不能持久的，而且也禁不起实际困难的考验。当然，我们做出这种假设的前提，是防御者和进攻者一样，采取的行动都是正确的。

我们之所以作如上说明，是想消除人们对奇袭的错误看法——在进攻活动中，人们往往以为奇袭是克敌制胜的源泉。事实上，如果没有一定的条件，奇袭是根本无法实现的。

与战略上真正的奇袭有关的问题，我们在前面已经说过了。

因此，如果进攻者没有物质方面的优势，那么他们就必须具备一种能够弥补缺陷的精神优势。如果没有

沙隆战役中发动突击的匈奴骑兵

　　公元451年，西罗马帝国联合西哥特人组建联军，在沙隆地区与阿拉提所率的匈奴联军展开激战，这也是西罗马帝国最后一次大型军事行动，虽然匈奴联军在此战中落败，但是西罗马帝国也遭到了极为惨重的损失。

精神上的优势,那么进攻者就没有发动进攻的理由,即使勉强发动进攻,也往往会以失败告终。

第二,三思而行是防御者的守护者,英勇无畏是进攻者的保护神。不过,这并不是说,一方不必具备另外一方应该具备的特点,而是说三思而行与防御、英勇无畏与进攻具有更加密切的关系。

军事行动不是数学演算,而是在晦暗不明的领域中摸索前进,所以从一般意义上来说,三思而行和英勇无畏对于防御者和进攻者来说是必要的。在这种活动中,我们必须信赖那些能够帮助我们达到目的的指挥官——防御者越是畏首畏尾,进攻者就越应该铤而走险。

第三,要想克敌制胜,就必须使敌我双方的主力交战。

关于这一点,防御者或许有所顾虑,但是进攻者不必如此,因为寻求战斗的进攻者往往是主动寻找已经占领某个阵地的防御者。

我们在《防御》篇中曾经明确地说过,如果防御者的配置不当,那么进攻者就可以以逸待劳,因为在此形势下,进攻者可以确信防御者会主动出击,如此一来,进攻者就可以在敌军准备欠妥的时候发动突袭。此时,一切都取决于进攻者能否正确断定哪条道路和哪个方向最为重要。我们之所以在探讨防御时没有论述这个问题,而只是让读者参阅本章,只是想在这里对这个问题加以必要的说明。

第四,我们应该把什么作为进攻的直接目标,或者说我们应该把什么作为胜利的目的,关于这一点,我们在前面已经说过了。

如果这些目标在我们要进攻的战区内,或者说,这些目标在我们的克敌制胜之地的范围内,那么通向这些目标的道路就是进攻的自然方向。当然,只有在能够获胜的情况下,进攻目标才有意义,所以在考虑进攻目标时,必须始终考虑胜利。从这个意义上来说,对于进攻者而言,重要的不是达到进攻目标,而是以胜利者的姿态达到进攻目标。也就是说,进攻者的进攻方向不是指向进攻目标本身,而是指向防御者抵达这个目标时的必经之路。

哪条道路是防御者的必经之路,哪条道路就是进攻者直接进攻的对象。如果进攻者能够在敌军到达进攻目标之前发动攻击,切断敌军与这个目标的联系,并且在此形势下击败敌军,那么进攻者就可以取得比较大的胜利。

比如敌国首都是主要的进攻目标,防御者也没有在首都和进攻者之间布防,那么进攻者就不能长驱直入,直捣敌国首都,而是应该把敌军与首都之间的交通线作为直接进攻对象,并且应该尽量在交通线上击败敌军。一旦达到这个目的,得到敌国首都就几乎不费吹灰之力。

如果在克敌制胜之地的范围内没有很大的目标,那么敌军与最近的大目标之间的交通线就具有特别重要的意义。在此形势下,进攻者必须考虑一个问题:在会战中获胜之后,应该如何利用这种胜利? 显然,利用这种胜利可以取得的目标就是进攻的自然方向。

如果防御者的配置很正确,恰恰配置在这个方向上,那么进攻者就应该毫不犹豫地发起挑战。如果防御者的阵地坚不可摧,那么进攻者就应该避难就易,尽量从防御者的阵地旁边通过。如果防御者没有在正确的地点布防,那么进攻者依然应该在这个方向上前进;如果进攻者到达与防御者平行的位置之后,防御者依然没有向进攻者的侧面移动,那么进攻者就应该转向敌军与进攻目标之间的交通线，以便在那里向敌军挑战。如果敌军停留在原地，始终按兵不动，那么进攻者就应该扑向敌军后方，从敌军背后发动攻击。

对于进攻者而言，那些能够通向目标的道路中，通衢大道永远是最好的也是最自然的选择。如果这些道路的某些地段过于曲折，那么到达这些地段时就应该另寻比较直的道路，因为退路过于曲折一般都是非常危险的。

第五，在寻求大规模决战时，进攻者没有分割兵力的理由，一般而言，如果进攻者分割兵力，这往往只是因为他们不明情况而采取了错误的行动。所以，进攻者只能在可以保证各纵队同时参战的正面上行进。如果防御者分割兵力，那么进攻者就可以从中获得更大的利益。也只有在这种情况下，进攻者才可以进行一些小规模的佯动——为这个目的而分割兵力也是正确的。

此外，在进攻活动中，为了组织战术包围，有时候进攻者也必须分成几个纵队前进，因为对于

阿提拉的饮宴

阿提拉喜欢饮酒，经常通宵达旦地狂饮，据历史学家记载，他的死亡就是因为饮酒过度。

进攻者而言，采取包围行动是顺理成章的。若非逼不得已，进攻者就不应该放弃这种作战形式。当然，这种包围只能是战术性质的包围，因为在大规模战斗中进行战略包围完全是浪费兵力。只有当进攻者占有压倒性的优势，获胜犹如探囊取物时，才可以进行战略包围。

第六，由于进攻者的后方和交通线也需要掩护，所以进攻者也需要谨慎行事，应该尽可能地依靠前进行动本身来掩护后方和交通线。换言之，进攻者可以依靠前进的军队本身来完成这种掩

护。如果必须分割一部分兵力来完成这个任务,这就会削弱进攻者的力量。由于一支兵力比较大的军队通常需要在两端至少相距一日行程的正面上行军,所以,只要交通线与军队正面大致呈垂直状态,那么军队正面一般就可以掩护交通线。

在这种情况下,进攻者需要冒多大的风险,主要取决于敌军的特点。

如果大规模决战一触即发,所有活动都处于剑拔弩张的态势之下,那么防御者就很少有威胁敌军后方或者交通线的余地,进攻者在这种情况下一般也无须杞人忧天。但是,一旦前进行动停止,进攻者转攻为守,那么掩护后方和交通线就会越来越成为主要问题。因为进攻者的后方比防御者的后方脆弱,对于防御者而言,在转守为攻之前,甚至在不断放弃国土的过程中,也可以攻击进攻者的交通线。

拉斐尔的名画《伟大的利奥与阿提拉的会面》

沙隆会战之后，阿提拉翻过阿尔卑斯山进入意大利北部，攻占了维罗纳、米兰等地，最后止步于罗马城下，在会见教皇利奥之后，他决定撤兵回国。在基督教世界中，这次放弃进攻罗马城的行动为他赢得了很好的声誉。

第十六章　不求决战的战区进攻

第一，即使进攻者没有发动大规模决战的决心和力量，他们也会有一定的战略进攻意图。如果进攻行动成功，目的达到，那么整个局势就会趋于平静，出现势均力敌的态势。如果在进攻过程中遇到一些阻力，那么在达到目标之前，进攻者的整体行动就会停止，虽然此时会出现一些进攻活动甚至是战略机动，但是这纯粹是一种临时性的行为，这也是大多数战局的特征。

第二，在不求决战的战区进攻活动中，可以作为进攻目标的对象分别如下。

A.某个地区。

一般而言，占领某个地区可以获得给养物资，在必要时可以就地征收军税，减轻本国负担，在议和时还可以用它来交换别的东西。有时候，占领某地是为了满足军队的荣誉心，比如在路易十四时代，法国统帅所指挥的战争中就经常出现这样的情况。

占领某地之后能否将其始终据为己有所产生的效果有云泥之别。在通常情况下，只有在这个地区与自己的战区毗邻，是战区的自然补充部分时，它才不会易守，也只有这样的地区在议和时才可以作为交换其他东西的筹码。如果不是这样的地区，那么在通常情况下，只能在战局持续时间内将其据为己有，冬天来临时则必须放弃。

B.敌军的某个仓库。

如果仓库不大，那么我们就不能将它当成能够对整个战局产生决定性影响的进攻目标。此外，进攻者占领仓库所获得的主要利益也不是获得仓库本身，而是迫使防御者后退并放弃一部分他们本来可以保住的领土。由此可见，夺取仓库事实上只是一种手段，这里之所以把它作为一种目的提出来，是因为在进攻活动中，它是一个直接而明确的目标。

C.某个要塞。

在随后我们将用专门的一章来讨论如何夺取要塞，通过参阅那一章，读者就可以理解，在不能以完全击溃敌军或者占领敌国大部分领土为目的的进攻战争或者进攻战局中，为什么要塞始终是最为理想也是最为重要的进攻目标。此外，读者还可以进一步理解，为什么在要塞密布的尼德兰，在大多数情况下，有步骤地占领整个地区似乎从来不是主要问题，占领某个要塞反而是所有军事活动的中心，也就是说，将每个要塞当成具有某种价值而应该予以考虑的东西——人们更多地注意到的是对它发动围攻是否有利，而不是它本身的价值。

由于围攻要塞需要耗费大量的金钱，所以无论如何，围攻一个比较大的要塞都是一种重大的行动,如果说这种行动对全局性的战争没有什么影响,那么我们就更得注意这一点。从这个角度来说,围攻要塞就成了战略进攻的重要目标之一。当然,要塞越小,围攻准备和围攻过程越是敷衍了事,围攻行动越是具有附属性质,战略目标也就越小,也就越适用于微弱的兵力和微弱的意图。在这种情况下,发动围攻只是为了给战局增加一些荣誉,整个行动也往往只是虚有其表,因为对于进攻者而言,总得采取一些行动以掩人耳目。

D. 进行一次有利的战斗、遭遇战,甚至是会战。

无论是为了夺取战利品、满足军队的荣誉心,或者只是为了满足统帅的荣誉心,这种战斗都有可能发生,只有那些对战史一无所知的人才会认为这种情况不可能出现,比如在路易十四时代法军所进行的战争中,大多数进攻会战就具有这种性质。

然而,我们必须指出,这种会战并不是毫无意义,不能把它们当成仅仅为了满足虚荣心而进行的游戏。对于议和而言,它们肯定具有一定的影响,有利于进攻者比较直接地达到目的。换言之,军队的荣誉、军队和统帅的精神优势所起的作用虽然是无形的,但是对整个军事行动来说,它们却是始终有影响的。

进行这类战斗必须具备两个前提:第一,获胜的把握比较大;第二,即使失败也不会受到很大的损失。当然,这只是一种在特殊情况下为了有限的目标而进行的会战,它与那种由于士气颓钝而没有利用胜利的会战不可同日而语。

第三,上述目标中,除了第四个目标之外,无须进行大规模的战斗即可达到其余的目标,而且进攻者也不愿进行大规模的战斗来达到这些目标。

为了达到这些无须进行大规模战斗就可以达到的目标,进攻者都是针对防御者在其战区内需

匈奴联军入侵意大利

要保护的一切利益而采取相应的手段，这些手段分别为威胁防御者的交通线；占领一些一旦到手，敌军就无法夺回，并且会对敌军造成困难的坚固阵地；占领富饶的地区以及一些不太安定的地区；威胁弱小的同盟国等等。

如果进攻者的确有切断防御者交通线的可能，而且防御者必须付出惨重的代价才能恢复原状；①如果进攻者的确有占据上述目标的可能，那么防御者就会被迫放弃一些不是很重要的目标，撤退到后方或者侧面去占领一个阵地，来掩护上述目标，这也就意味着某些地区、仓库或者要塞会失去防护，进攻者则可以夺取或者围攻它们。此时虽然会发生大大小小的战斗，但是这并不是人们追求的，也不是人们的目的，而只是一种迫不得已的下策，所以这种战斗的规模和重要性是有一定限度的。

第四，对于防御者而言，威胁进攻者的交通线是一种还击方式，在寻求大规模决战的战争中，只有在进攻者的交通线很长的情况下才会出现这种还击方式，但是在规避大规模决战的战争中，这种还击方式的用武之地也是比较大的。

在后一种情况下，进攻者的交通线一般不会很长，防御者此时面临的主要任务不是使进攻者在交通线上遭到重大损失，而是使进攻者出现给养缺乏的难题，只要能达到这个目的，就可以说威胁交通线这种手段产生了效果。如果进攻者的交通线不长，那么防御者就可以采取相应的对策，尽量延长与敌军在这方面进行战斗的时间。此时，对于进攻者而言，掩护战略侧翼就是一个重要的任务。如果进攻者为了掩护自己的侧翼或者为了威胁敌军的侧翼而与防御者发生战斗，那么进攻者就必须动用优势兵力弥补自己固有的不利条件。如果进攻者实力雄厚、斗志坚决，那么动用主力猛烈攻击敌军的主力或者大部队，并且使防御者意识到这种风险迫在眉睫，就是掩护自己的侧翼的上上之策。

第五，在不求决战的战区进攻活动中，与防御者相比，后发制人的进攻者有一个很大的有利条件：能够根据敌军的意图和能力来衡量下一步的举措。

预测进攻者的胆量比预测防御者的胆量困难得多，因为就事实而言，选择防御这种作战形式往往就意味着防御者没有什么积极企图。此外，为进行大规模还击而做的准备与为进行一般防御而做的准备之间的差别，也比企图比较大的进攻准备与企图比较小的进攻准备之间的差别大得多。最后，由于防御者不得不及早采取措施，所以进攻者往往可以根据防御者的措施而采取措施。

---

① 综合上下文来看，此处似乎有缺，缺失的内容应为"那么防御者为了保护交通线，就必须放弃一些不是十分重要的目标"。——译者注

第十七章　进攻要塞

关于进攻要塞的问题,我们不能从筑城工事方面来加以研究,而必须从三个方面入手:第一,与进攻要塞有联系的战略目的;第二,选择进攻要塞;第三,如何掩护围攻。

对于防御者而言,要塞失守必然会削弱防御力量,当要塞是构成防御的一个重要部分时尤其如此。进攻者占领了要塞之后就可以大获其利,比如可以将要塞当成仓库或者补给点,可以用要塞来掩护战区或者舍营地等。当成为强弩之末的进攻者转攻为守时,在这种防御活动中,要塞就可以成为最为强大的支柱。关于要塞在战争过程中对战区的这些作用,我们在《防御》篇中论述要塞时,已经作了充分的说明,将前面的论述反过来看,就是对进攻要塞的应有的说明。

在寻求决战的战争中和规避决战的战争中,攻占要塞这个问题有很大的区别。

在寻求决战的战争中,攻占要塞往往是下下之策,人们围攻的只是那些为了进行决战不得不攻占的要塞。只有在决战完全结束,剑拔弩张和危机四伏的状态已经过去很久,而平静状态也已经出现的时候,进攻要塞才能起到巩固已占领地区的作用。虽然发动这种进攻还需要耗费兵力,但是往往已经不需要冒险。这也就是说,在剑拔弩张的危机状态中围攻要塞,会使进攻者面临比较大的风险。

显而易见,没有任何行动能像围攻要塞那样严重地削弱进攻者的力量,使进攻者在一定的时期内必然会丧失优势。在某些情况下,为了能够继续发动进攻,占领某个要塞是势在必行,但是在这种情况下,我们应该将这种行动当成一种急若狂风骤雨的猛攻,发动围攻之前,局势越是扑朔迷离,不知鹿死谁手,危机就越大。与这一方面有关的问题,我们将在《战争计划》篇中进行探讨。

一般而言,在目标有限的战争[①]中,攻占要塞并非手段,而是目的。在此形势下,我们可以将攻占要塞当成一个独立的小规模行动,与其他行动相比,它具有以下几个优点:

A.它的规模十分有限,无须兴师动众地耗费太大的力量,一般不用担心遭到反噬。

B.在媾和时,可以将要塞当成一种交换其他东西的有用的筹码。

C.这种进攻行动攻势猛烈,但它不像其他进攻行动那样会不断削弱兵力。

D.这是一种无须冒很大风险的行动。

由于攻占要塞具有上述优点,所以在规避决战的战争中,攻占敌军的一个或者几个要塞往往会成为战略进攻的目的。

---

① 这里的"目标有限的战争",指的应该是规避决战的战争。——译者注

圣索菲亚教堂的镶嵌画：君士坦丁大帝向圣母敬献新罗马城（君士坦丁堡）

　　君士坦丁大帝统一罗马帝国之后，为了在东部为帝国寻找新的发展出路，建立了一个新的国都，即君士坦丁堡。公元476年，西罗马帝国灭亡，但是以君士坦丁堡为都城的东罗马帝国却有惊无险地躲过了这场浩劫。

东罗马帝国皇帝巴西尔一世与其子

巴西尔一世原来只是东罗马帝国宫廷中的一个马倌,因为相貌英俊而受到皇帝迈克尔三世的宠爱,先是被任命为宫廷侍卫长,继而又被任命为皇帝的继承人。后来,巴西尔一世察觉到自己有失宠迹象,于是发动政变,杀死迈克尔三世,自立为帝。虽然帝位来路不正,但是巴西尔一世是个有雄才伟略的皇帝,在位期间为东罗马帝国开创了一个最为辉煌的时代。

如果不确定应该围攻哪个要塞,那么我们可以参照以下几点。

A. 这个要塞被攻占之后不容易失守,在议和时可以把其作为一种价值很高的等价物。

B. 围攻手段是否足够。如果手段比较少,则只适合围攻比较小的要塞,即使失败,也不会遭到围攻大的要塞失败时那样大的损失。

C. 要塞工事是否坚固。要塞工事的坚固程度与要塞的重要性之间并没有必然联系。如果对一个工事不够坚固但是可以作为进攻目标的要塞视而不见,却调集兵力进攻一个坚不可摧而且不是很重要的要塞,那简直是荒谬绝伦。

D. 要塞的装备与守军力量是否强大。如果要塞的装备和守军力量都比较弱,攻占这样的要塞就比较容易。在此,我们必须指出,守军与装备的强弱是要塞是否重要的标志之一,因为它们是敌军作战力量的一部分,绝不能将它看成与筑城工事一样的东西。不言而喻,攻占装备与守军力量比较强的要塞值得付出更大的代价。

E. 运输攻城辎重的难易程度。大多数攻城行动之所以失败,主要就是因为攻城辎重缺乏,而攻城辎重的缺乏,往往是由于运输难题。比如欧根在1712年围攻朗德勒西以及腓特烈大帝在1758年围攻阿里木茨之所以失败,主要就是因为这个问题。

F. 掩护围攻活动的难易程度。

"保加利亚人的屠夫"巴西尔二世

　　巴西尔二世统治时期，东罗马帝国的势力达到了巅峰，此人热衷于开疆拓土，发动对外战争，由于在与保加利亚人作战时的表现过于残酷，所以许多人称其为"保加利亚人的屠夫"，某次击败保加利亚人之后，他剜掉1.4万多名战俘的眼睛，然后将他们遣送回国，致使惊惧交加的保加利亚皇帝因为心脏病发作而离世。

掩护围攻活动有两种性质不同的方法：第一，建造工事——围攻防卫圈——来掩护攻城军队；第二，利用监视线掩护攻城军队。

人们采用第一种方法的一个主要依据，是在围攻要塞时，利用这种方式不会使进攻者的力量因为分割兵力而遭到削弱。即使这种看法成立，进攻者的力量也会因为其他原因而被削弱。

A. 围攻要塞的阵地通常会拉宽军队的正面。

B. 按照常理而言，要塞的守军（加上援军）本来只是与我军对峙的军队，但是在这种战争中，我们却必须将敌军当成处于我方营垒中心的心腹大患。因为借助城垣的掩护，敌军可以不受损伤，至少可以不受制于人，所以要塞会发挥比较大的作用。

C. 在所有防御配置形式中，正面向外的环形配置是力量最弱和最为不利的配置形式，所以围攻防卫圈的防御只能算是绝对防御，也就是说防卫圈上的防御者只能在自己的筑垒工事中进行绝对抵抗。虽然使用监视部队也会削弱防御者的力量（使用监视部队甚至会征用三分之一的兵力），但是采取上述配置方式对防御者力量的削弱要大得多。

自从腓特烈大帝之后，人们普遍喜欢采取所谓进攻行动（虽然有些进攻只是虚有其表）、行军和机动，而厌弃筑垒工事。如果能考虑这一点，我们就会理解，为什么人们会完全放弃围攻防卫圈。

当然，在围攻防卫圈的防御中，战术抵抗所带来的削弱绝对不是这种配置形式的唯一缺点。在提出这个缺点的时候，我们之所以列举与围攻防卫圈有关的一些偏见，是因为这些偏见与这些缺点有十分密切的关系。

事实上，围攻防卫圈基本上只能掩护一部分战区，也就是说，它只能掩护包围圈以内的地区，至于其他地区，如果不专门派兵掩护，就等于拱手让敌；如果派兵掩护则必须分割兵力，而这恰恰是人们极力规避的。

在攻城行动中，仅仅是不可或缺的运输工作已足以使进攻者焦头烂额，如果攻城部队的兵力庞大，需要特别多的攻城辎重，而且敌军的兵力又更胜一筹，那么在需要分割兵力的情况下，用围攻防卫圈来掩护运输几乎是痴人说梦。只有在尼德兰那样的环境中，用围攻防卫圈来掩护运输才是可能的。因为在尼德兰，各个要塞之间的距离比较近，要塞和要塞之间的防线可以形成一个完整的体系，这个体系不但能够掩护战区的其他部分，也可以在很大程度上缩短运输线。在路易十四之前，军队的配置与战区的概念还是彼此独立的，尤其是在三十年战争期间，当一支军队偶尔遇到一个防备力量空虚的要塞时，他们就停下来发动围攻，围攻时间的长短则视辎重的数量而定，或者当敌方援军到来时停止围攻。在这种情况下，利用围攻防卫圈与具体情况是符合的。

在未来，利用围攻防卫圈来掩护围攻的这种形式恐怕只有在极少数场合下才适用。或者说，只有在敌军兵力比较少，战区的概念与围攻的概念相比几乎已经不存在的情况下，在围攻行动中集中自己的兵力才是水到渠成之事，因为这样做必然会大大增强围攻的力量。

在路易十四时代，设置在康布雷①和瓦朗谢讷②的围攻防卫圈几乎毫无效用，前者由孔代防守，

① 康布雷，法国东北部城镇。——译者注
② 瓦朗谢讷，位于法国诺尔省的一座城市。——译者注

曼齐克特会战

巴西尔二世去世之后，东罗马帝国迅速陷入内乱，国内政变不断，1071年，塞尔柱帝国在曼齐克特会战中击败东罗马帝国，得到了东罗马帝国最大的兵力来源地小亚细亚，此后，东罗马帝国只能使用雇佣兵。

被屠朗击破，后者由屠朗防守，被孔代击破。然而，我们也可以看到围攻防卫圈没有遭到攻击的许多战例，即使解围行动迫在眉睫，并且防御者的统帅是英勇善战的人物时，也出现过这种状况。

比如在1708年英荷联军围攻里尔时，维拉尔就不敢攻击防卫圈内的联军。又如，在1758年和1760年，腓特烈大帝先后在阿里木茨和德累斯顿设置的防卫圈——虽然它们并不是真正的围攻防卫圈，但是它们基本上是与围攻防卫圈相一致的防御体系，而且负责进行围攻行动和掩护围攻行动的是同一支军队。他在阿里木茨那样做，是因为这里离奥地利的军队比较远，但是当他的运输队在多姆施塔特被歼灭之后，他又对这种做法追悔莫及。至于在1760年他之所以那样做，一方面是因为他骄傲轻敌，一方面是因为他急于占领德累斯顿。

最后，围攻防卫圈还有一个缺点：战斗失利之后很难保住攻城火炮。如果掩护攻城军队的军队是在距离围攻地点一日或者几日行程的地方作战，那么一旦掩护军队被击败，攻城军队还来得及在敌军到来之前撤围，即使其中有大量的运输队，他们也至少可以在敌军到来的前一天转移。

在配置监视线时，首先必须考虑的一个问题，是应该将监视线配置在离被围攻的要塞多远的地方。在大多数情况下，这个问题取决于地形条件，或者取决于必须与攻城军队保持联系的其他军团或者军的阵地的位置。如果监视线与攻城军队距离比较远，那么攻城军队就可以得到有效的掩护；如果距离比较近，那么二者就可以更好地相互支援——这一点是显而易见的。

尼基弗鲁斯三世

曼齐克特会战之后，东罗马帝国内讧不断，经过激烈的斗争，尼基弗鲁斯三世称帝，但是不久之后就被阿里克赛一世赶下了台。

第十八章　攻击运输队

攻击或者掩护运输队是一个战术问题，只有基于战略理由或者战略情况才能采取这种行动，如果不是为了证明这一点，我们就不需要探讨这个问题。关于这个问题可谈的内容比较少，我们可以将它与进攻和防御结合在一起来谈。在谈到防御的时候，之所以没有谈这个问题，是因为它对进攻具有更加重要的意义。

一个有三四百辆车的中等运输队可以长达半普里，一个大的运输队可以长达几普里。一般而言，护送运输队的兵力不会太多，我们怎么能奢望让这么少的兵力防护这么长的运输队呢？外加运输队庞大笨重，前进缓慢，经常陷入混乱，每个部分都需要单独掩护，一旦其中的一部分遭到袭击，整个队伍就会拥塞在道路上陷入混乱，这些问题都会增加护送运输队的难度。

如果能考虑这些困难，人们自然而然就会提出一个问题：应该怎么护送运输队？或者说，为什么不是所有遭到攻击的运输队都会被劫掠一空？为什么不是所有防卫力量单薄的运输队都会遭到攻击？

滕佩霍夫曾经提出让运输队间歇性地前进来缩短距离，与这种不切实际的方法相比，沙恩霍斯特的方法比较好，即将运输队分为好几个纵队。这些方法都是战术上的补救方法，对于克服运输队的根本上的缺点来说，并没有太大的效果。

对于上述问题，我们的答案是，由于在战略上所处的位置，大多数运输队都可以得到一般性的安全保障，而且与其他容易遭到敌军攻击的军队相比，运输队的安全保障是比较大的，即使配备给他们的防御力量比较少，这种防御力量也能发挥事半功倍的作用。

就一般情况而言，运输队总是在自己的军队的后方或者离敌军比较远的地方活动，所以敌军只能调集小规模

阿里克赛一世

为了从塞尔柱帝国手中夺回小亚细亚，阿里克赛一世向罗马教宗乌尔班二世求援，接到求援之请，乌尔班二世迅速做出回应，发动了第一次十字军东征运动。

教宗乌尔班二世为派遣十字军事宜召开会议

的兵力来袭击他们，而且这些小部队还必须以强大的预备队为掩护，以此来避免自己的侧翼和后方遭到运输队的援军的袭击。

此外，如果我们能考虑另外一点——运输车辆十分笨重，敌军很难将其带走，只能加以破坏——那么我们就可以更加清楚地看到，运输队的安全更多依赖于战略上所处的位置，而不是护卫队的抵抗。敌军攻击我军运输队，必然有相应的部署，护卫队的抵抗虽然无法直接保护运输队，却可以打乱敌军攻击我军运输队的步骤。

综上可知，敌军攻击我军运输队非但并非十拿九稳之事，反而是相当困难的，而且攻击的结果也是难以预料的。

另外，我们还必须指出一个至关重要的问题：攻击敌军运输队的军队有可能遭到敌军某个部分甚至全军的报复，从而陷入灭顶之灾。正是出于这种顾虑，所以人们往往不敢轻易攻击敌军的运输队，但是不明此因的人却一头雾水，以为是运输队得到了护卫队的保护才得以安然无虞，并且因此而产生疑问：为什么兵力少得可怜的护卫队能产生如此大的效力？

1758年，腓特烈大帝围攻阿里木茨之后经由波西米亚退却，这一战名闻天下，当时，为了保护由四千辆车组成的运输队，腓特烈大帝动用半数兵力分成了许多个护卫队。只要想一想这次战役，人们就可以明白我们的说法是正确的。

道恩将军之所以没有攻击腓特烈大帝的运输队，是因为他对腓特烈大帝的另一半兵力心存畏惧，害怕遭到这支军队的攻击，被卷入他最不愿看到的战争中。至于劳东将军在齐施博维茨时之所以按兵不动，迟迟不敢攻击在他侧面的敌军运输队，是因为他担心遭到报复——当时，劳东将军的军队与主力相隔十普里，与主力之间的联系被普鲁士军队切断了，而且腓特烈大帝并没有受到道恩的牵制，如果袭击普鲁士军队的运输队，一旦腓特烈大帝调集主力发动报复，劳东将军就有可能会一败涂地。

只有当军队的战略态势迫使运输队不得不完全从侧面，甚至是违反常规地从前方运输战略物资时，运输队才会面临委肉虎蹊之陷，成为敌军真正的打击目标。

在1758年的战局中，通往尼斯的道路在普鲁士军队阵地的左侧，而且由于需要攻城和受到了道恩将军的牵制，普鲁士军队的活动空间有限，奥地利的别动队有比较大的安全保障，所以他们才能够从容不迫地在多姆施塔特攻击普军的运输队，这个事例也可以说明这种行动能够收到令人满意的成果。

1712年，欧根为了围攻朗德勒西，曾经从布尚出发取道德南运送攻城器材，也就是从战略配置的正前方运送攻城器材。为了在此形势下完成举步维艰的掩护任务，欧根采取了哪些手段，最终陷入了何等艰难的境地，这是大家有目共睹的。

因此，我们可以得出一个结论：虽然从战术上来看对运输队的攻击易如反掌，但是从战略上来看，这种看法就会大打折扣，只有在敌军的交通线完全暴露的特殊情况下，才能期望获得重大成果。

第十九章 攻击舍营的敌军

我们在《防御》篇中没有论述这个问题，是因为舍营并非一种防御手段，而是军队的一种状态，而且是一种战斗准备极为松懈的状态。关于这种战斗准备，此处无须赘言，我们在第五篇第十三章中对于舍营所谈的一切就是对它的一种很好的说明。

十字军抵达君士坦丁堡

1097年春季，4支主要的十字军抵达君士坦丁堡城外，并要求阿里克赛一世成为他们的领导者，阿里克赛一世对此毫无兴趣，但是要求十字军对他宣誓效忠，并且要十字军做出承诺：夺回小亚细亚之后，必须将其交给东罗马帝国，一部分十字军起初答应了这些条件，但他们入城之后很快就表现出了抢掠迹象，唯恐引火上身的阿里克赛一世见势不妙，急忙将他们送到前线。

　　然而,在论述进攻时,我们则应该将舍营的敌军当成一种特殊的打击目标,之所以这样说,主要原因有两个:第一,这是一种特殊的进攻方式;第二,这种进攻可以被当成一种效果特殊的战略手段。从这个意义上来说,我们在这里所说的可以被作为打击目标的舍营地,并非单个的舍营地或者分别驻守在几个村落中的一支小规模军队,而是驻扎在较大的舍营地的一支大部队。如此一来,进攻敌军舍营地的目的就不是袭击舍营地本身,而是通过这种袭击阻止敌军集中。

　　换言之,攻击舍营的敌军,就是攻击没有集中的敌军。如果这种袭击能够迫使敌军分崩离析,无法在指定的地点集中,只能撤退到比较远的后方另行选择集中地点,那么这种袭击就算达到了目的。当舍营军队遭到势如山崩的冲击而溃不成军时,另行选择的集中地点通常不会在一日行程之内,而是会后撤数日行程,由于这种溃败而沦丧的国土往往不会很少,而这正是进攻者通过这种袭击得到的第一个利益。

　　在这种袭击活动中,如果一开始就袭击敌军所有的或者大部分舍营地,那么这势必会扩大进攻正面,或者会使兵力过于分散,而这无论如何都是不可取的。所以,进攻者只能攻击位于进攻纵队前进方向上也位于敌军最前方的舍营地。不过,即使如此也难以确保进攻行动能够势如破竹地推进,或者收获全功,因为一支大规模的军队向敌军逼近时,很难完全掩饰形迹而不被敌军所知。但是这种进攻方式依然是不容小觑的,而且我们可以将由此产生的结果当成这种袭击可以带来的第二个利益。①

　　第三个利益是能够迫使敌军进行局部战斗,并且能够使敌军在这种战斗中遭到重大损失。

　　一般而言,大部队在主要集中地点集中时不是以营为单位,而是先集结为旅、师,甚至是军。一旦遭到袭击,旅、师、军这样的军队显然无法迅速奔赴集中地点,当他们与敌军的进攻纵队遭遇时,就面临着被迫应战的处境。如果敌军的兵力不大,他们虽然有可能克敌制胜,但是即使如此,因为丧失了时间,在后方的集中地点集结之后,他们也很难将胜利的成果扩大化。事实上,由于没有组织有力的抵抗的时间,他们往往会遭到惨败。因此,我们可以设想:如果进攻者能够做到算无遗策,有计划性地发动一次袭击,他们就可以通过这种局部战斗得到大量的战利品——在总成果中,这部分战利品将成为很重要的一部分。

　　最后一个利益,是进攻者通过这种行动能够沉重打击敌军的士气,致使风声鹤唳的敌军陷入群龙无首的混乱状态,即使敌军能够最终将全军集结起来也无法立刻得到转圜生机,一旦再次遭到敌军的猛攻,兵败如山倒的他们就只能再次后退,甚至彻底推翻原先的作战计划。

　　上面的论述是对敌军舍营地发动一次成功的袭击后所能取得的特殊成果,换言之,是通过一次袭击迫使损兵折将的敌军无法在预定地点集结时所能取得的特殊成果。显而易见,由于袭击的力度有大小之别,所以斩获的成果也有高低之分,而且,即使袭击活动成功,它也很难取得主力会战获胜时那么大的成果,一方面是因为通过这种袭击活动斩获的战利品难以与通过主力会战斩获的战利品相提并论,另一方面是因为这种袭击活动对敌军士气所产生的震慑性打击与主力会战获

---

① 上文所说的"第一个利益"的含义比较明确,主要指的是在迫使敌军撤退的过程中,占领敌军的领地。此处所说的"第二个利益"的含义比较模糊,结合上下文来看,指的应该是发动这种袭击活动初期所带来的震慑性的效果。简而言之,"第一个利益"侧重于结果,"第二个利益"侧重于过程。——译者注

十字军抵达埃德萨，当地牧师出城迎接。

十字军围攻安条克

　　安条克是一座位于君士坦丁堡和耶路撒冷之间的固若金汤的大城,十字军顿兵坚城之下,久战无功,最终靠买通内应才得以破城,入城之后,他们大肆烧杀劫掠,然而,他们还没有从胜利的喜悦中清醒过来,迅速赶来的敌军援军反而将他们围困到了城内,被围期间,十字军弹尽粮绝,溃不成军,幸而援军赶来击破了敌军,他们才得以逃过一劫。但是,接下来发生了一场可怕的瘟疫,十字军中甚至出现了人吃人的惨剧。

胜之后对敌军士气的震慑性打击不可同日而语。

我们必须将这个结论铭记于心，以免高估这种袭击活动的作用。许多人认为这是最好的进攻形式，但是通过如上考察以及借鉴战史，我们就可以知道事实并非如此。

1643年，洛林公爵因为在图特林根成功地袭击了法军的舍营地，而被视为最辉煌的袭击舍营地的战例之一。当时，朗超将军统率的法军兵力为一万六千人，在这次战斗中，朗超将军被俘，法军折损兵力为七千人，之所以遭到惨败，是因为法军没有设置前哨。

1644年，屠朗所率的八千人在梅尔根泰姆遇袭，折损三千人，就结果而言，这应该被视为一次惨败。之所以失败，主要是因为利令智昏的屠朗错误地将兵力集中起来进行抵抗。

由此可知，利用这种进攻方式并不总是必然能够获胜，与其说胜利来自袭击本身，不如说来自敌军对发生遭遇战的准备不足。比如屠朗本来可以与在其他地方舍营的军队会合，避免这次战斗。

除了上述战例，还有一个著名的战例。

1674年，屠朗率领法军在阿尔萨斯攻击由大选帝侯、神圣罗马帝国将军布尔农维和洛林公爵率领的联军。在此战中，屠朗得到的战利品微乎其微，五万联军只折损了两三千人——对于联军而言，这种损失几乎无关痛痒。然而联军却认为再在阿尔萨斯进行抵抗毫无意义，于是撤退到了莱茵河右岸，而这个战略结果恰恰是屠朗希望看到的。然而，我们绝不能在袭击行动本身中去寻找屠朗获得这种战果的原因。屠朗能够获得这个成果，与其说是他袭击了联军，不如说是他扰乱了联军的作战计划。此外，联军高层的分歧以及军队紧靠莱茵河，也是联军撤退的原因。一言以蔽之，这次袭击值得我们深入研究，因为很多人对它的理解是错误的。

1741年，奈佩尔克攻击腓特烈大帝的舍营地，但是结果却是迫使腓特烈大帝集中兵力之后通过变换作战正面同他进行莫尔维茨会战。

1745年，腓特烈大帝在劳西茨之所以能够成功地袭击洛林公爵的舍营地，主要是因为他对奥地利军队的舍营地之一——汉勒斯多发动了真正的袭击，使敌军折损了两千人。然而从总的结果来看，洛林公爵虽然经由上劳西茨退到了波西米亚，但是他在取道易北河左岸奔赴萨克森的途中并没有受到阻碍，所以，如果没有后来的凯赛尔多夫战役，腓特烈大帝就不会取得辉煌的胜利。

1758年，斐迪南公爵袭击法军的舍营地，法军折损数千人，败退到阿勒尔河的另一岸，但是此次行动对法军的精神影响更大，甚至对于后来法军放弃整个威斯特伐利亚也是有影响的。

如果我们想从以上战例中推导出一个与攻击舍营地行动相关的结论，那么只有前两个战例可以与胜利的会战相提并论。但是在前两个战例中，投入的兵力有限，而且失败者没有设置前哨，在当时的条件下，这对发动袭击是极为有利的。至于其他四个例子，虽然都可以被视为完全成功的行动，但是就其效果而言，它们也不能与胜利的会战同日而语。在这些例子中，只是由于失败者软弱畏葸，才给敌军提供了有利的机会。在1741年，正是由于被攻击者的情况不是如此，进攻者才无功而返。

1806年，普鲁士军队曾意图攻击在弗兰肯舍营的法军，当时的形势对普军相当有利：拿破仑不

十字军围攻耶路撒冷

1099年6月,历经许多波折的十字军抵达耶路撒冷,继而发动了对该城的围攻。

在军中，法军的舍营地占地较大。如果普军斗志坚决，能够风驰电掣地发动猛攻，就有可能使法军遭到一定的损失，并且有可能将法军赶过莱茵河，不过普军能做到的仅仅就是这些。如果他们抱有吞象之心，例如为了更大的利益越过莱茵河，或者想在精神上占据压倒性的优势，使法军不敢越过莱茵河右岸一步，那就是完全没有根据的。

1812年8月初，当拿破仑命令法军在维捷布斯克休整时，俄军曾经想从斯摩棱斯克出发去攻击法军的舍营地，但是在事到临头之际，畏敌如虎的俄军却打消了进攻念头。事实上，对于俄军而言，这样做实乃歪打正着的万幸之事。因为拿破仑所率的法军中央军团的兵力比俄军高出一倍不止，而且拿破仑本人的才智足以力压群雄。即使遭到攻击的法军会丧失几普里的领地，这也根本不会产生什么影响，而对于俄军来说，斯摩棱斯克附近并没有可以使他们扩大战果进而巩固战果的地形。此外，对于法军而言，此次战局并非拖延时日以求结束战争的收官之战，而是计划完全击溃敌军的第一步。所以，即使袭击法军舍营地能得到蝇头小利，这与俄军的任务也是极为不符的，或者说，对于俄军与法军在兵力和其他条件之间的鸿沟而言，这些蝇头小利只是滴于万壑之一滴。我们之所以提到俄军在当时的企图，只是为了表明对于这种作战手段的模糊观念如何能够诱使人们错误地利用它。

在以上的论述中，我们是把攻击舍营军队作为一种战略手段。但是就这种作战方式的性质而言，它既部分地属于战略范围（因为这种进攻是在宽大的正面上进行的，而且进攻者往往在兵力集中之前就可以投入战斗），又在一定程度上属于战术问题。所以这种行动是由许多单个战斗组成的。从这个角度而言，我们必须在此简单谈谈如何合理地组织这种进攻。

对这种进攻活动的第一个要求是，在宽度比较大的正面上进攻敌军的舍营地，只有这样，才能有效地袭击几个舍营地，切断它们与其他舍营地之间的联系，使敌军陷入混乱无序的状态。至于进攻纵队的数量和间隔，则必须视具体情况而定。

第二个要求是，各个进攻纵队必须在进攻过程中向某一个预先指定的地点集中，因为敌军在撤退过程中必然会或多或少地集中兵力。这个预先指定的地点，应该尽量选在敌军的联络点或者撤退线上。如果敌军的撤退线上的某处有地形障碍，能将集中地点选择在这里当然更好。

第三个要求是，进攻者的各个纵队与敌军遭遇时，必须勇猛无畏地发动攻击，因为此时的总体情况对进攻者有利，只有勇者才有战胜敌军的可能。当然，各个纵队的司令官此时必须拥有比较大的自主权。

第四个要求是，针对占据某个阵地进行抵抗的敌军制订战术进攻计划时，必须始终借助迂回的形式来实现，因为只有分割或者切断敌军才有扩大成果的可能。

第五个要求是，各个进攻纵队应该由不同的兵种编组而成，而且骑兵不能太少，如果将整个骑兵预备队都分配给各个纵队，可能会对进攻更为有利。但是，如果在这种攻击行动中对骑兵预备队寄予太高的期望，那也是一个很大的错误，因为一座村庄、一座小桥梁或者一片小森林都有可能成为骑兵的障碍。

第六个要求是，虽然从袭击的性质来看，进攻者不应该让自己的前锋孤军深入，但是只有在向

十字军围攻耶路撒冷

敌军靠近的过程中才有这样的要求。如果战斗已经在敌军的舍营地打响,进攻者希望从真正的袭击中获得的东西已经得到,那么各个纵队就应该让由各个兵种组成的前锋尽量猛攻急进,因为前锋可以通过这样的行动大大增加敌军的混乱程度,只有这样,被攻击者仓促撤退时拖在后方的辎重、炮兵和掉队者才会成为进攻者的战利品,而且前锋也可以被用来切断敌军的退路或者向敌军发动迂回攻击。

第七个要求是,必须预先指定军队战斗不利时的退路或者集合地点。

亚实基伦战役

　　夺得耶路撒冷之后，得知敌军来袭，十字军迅速出兵迎击，虽然敌军兵力雄厚，但是由于十字军行动迅速，而且敌军疏于防范，所以这一战并没有持续多长时间。十字军获胜之后，撤回耶路撒冷，大部分士兵都选择了返回故乡。

第二十章　牵制性进攻

就一般性的含义而言,所谓牵制性进攻,指的是引诱驻守某一重要地点的敌军离开而后攻击敌军国土的行为。只有当进攻者的主要企图是为了达到上述目的,而不是夺取敌军驻地时,这种进攻才是特殊的行动,否则它仍然是一般性的进攻。

不过,即使如此,牵制性进攻毕竟必须有一个进攻目标。只有当这个目标具有重要价值时,才能诱使敌军向这里派遣军队。退而言之,即使敌军没有向这里派遣军队,我军也可以通过另外一种方式来补偿为执行这种行动而耗费的力量,即占领该地。

要塞、大仓库、通衢大邑(特别是首都)、可以征收军税的地区,以及那些对本国政府怀有厌弃之心而对入寇者箪食壶浆以迎的地方,都可以作为这种进攻活动的目标。

牵制性进攻可能是有利的,但是它并不是总是有利的,有时候甚至是有害的。发动牵制性进攻时的一个主要要求是,它应该使敌军从主要战区调走的兵力多于我方投入牵制性进攻活动的兵力。如果被吸引的敌军兵力与我军投入的兵力相等,那么这种行动就不再是真正的牵制性进攻,而是会演变成一种次要进攻。在这种次要进攻中,即使形势有利,能够以少胜多,并且能够取得辉煌战果,它也不能被视为牵制性进攻。

一般而言,当某国正在与敌国作战时,如果第三方对该国发动进攻,那么这种进攻也常被称为牵制性进攻。事实上,这种进攻与一般性进攻的区别只在于进攻方向不同,在理论上,专门的名称只应该用来表示专门的事物,所以我们没有理由给这种进攻另取一个名字。

显而易见,如果想用少量兵力吸引敌军的大量兵力,就必须具备能够产生这种效果的特殊条件;如果只是随意派遣一支军队到从来没有派遣过驻军的地点[①],就无法达到牵制性进攻的目的。

例如,为了征收军税,进攻者派遣了一支兵力为一千人的分队入侵主战区之外的敌占区中的某地,那么有一点是我们可以预料到的:防御者向该地派遣一千人无法有效地阻止敌军,如果防御者想要确保该地万无一失,那么他们就必须派出更多的兵力。如此一来,就必然会产生一个问题:防御者是否可以以牙还牙——放弃对该地的直接保护,同样派遣一支兵力为一千人的分队入侵进攻者占领的地区,从而获得某种平衡?

因此,进攻者如果想在这种行动中获益,就必须事先肯定一点:在敌占区内活动时能够得到更多的东西,或者能够对敌军构成更大的威胁,而敌军在自己的占领区内活动时则无法如此。如果

---

① 综合上下文来看,此处所说的"从来没有派遣过驻军的地点",应该指的是敌军从来没有派遣过军的地点。——译者注

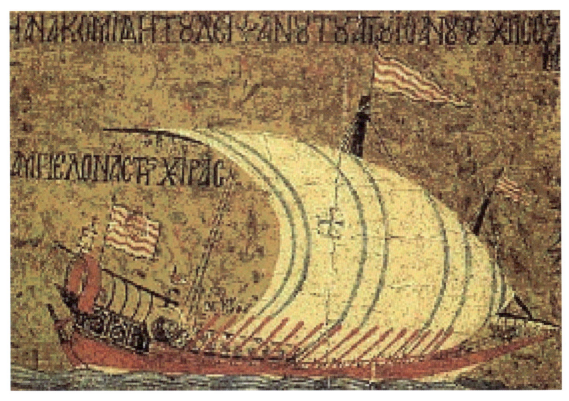

东罗马帝国的军舰

事实确实如此,那么利用少量兵力发动牵制性攻击就必然可以吸引大量的敌军。

然而,物极必反,投入牵制性攻击行动的兵力越大,所获得的利益则会越小。比如我军派遣五万人不仅能够有效地保卫一个中等地区免遭五万敌军的侵犯,甚至能够抵抗更多的敌军。所以,牵制性进攻的规模越大,能否从中获利就越是值得商榷,如果在牵制性攻击的规模很大的情况下想要从中获利,那么就必须使对这种行动有利的其他条件具有决定性的作用。

这些条件为:第一,进攻者派出用于牵制性进攻的兵力之后,主要进攻不会遭到削弱;第二,牵制性进攻可以威胁某些对防御者具有重大意义的地方;第三,遭到进攻的地区内的民众对本国政府怀有厌弃之心;第四,遭到进攻的地区物阜民丰,可以提供大量的给养物资。

既然进攻者只有在考虑了上述条件之后,认为有可能获得成果的时候才能发动牵制性进攻,那么不言而喻:事实上,发动这种进攻的机会是不多的。

此外,我们还得指出一个重要问题:牵制性进攻必然会将战火引向没有经历过兵灾的地区,从而在某种程度上激起敌方的作战潜力,如果敌方征集民兵或者民众武装作战,那么这种情况就表现得尤为明显。如果防备力量空虚的某地猝然遭到外敌入寇,那么该地有才干的官员只需登高一呼,该地民众就会云集响应,并且会提供所有可以利用的非常手段来消弭灾祸。这是非常自然的事情,也是被经验充分证明过的事情。如此一来,这种地方就会产生新的抵抗力量,而且是一种接近民众战争或者很容易引发民众战争的抵抗力量。在每次发动牵制性进攻时,我们都必须注意这个问题，否则就是玩火自焚。

　　大体来看，英军在1799年对荷兰北部发动的军事行动以及1809年在瓦尔赫伦岛^①的军事行动，都可以被视为牵制性进攻，因为参与这些行动的英军不能被用到其他地方，所以在一定程度上来说，英军的行动是正确的，但是从另一方面来说，英军的行动也增强了法国人的抵抗力量。事实上，英军在法国本土的任何地点登陆都会造成这种后果。如果英军仅仅是威胁法国海岸，那么这样做就可以带来很大的利益，因为这样做能够牵制防守海岸的法军中的很大一部分兵力。（这并不是说英军绝对没有调集大规模兵力在法国本土登陆的可能，）但是只有当登陆地区的民众对本国政府抱有反抗之心时，这样做才是可行的。

　　在战争中进行大规模决战的可能性越小，发动牵制性进攻的可能性就越大，但是利用这种行动获得的利益则会越小。一言以蔽之，牵制性进攻只是一种迫使敌军疲于奔命的手段。

　　发动牵制性进攻时，我们必须注意三个方面。

　　第一，牵制性进攻可以是一次真正的进攻。在这种情况中，除了大胆和迅速外，这种行动再无其他特点。

　　第二，牵制性进攻也可以只是佯攻。在这种情况中，应该使用哪些手段，只有对各种情况了然于心的人才能知道。当然，这样做的时候必然会极大地分散兵力，这是由事物的性质决定的。

　　第三，如果进攻者的兵力比较大，并且退路被限制在一定的地点上，那么建立一支能够提供支援的预备队，就是实施这一行动的一个重要条件。

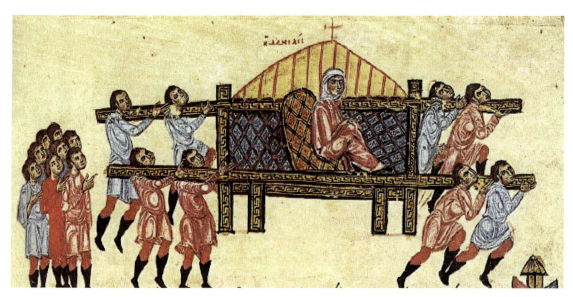

一幅反映东罗马帝国时期的社会风俗画，可窥东罗马人的穿衣风格。

①　瓦尔赫伦岛，位于荷兰泽兰省斯海尔德河口的一个岛屿，因围海造田，该岛目前已大致与荷兰大陆相连。——译者注

第二十一章　入侵

关于这个问题,我们所能做的仅仅是解释词义。现代的理论家经常引用这个词,并且自以为是地用它来表示某种特殊现象,比如这个词在法国人的著作中就曾频频出现。他们想用这个词来表示向敌国腹地的进攻,并且想以此来表示这种进攻与有步骤的进攻——蚕食敌军边境的进攻——的对立。

事实上,这是一种逻辑混乱、滥用词语的现象。一次进攻是只限于国境附近,还是深入敌国腹地;是首先夺取要塞,还是首先追击敌军的主力;这些都不是取决于作战方式,而是取决于当时的情况,至少在理论上来看是如此,而不会有其他看法。在某些情况下,向敌国腹地挺进比扰袭敌国边境更需要谨慎,更需要谋定而后动,但是在大多数情况下,深入敌国腹地与其他进攻并无区别,因为它只是一次猛烈的进攻得手之后的结果。

附录　关于胜利的顶点

　　胜利者并非在每次战争中都能彻底击溃敌军,大量经验已经充分证明,在大多数情况下,胜利都有一个顶点。对于战争理论而言,这个问题尤为重要,甚至可以说它是制订战局计划时的一个必要的依据。从表面上来看,这个问题就像一种颜色在太阳下折射出斑驳陆离的色彩一样,似乎会呈现出很多互相矛盾的东西,所以我们必须对这个问题加以详细探讨,以便从更深的层次了解其内在原因。

　　胜利通常脱胎于各种物质力量和精神力量集结而成的总体优势,并且胜利反过来能够扩大这种优势,否则人们就不会千方百计地追求胜利或者不惜代价地换取胜利。毫无疑问,胜利本身以及胜利的效果都会扩大这种优势,但是它们并不能无止境地扩大这种优势,也就是说,它们只能将胜利的优势扩大到某一个点。有时候这个点很近,甚至会近到会战胜利的所有效果只能增加精神

东罗马帝国艺术作品:巴西尔二世画像

东罗马帝国宗教会议（残画）

优势的程度。接下来我们将要研究的就是为什么会出现这种情况。

在军事活动中，增强或者削弱作战力量的因素必然会纷至沓来，对于军队而言，问题就集中在哪一种因素更加占有优势。在交战过程中，其中一方的力量逐日衰减，则意味着另外一方的力量与日俱增。因此，无论是势如破竹的猛进还是溃不成军的退却，双方都必然会被裹挟在增强性的力量或者削弱性的力量的洪流中。在这两种力量中，我们只需要明白引发其中一种的原因，也就明白了引发另外一种的原因。

有利于前进的增强性原因：第一，敌军遭到的损失比我军遭到的损失更大；第二，敌军的无生力量（仓库、物资补给、桥梁）遭到损失，而我军的无生力量毫发无损；第三，从我军进入敌国领土的那一刻开始，敌军就不断丢城失地，从而丧失补充新的作战力量的源泉；第四，我军得到了这些作战力量的源泉的一部分，能够以战养战；第五，敌军的内部联系被斩断，无法正常活动；第六，敌军的盟国背信弃义，而另一些国家则与我国结盟；第七，敌军士气沦丧，甚至缴械投降。

不利于前进的削弱性原因：第一，我军被迫围攻、封锁或者监视敌军的要塞，或者敌军在我军获胜之前撤回那些原来打算对我方的要塞采取同样的行动的军队，使其回归主力部队；第二，从我军进入敌国领土的那一刻开始，战区的性质就变成了一个危机四伏之地，为了使这些地方完全属于我们，我们必须将其完全占据，但是即使能做到这些，我军也会处处受阻，而这些阻力则必然会削弱我军的整体效能；第三，我军离自己的物资补充地点越来越远，无法及时补充给养，而敌军的情况则恰恰相反；第四，强国出面保护受到威胁的敌国；第五，由于灭顶之灾的临近，敌军会奋起反击，而师老兵疲的我军的士气则会逐日衰减。

上述因素中，除了最后一点是水火不容的，其余各种因素都是可以同时存在的，就像两个相对而行的人碰面之后依然可以擦肩而过，各行其道。但是仅仅是最后一点就可以说明胜利的影响会产生多么不同的效果：它可以使敌军束手就擒，也可以使敌军愈挫愈勇。

接下来我们将对上述各种因素加以简单说明。

第一，敌军失败之后遭到的损失会出现两种现象：逐日减少，直至与我军遭到的损失持平，或者与日俱增。会出现哪一种情况，取决于当时的态势和具体情况，我们只能说，在一般情况下，训练有素的军队会面临第一种情况，素质低下的军队会面临第二种情况。当然，除了军队的素质，政府的意志状况也会产生至关重要的影响。在战争中，我们必须正确区分这两种情况，只有如此才不会出现该前进时止步不前或者该驻扎时贪功冒进的问题。

第二，敌军的无生力量的损失也可能逐日增加或者逐日递减，这取决于敌军仓库的位置和其他条件。不过在如今这个时代，这个问题已经不能再和别的问题相提并论。

第三，我军从敌军丢失的领土中得到的利益，必然会随着我军的推进而增加，但是一般而言，只有当我军已经占据敌国四分之一或者三分之一的领土的时候，这种利益才值得考虑。此外，我们还必须考虑新得的领土在军事上的特殊价值。

同理，有利于前进的第四个原因所产生的利益也是随着军队的推进而增加的。

但是，对于第三点和第四点，我们必须指出，它们产生影响的方式是缓慢而间接的，正在作战的军队很少能够很快感觉到它们的影响,所以,我们绝不能为了追求这两种利益而鲁莽急进,否则就会使自己陷入陷阱。

第五,在敌国领土的形状允许我们将它的主要部分与其他部分分割开的前提下,当我军已经深入敌国腹地的时候,切断敌军的内部联系才是值得考虑的。此时,被分割的敌国领土就像四肢被折断的人一样,很快就会失去生机。

第六个和第七个有利条件所带来的利益至少有可能随着军队的推进而递增。关于这两种利益,我们将在后面加以探讨。

接下来我们来谈谈那些能够削弱前进的因素。

第一,围攻或者封锁敌军的要塞时,在大多数情况下,这种作战形式的力量会随着军队的推进而增加。但是这个原因对军队力量产生的削弱性的影响是即时的,甚至能够抵消所有的利益。如

十字军进入君士坦丁堡

第一次十字军东征之后,虽然东罗马帝国暂时遏制住了塞尔柱帝国的侵略意图,但是此后东罗马帝国的势力一落千丈。1144年,第二次十字军东征开始,但是东罗马帝国与此次行动并没有太大的关系。1187年,第三次十字军东征开始,神圣罗马帝国国王腓特烈一世企图在此次行动中征讨东罗马帝国,但是未能得逞。1202年,第四次十字军东征开始,此次行动的目的原本是占领萨拉丁统治下的埃及,但是有人从中挑拨,致使十字军把东罗马帝国作为攻击目标,并于1204年占领了君士坦丁堡,对东罗马帝国造成了沉重的打击。

第三次十字军东征途中的第一场战役阿卡围城战

第三次十字军东征是英格兰、法国和神圣罗马帝国的联军为了从萨拉丁手中夺回耶路撒冷而发动的一场战争。由于腓特烈一世在小亚细亚溺水而亡，所以神圣罗马帝国的军队在中途撤退，不久之后，由于英、法军队的统帅发生龃龉，所以他们也各自先后撤兵回国。

今，有前车之鉴的人们封锁或者监视要塞时，只是派出很少的兵力，敌军也会派遣守备部队驻守这些要塞，但是要塞依然是敌军极为依赖的安全保障。一般而言，虽然驻守要塞的守军中的非正规兵力会占据半数以上，但是当这个要塞位于交通线附近时，意图封锁该要塞的进攻者却必须分出比守军多一倍的兵力。如果进攻者向某个要塞发动真正的围攻，断绝其物资供应，那么他们甚至得派遣一个比较小的军团。

第二，对于进攻者而言，随着军队的推进，在敌国境内建立战区就会势在必行。当然，这必然会削弱进攻者的力量，即使这样做在当时不会对军队的状况产生重大影响，但是从长远来看，它对军队的影响会比第一个原因所产生的影响更大。

在敌国领土上,只有已经被占领的地区才可以被视为我们的战区,在这些地方,我们或者必须在野外留下小规模的军队,或者必须在重要的城市、兵站上留下守备兵力。即使分出去的兵力很少,它也会在一定程度上削弱我军的总体力量。然而,这种削弱只是次要的。

无论是我军还是敌军,都有自己的战略侧翼,在本国境内作战时,战略侧翼遭到的威胁只是疥癣之患,但是在敌国境内作战时,战略侧翼遭到的威胁则会成为致命伤。因为在交通线数量过少、过于漫长又无法得到有效的安全保障的情况下,即使敌军对我军的战略侧翼进行小规模的袭扰也会收到一定的效果,而且敌军在自己的国土上几乎处处都有发动这种攻击的机会。

在敌国境内作战时,我军越是深入敌国腹地,战略侧翼就铺陈得越长,面临的危险也会越大。这是因为这种侧翼很难掩护,漫长的交通线也难以得到安全保障,对于敌军而言,这显然有利于采取进攻行动,而对于我军而言,一旦在撤退行动中的撤退线被截断,那就有可能面临灭顶之灾。

对于进攻者而言,在前进过程中,上述一切问题都会使他们举步维艰,成为不断累积的新负担。因此,如果进攻者在开始发动进攻时没有占据压倒性的优势,那么随着战局的推进,他们在实施计划时面临的压力就会与日俱增,进攻的力量会逐渐成为强弩之末,最后,他们甚至会陷入四面楚歌之境地,每走一步都如履薄冰。

第三,军队与给养物资的来源地会随着军队的前进而拉长。

一支长途奔袭的军队就像灯焰,灯油越少,离灯焰越远,火苗就越微弱,直至油尽灯枯。虽然得到新占领地区的财富之后可以避免覆灭之险,但是这并不能完全消弭风险,因为在一般情况下,许多东西只能从本国补充,比如兵员。此外,一旦出现不测之需也很难很快得到满足,各种误解和错误也不能被及早发现或被及时纠正。比如,如果一个国家的元首不能亲自出征,也不在军队附近,那么请示、报告所耗费的时间就会成为一种极为不利的新因素,因为统帅的权限再大,也无法独力处理所有的事情。

第四,政治同盟关系的变化。进攻者获胜之后,无论这次胜利在政治关系方面产生的影响是否对进攻者有利,这种有利或者不利的程度都与进攻者的前进程度大体上成正比。这种政治关系方面的所有变动与很多因素有关,比如现存的政治关系、政治方针、风土民情、元首、重臣、宠臣、情妇等。

大致来说,当大国被击败时,它的小同盟国通常很快就会另觅靠山,而胜利者则会随着战事的推进而日益强大。如果战败的是小国,并且面临亡国灭种的危机,那么就会有许多国家出面充当它的保护人,如果胜利者贪得无厌,有时候某些曾经和它站在同一阵营的国家甚至也会反过来帮助战败国。

第五,敌军发动激烈的反抗。敌军有时候会因为恐惧而束手就擒,有时则会因为激情的驱使而奋起反击,并且会在第一次失败之后越挫越勇。敌国民众和政府的特性、国土状况、国家的政治关系等,都是我们推测敌军将会采取什么举措的依据。

仅仅因为第四、第五这两个原因,人们在战争中所制订的或者应该制订的计划就会产生云泥之别。有些循规蹈矩的人因为胆怯而坐失良机,有些鲁莽草率的人则因贪功冒进而落入陷阱,即

十字军围攻阿卡城

使能够逃脱劫难也会像被救上岸的奄奄一息的溺水者那样狼狈不堪、心有余悸。

在此,我们还得指出一点:在危险平息之后,胜利者为了扩大成果而需要再接再厉时,往往会出现怠惰迹象。通过全面观察上述各种对立因素,我们可以得出一个结论:通常来说,在进攻战中向前推进或者扩大胜利的成果时,在进攻初期所具有的优势或者通过既得的胜利而得到的优势都会遭到削弱。既然如此,进攻者在进攻战中为何还要猛攻力克以求胜呢? 利用这种手段得到的胜利还可以称为胜利吗? 在既得的优势还没有被削弱之前停止前进难道不是更好的选择吗?

对于这些问题,我们的回答是,兵力优势不是目的,而是手段。如果战斗的目的不是击溃敌军,那么至少也应该是夺取敌国的领土,虽然这样做对军队当前的状况毫无益处,但是它对于媾和却有助益。当我们想要打垮敌军时,我们必须承认,或许每前进一步,都会丧失一些优势,但是我们却不能想当然地以为我军的优势必定会在敌军战败之前成为强弩之末,或者说,敌军的失败会来得更早一些,如果利用最后的极为微弱的优势可以打垮敌人,那么为了保存这些优势而投鼠忌器就是错误。

因此,在战争中的既得优势和随后得到的优势只是手段而非目的,而且我们也应该用这些手段来达到目的。但是我们必须知道这些优势所能达到的极限,因为物极必反,如果超过这个极限,那么我们得到的就不是利益,而是耻辱。

在战略进攻中,战略优势会逐日衰减,关于这一点,特殊的战例不足以作为佐证,我们只需要引用大量的一般性现象来探讨它的内在原因。

在拿破仑之前,每次战争都是以胜利者力图达到与敌军形成势均力敌的态势而告终,然而在拿破仑之后,我们在文明国家的战争中看到了一种新的现象——胜利者的优势可以保持到敌军被打垮为止,而在此前,一旦形成势均力敌的态势,胜利者就会停滞不前,甚至会班师撤退——这就是胜利的顶点。

在将来的所有那些不能以打垮敌军为军事目的的战争中,这个胜利的顶点依然会出现,而且大多数战争也会呈现出这种形态。因此,转攻为守是所有的战局计划必然会达到的自然目标。那些超出这个目标而进行的挣扎不但是对力量的浪费,也是对力量的错误运用,因为这样做会迫使敌人发动困兽之斗,根据一般性的经验来看,敌军发动的这种还击往往会产生非常大的效果。这种现象是司空见惯的,也是容易被理解的,所以我们无须喋喋不休地探讨它的原因。

然而,我们必须指出,(当战败者发动的困兽之斗给予进攻者当头一棒的时候,)进攻者在新得的阵地上准备不周以及狂乱的心情(他们原来希望得到的是新的成果,但是面对的却是重大的损失,这必然会使他们的心情狂躁不安)是他们失败的主要原因——在任何情况下都是如此。此外,精神力量在此时也会发挥重大的作用,比如进攻者有时候士气高昂,甚至高到了狂傲轻敌的地步,有时候则士气低落,低到了风声鹤唳的地步。尤其是在进攻者撤退的时候,这些因素都会加大他们的损失。在这种情况下,如果他们只是将夺到的东西完璧归赵,而没有丧失自己的国土,那么他们就应该感谢上帝保佑。

在此,我们必须阐述一个看起来似乎很矛盾的现象。

有的人认为，虽然防御者在进攻者的胜利的顶点上的防御是一种力量强于进攻的作战方式，但是只要进攻者能够继续前行，那么他们的优势就会一直存在，所以，即使进攻者在达到胜利的顶点之后会突然变成弱者，而且这种由强转弱的危险必然存在，但是这种危险也不会太大。

事实上，只要看看战史，我们就必然会发现，进攻者由强转弱之后所面临的最大的危险，往往就是在转攻为守的时候出现的。接下来我们将详细探讨出现这种现象的内在原因。

我们之所以说防御这种作战形式强于进攻，是因为防御者在这种活动中可以利用地利之便，可以在已经占有的战区内早做准备，可以得到民众的支持，可以以逸待劳。

然而，这些因素所发挥的作用不一定是处处相同的，也不一定是能够同时发挥作用的，所以在具体场合下，防御并不是总是强于进攻，在进攻力量成为强弩之末时而出现的防御尤其如此，因为此时防御者的战区位于进攻者的进攻三角形①的顶点。在这种情况下，对于防御者而言，上述四种条件中，只有第一个条件没有

萨拉丁

萨拉丁是埃及阿尤布王朝的第一任苏丹，也是埃及历史上的民族英雄，第三次十字军东征的直接起因就是他攻占了耶路撒冷。在西方历史上，萨拉丁以英勇无畏和富有同情心而闻名，即使他的敌人也对他极为佩服。

变化，第二个条件则荡然无存，第三个条件则成了不利的因素，至于第四个因素也大大削弱了。接下来我们只对第四个条件加以简单说明。

有时候，因为进攻者本应该采取行动的时候反而迟疑不决，所以防御者可以以逸待劳，在等待中蓄势待发，整个战局则会因此在一种虚幻的均势中毫无结果地拖延下去。然而，一旦这种均势被某一个进攻行动打破，致使利益遭到损害的防御者不得不奋起反击，那么防御者就有可能摆脱无所事事的状态。

与在本国进行的防御相比，在敌国境内进行的防御具有更高的挑战性，因为这种防御活动中夹杂的进攻因素会削弱防御的性质。比如道恩将军可以对腓特烈大帝在西里西亚和萨克森进行的防御活动坐视不理，但是如果是在波西米亚，他就不会这样做了。显而易见，如果防御活动中夹杂着进攻，那么防御就不再具有一般性的优越性。

没有一个防御战局单纯由防御因素构成，同样也没有一个进攻战局同样是由进攻因素构成，因为除了双方军队都处于防御状态的短暂的间歇期之外，任何无法导致媾和的进攻都必然以防御告终。由此可见，削弱进攻的就是防御本身，这样说并非毫无意义的诡辩，也就是说，我们是将攻

---

① 指的是进攻者的军队与基地两端构成的三角形。——译者注

哈丁战役

势衰竭之后转入的防御——也是十分不利的防御——当成最为主要的不利。这样也等于说明了进攻和防御这两种作战形式的力量之间的差别是如何缩小的。

这种差别怎么才能完全消失，并且其中之一在短时期内怎么能变成相反的因素呢？如果允许我们借用自然界的感念，那么这个问题即可迎刃而解。

在自然界，任何一种力发挥作用时都需要时间。比如，某种力本来只需要缓慢而渐进地发挥作用就足以阻止某个物体的运动，但是时间不足的话，这种力就会被这个物体压制。对于我们精神生活中的某些现象而言，这种自然界的现象也是一种很好的说明——一旦我们的思想形成定势，那么就并不是每一个理由充分的原因都能改变或者中止这种思想。也就是说，要想改变这种思维定势，就需要时间和持续性的作用力。

在战争中也是如此，如果人们已经沿着一定的方向一往无前地奔向目标，或者势不可遏地逃回避难所，那么很容易出现一种情况：人们知其然而不知其所以然，不容易理解那些迫使他们停滞不前或者再次行动的原因；而且由于行动在持续中，所以人们会在奔涌的洪流中不知不觉地超出均势的界限，越过胜利的顶点。有时候，甚至会发生这样的情况：进攻者在精神优势的支持下，即使精疲力竭也依然挣扎着前进，就像拉着沉重的车辆上山的马，会感觉应该前进而不是停下来。

最后，我们已经充分说明了进攻者为什么会越过胜利的顶点——尽管此后他们会转攻为守，但是因为可以获得一定的成果，所以他们还是可以维持住势均力敌的均势，因此，在制订战局计划时，能否正确地理解这一点尤为重要，对于进攻者和防御者来说都是如此，因为进攻者可以因此而避免贪功冒进，防御者则可因此量力而行。

至此，我们再来回头看看统帅在衡量胜利的顶点时应该考虑的所有问题，但是我们必须知道，统帅只能在详鉴过往的基础上才能大致推断出最主要的问题的发展方向及其价值。也就是说，统帅应该大致推断的问题：受到第一次打击之后的敌军是愈挫愈勇，成为一个比较坚固的整体，还是像一只博洛尼亚瓶一样，一旦出现裂纹就会一触即碎？敌军的物资来源地被封锁或者交通线被切断之后会遭到多大的打击？敌军遭到沉重打击之后会一蹶不振，还是会奋起反击？其他国家持有何种政治态度，是否会出现新的政治联盟，或者某些政治联盟是否会土崩瓦解？

如果说统帅应该像射手一样做到有的放矢，利用迅速而准确的判断力找到靶子——猜中上述情况及其相关情况，那么我们就必须承认一点：人的智力活动显然力有不逮，因为那些令人眼花缭乱的歧路会将人引到错误的路上。即使这些问题无法左右统帅的判断力，危险和责任也会使他们犹豫不决。如此一来，就很容易出现这样一种情况：在胜利的顶点面前，大多数统帅宁愿敬而远之，有些统帅虽然胆量过人，而且有强烈的进取心，但是他们又容易超越顶点，致使过犹不及，所以，只有那些能用有限的手段开创丰功伟业的人才能顺利地达到目的。

多雷的名画《腓特烈一世之死》

第 八 篇

VIII

战争计划（草稿）

第一章　引　言

为了在研究之初就形成一个正确的概念为基础,我们在论述战争的性质和目的时,大致上描绘了战争的总体概念的轮廓,并且指出了战争及其相关事物的联系。但是当时我们只是简要提到了研究这个问题时将会遇到的各种困难,以便在随后加以详细研究,所以在得出了整个军事行动的主要目标是打垮敌军这个结论之后,我们没有作进一步的探讨。以此为基础,我们在随后就指出了一点:军事行动中所能使用的唯一手段就是战斗。按照我们的看法,讨论至此,我们就确立了一个正确的立足点。紧随其后,我们又分别研究了除了战斗之外的一些值得注意的其他手段以及它们的关系,之所以这样做,是因为我们想根据它们自身的性质和战史提供的经验更加确切地指出它们的价值,进而将它们与那些因为与它们相似而经常被混淆的概念区别开,并且使人们再次认识到歼灭敌军始终是军事行动真正的目标。

接下来,我们将要探讨与战争计划和战局有关的问题,在探讨这些问题时,我们仍然要回到战争这个整体上,也就是说,我们必须再次提到在第一篇中说过的一些概念。

在随后的几章中,我们将从总的方面来论述战略中最为本质的东西,这也是战略中涉及面最广和最为重要的问题。当涉及战略中的核心也就是所有问题的汇集点时,无论如何我们都有些胆怯。

事实上,这种心情是很容易理解的。

一方面,我们可以看到军事行动好像易如反掌,因为许多伟大的统帅在谈到军事行动时使用的都是朴实无华的语言,当他们谈到如何操控战争这台由成千上万个零件组成的机器时,好像在谈论单个人的行动,或者说,他们似乎将一个庞大的行动简化成了一次简单的搏斗,比如他们的动机有时候好像是由几个简单的想法引起的,有时候则是由情绪的波动引起的,至于他们处理问题的方式则是胸有成竹且简单明了的,甚至可以说是在弹指之间即可做出一个重大决策。

然而,另一方面,也有许多情况需要用理智加以解决,因为作战涉及的范围很大,甚至可以说是无边无际的,此外,供人们选择的作战方式也是不计其数的。在此基础上,如果我们能考虑理论的任务是从整体角度明确而透彻地说明这些事物,并且应该始终为行动提供充分的必然性的依据,那么我们就不可避免地感到惶恐不安,唯恐堕入食古不化的书呆子的泥潭——在这种死板僵硬的纯概念的圈子里耗费再大的力气也永远不会产生具有敏锐而迅捷的眼光的伟大统帅。如果理论研究得到的是这样的结果,那么理论研究就毫无意义,甚至可以说不进行这样的研究反而更

前往圣地耶路撒冷的朝圣者和商旅

好。因为以这样的研究为基础的理论会低估才能的作用，而且很快就会被人抛之脑后。

与此相反，我们在上面所说的统帅具有洞幽烛微的观察力，处理问题的时候有快刀斩乱麻的决断力，还有能够化繁为简——将整个庞大的军事行动简化为一个人的行动——的能力，这样的统帅确实是每一次出色的军事行动的灵魂，而且只有通过这种出色的行事方式，自由的智力活动的作用才能发挥得淋漓尽致。如果人们想成为军事行动的主人而不是被军事行动奴役，那么这种自由的智力活动就是不可或缺的。

在一开始就指定的道路上，我们只有怀着谨小慎微的心情才能继续前进。理论应该明确地阐明大量事物，肃清错误的见解的流毒，使人们能够分清主次，正确地理解各种事物以及它们之间的关系。

当各种观念自然而然地凝结成我们称为原则的真理结晶时，当它们自然而然地凝结成规则时，理论就应该明确地将它们指出来。理论所能带给人们的好处，应该是使人们在探索各种基本概念时有所收获或者得到启示，而不是给人们提供固定的公式，或者利用僵硬的规则迫使人们必须走某条路。如上所言，理论应该使人们理解各种事物以及它们之间的关系，然后使人们更进一步进入更高的行动领域，依据天赋的高低来发挥一切力量的作用，具备判断真理的能力。这种能力是在上述各种力量的共同作用下形成的，与其说它是思考的产物，不如说它是感性的产物。

第二章　绝对战争和现实战争

　　战争计划包括整个军事行动,并且能够使整个军事行动成为一种具有一个最终目的的统一行动。如果不知道应该通过战争达到什么目的,也不知道应该在战争中达到什么目标,那么我们就不应该发动战争,或者不应该有发动战争的念头。这种思想是制定所有的作战方针的准绳,因为它确定了使用手段的范围和动用力量的大小,而且能够影响战争中最为微小的环节。

　　我们在第一章中说过,击溃敌军是军事活动的必然性的目标,如果能够严格按照概念进行推论,那么除此之外,我们就不可能得出别的结论。(从严格的概念意义上来说,)敌对双方都有打垮敌军的想法,所以在军事活动中本来不应该出现间歇,而且在其中一方被彻底打垮之前就不会出现平静状态。在讨论军事活动中的间歇的那一章中,虽然我们在敌对因素的体现者——人——以及构成战争的所有情况的基础上,指出了战争机器的内部原因是如何制约敌对因素的,但是这种制约引起的变化,远远不是战争从原始概念(理论化的状态)转变为具体形态的原因。

　　大多数战争好像只是一种引而不发的姿态——怒气勃发的双方只是拿着武器摆出保卫自己和威胁对方的架势。当然,如果机会合适,他们也会给对方致命一击。所以,这些战争不是两种意图破坏对方的力量的直接冲突,而是彼此分离的,只是在一些小规模的接触中交锋的两种敌对因素的剑拔弩张的对峙状态。

　　那么,阻止这两种因素的冲突全面激化的阻力是什么呢?为什么战争没有按照纯概念意义上推断的那种形式发展呢?这种阻力就是战争在政治生活中遇到的那些事物、力量以及各种关系。在这些东西频繁的作用力的影响下,仅仅根据某些前提而直接得出的纯概念意义上的结论必然会成为不切实际的东西,这些理论也必然会湮没在那些作用力中,而且在处理大大小小的事务时,人们通常是根据定势思维和感觉来采取行动,而不是根据严格的逻辑推论来采取行动,所以很难意识到自身的弱点以及对某些情况的忽视。

　　即使筹划战争的人对所有的情况烂熟于心,并且能够时刻铭记自己的目标,国内其他人士却未必能做到这一点,这就必然会产生阻力。毫无疑问,此时必须产生一种能够克服这种惰性的力量,但是在大多数情况下,这种力量是相当有限的。这种不彻底性有时存在于敌对双方中的其中一方,有时同时存在于双方,这就会使战争成为一种虚实参半而且没有内在联系的东西,而不会呈现出按照纯概念意义而应该呈现出的状态。

　　在现实中,这样的战争几乎处处都可以遇到,如果不是亲眼见到在如今这个时代出现了具有

儿童十字军

　　第四次十字军东征结束数年之后，民间风闻在东征行动中有一支由3万个儿童组成的儿童十字军，但是后世很多历史学家认为这支军队并不是由儿童组成的，而是由流浪汉组成的，而且这些人中很多人在半路上就被贩卖为奴，并没有到达耶路撒冷。

绝对战争形态的现实战争，那么我们所说的战争绝对具有的本质的这种看法可能就会引起许多人的怀疑。在法国大革命的前期横空出世之后，勇猛无畏的拿破仑迅速将战争推到了绝对形态上。在拿破仑的指挥下，法军的进攻和还击几乎是马不停蹄的，在敌军被彻底击败之前，他们绝不善罢甘休。在此基础上所得出的一切逻辑上的结论，难道不能使我们自然而然且合乎逻辑地回到战争的原始概念上吗？ [①]

可是，我们是否可以只考虑战争的原始概念，而无须顾忌现实战争与战争的原始概念之间的差距，然后把这个原始概念作为衡量一切战争的依据呢？ 或者，我们是否可以根据这个原始概念来推导所有的战争理论呢？

对于这个问题，我们必须给出确切的回答。这是因为，如果我们不能确凿无疑地肯定一点——除了原始概念，战争再无其他形式——那么关于战争计划的问题，我们就无法提出能让人心服口服的看法。如果我们认为战争只有原始概念所规定的形态，那么我们的理论就可以在各方面更加符合逻辑的必然性，也可以更加明确。

那么，我们该如何看待亚历山大大帝和拿破仑时代之间的所有战争呢？ 将其全盘否定未尝不是一个办法，但是这样做的话，我们就会因为自己的狂妄自负而羞惭。此外，我们还必须面对极为糟糕的一点——在未来十年里，也许还会出现与我们的理论方枘圆凿的战争。我们的理论虽然有严密的逻辑性，但是在具体情况的威力面前，它却是不堪一击的。从这个角度来说，我们必须知道一点：战争的形态不仅是由战争的纯概念决定的，那些夹杂在战争中的其他因素——比如人的认识能力的有限性、人性中的弱点，以及其他自发的惰性和阻力等——有时也会成为决定性的因

第五次十字军东征期间围攻达米埃塔

　　1215年，第五次十字军东征开始，此次行动的目的是进攻埃及，1218年6月，十字军抵达埃及，开始进攻达米埃塔，经过长达一年多的努力，终于在次年11月将此地攻克。1221年，十字军企图进攻开罗，埃及军队利用尼罗河截断十字军的退路，同年9月，达米埃塔被收复，第五次十字军东征以失败告终。

① 　根据我们的理解，这句话的意思是，在拿破仑战争的基础上得出的一切结论，必然会使人意识到一点——战争的目的是彻底击溃敌军。——译者注

素。所以我们必须始终认定一点：战争和战争具有的形态，是从在具体情况下起主导作用的思想、感情和各种关系中产生的。如果我们想实事求是地看待问题，那么我们就必须承认，即使具有绝对形态的拿破仑战争也是如此。

如果必须站在我们所说的角度看待问题，并且承认战争和战争所具有的形态并不是从它们所接触的无数关系的总和中产生的，而是从在具体情况下起主导作用的某些关系中产生的，那么我们自然而然就会得出结论：战争是以仰赖于幸运女神垂青的赌博为基础的，在这种赌博活动中，严格的逻辑推断不但常常没有用武之地，有时候反而会成为智力活动的累赘。此外，我们还可以得出一个结论：战争可能成为一种似是而非、模棱两可的东西。

我们进行理论研究时必须承认这一切，但是理论的任务是将战争的绝对形态提升到至高无上的地位，并且将它当成研究问题的基本立足点，使那些希望从理论中汲取养料的人永远将它牢记于心，在面临希望和惶惑时，把它作为衡量如何采取行动的尺度，以便在可能或者必要的场合使战争接近这种绝对形态。

这种主要观念是我们进行思考和采取行动的基础，即使最为直接的决定性原因来自其他领域时，它也无法完全抵消这种主要观念的作用。这种主要观念就像画家作画时的底色，能够赋予它的画某种色调。我们之所以能够指出这一点，应该归功于最近的几次战争，因为正是这些触目惊心的例子说明了那些能够使战争从理论化的形态中挣脱的因素有多么大的破坏力。若非如此，即使喊破喉咙，我们的理论也不会得到人们的正视，也不会有人相信我们在当前经历的事情是真实的。

1798年，七万普鲁士大军入侵法国，如果当时的普军知道一旦失败就会遭到反噬，甚至会破坏欧洲原先的政治均势，他们还敢轻举妄动吗？1806年，普鲁士调集十万大军向法国开战，如果普军当时能知道这样做会惹祸上身，招致灭顶之灾，他们还敢草率行事吗？

腓特烈二世出生

腓特烈二世虽然是被教皇革除教籍的皇帝，但是他利用出色的外交手腕指挥了第六次十字军东征，兵不血刃地得到了耶路撒冷。腓特烈二世的母亲是西西里女王康斯坦丝，据说在她即将分娩之前，有流言声称一个屠夫的儿子将被调包为皇子，对于依靠血缘关系维持的皇室而言，这个流言是致命的。为了维护孩子的正统继承权利，1194年12月，康斯坦丝在集市上搭帐篷分娩，并且允许当地的女人观看。

第三章　战争的内在联系

　　由于人们对战争的看法不同——有的人认为战争具有绝对形态,有的人认为战争或多或少具有与绝对形态不同的现实形态,所以人们对战争的结果有两种不同的看法。

　　在战争的绝对形态中,一切都有必然性的因果联系,而且会很快交织在一起,不存在没有联系的、模棱两可的间歇。在这种形态中,由于战争内部包含着各种经纬交织的相互作用,具有由一连串的战斗构成的内部联系,而且每次胜利都有一个顶点,总之,由于战争具有这些自然而然的联系,所以战争只有一个最终结果。在取得最后结果之前,一切东西都没有决定权,敌对双方既无所得,也无所失。在此,我们必须再次申明:一切都取决于最后的结果。根据这种看法,战争是一个不可分割的整体,组成它的各个部分只有同整体联系在一起才有价值。

　　1812年,拿破仑占领了俄国的半壁江山和莫斯克,但是对于拿破仑而言,这些地区只有在有利于他与俄国媾和时才有价值。也就是说,在拿破仑的战局计划中,占领这些地区只是其中的一部分,除此之外,这个计划还缺少一部分——粉碎俄军。如果拿破仑能够同时实现这两个目的,那么这对他与俄军媾和就是十分有利的。然而,由于拿破仑只是实现了其中之一,而忽视了另外一个目的,结果致使已经到手的东西对他非但不利,反而有害。

　　除了认为战争中的各个结果是有联系的这种看法,还有一种看法与此是对立的——战争的各个结果是独立的,这些结果就像赌博中的局一样,前几局的输赢对后面的输赢是没有什么影响的,或者说可以将单个的结果像累积筹码一样积存起来,只需要关注这些结果的总和即可。

　　从事物的性质上来看,第一种看法是正确的;从事实上来看,第二种看法是正确的。无须攻坚克难即可获得蝇头小利的情况比比皆是,构成战争的要素越缓和,这种情况就越多,但是,正如第一种看法在战争中完全适用的情况屈指可数,只需要第二种看法而不需要第一种看法为补充的情况同样少得可怜。

　　如果我们承认上述看法中的第一种看法,那么我们就必须承认一点:每次发动战争时,从一开始我们就应该把它当成一个整体,迈出第一步时就必须设立一个使后续行动都有统一指向的总体目标。如果我们赞成第二种看法,那么我们就会着眼于次要利益,而将重要的问题留到以后解决。

　　如上所述,这两种看法中的任何一种都无法独力发挥作用,所以,我们在进行理论研究的时候不可偏废其一,但是在理论研究中运用它们的时候我们却不能一视同仁:无论是哪里,第一种看法都是一种基础性的基本观点,而第二种看法则只是在具体情况下对第一种看法的某种补充。

马木留克骑兵

1248年，法国国王路易九世发动第七次十字军东征，东征初期，战事还算顺利，但是随后发生的一次瘟疫削弱了十字军的战斗力，瘟疫过后，埃及将领率领由钦察奴隶组建的马木留克骑兵击败了十字军，路易九世本人也因此而沦为阶下囚，直到1254年才被释放回国。

1742年、1744年、1757年和1758年，腓特烈大帝多次从西里西亚和萨克森向奥地利发动进攻。即使能够攻占奥地利，也无法像占有西里西亚和萨克森那样能够长期将其据为己有，腓特烈大帝对此心知肚明，他之所以发动这些军事行动，目的也并非打垮奥地利，而是想达到一个次要目的——赢得时间，积蓄力量。他追求这个次要目的，主要是为了力挽狂澜，挽救普鲁士于危亡。然而，普鲁士在1806年，奥地利在1806年和1809年虽然设立的目标是比较小的——同样是将法军赶过莱茵河，但是，如果没有预料到从打响第一枪到媾和的这段时间里因为胜负状况而有可能发生的一系列事件，它们就不能顺利地达到目标。无论是要确定在不攻坚犯难的情况下能够获得多大的利益，还是要确定如何或者在何处能够阻止敌军获胜，研究这些（可能会出现的）事件都是非常有必要的。

通过细致地研究历史，我们就能看出这两种情况之间的区别有多大。在18世纪的西里西亚战争时期，战争只是政府的事情，人民不过是被利用的盲目的牛马。但是发展到19世纪初期，人民已经成了一支不容忽视的力量。与腓特烈大帝对峙的那些统帅，大多只是奉命行事，正是因为这一点，所以他们的主要特征是谨小慎微，而普鲁士和奥地利的敌人[①]，却被视为战神再世。对于这些不同的情况，难道我们不应该用不同的思考方式区别对待吗？

1805年、1806年和1809年的情况，难道不是应该使人们注意那些非常有可能发生的不幸事件吗？在此基础上，人们难道不是应该采取与占领几个要塞或者占领某些不是很重要的地区完全不同的行动吗？虽然普鲁士和奥地利在大战一触即发之际嗅到了政治空气中的山雨欲来的味道，但是它们并没有采取有针对性的行动，当然，它们也做不到这一点，因为当时它们很难从历史中清楚地看到这一点。正是因为1805年、1806年和1809年的战局以及后续战局，我们才能比较容易地得出具有破坏力的现代的绝对战争的概念。从这个角度来说，我们进行理论研究的目的，就是在每次战争中，首先应该根据从政治因素和政治关系中产生的概然性来认识战争的特点和主要轮廓。

根据这些概然性来看，如果战争的形态越是接近绝对战争，被卷入旋涡的民众越多和越是难

[①]　普鲁士和奥地利的敌人，应该指的是拿破仑，因为在拿破仑战争时期，法国民众的政治热情高涨，形成了全民皆兵的局面。——译者注

腓力三世

　　路易九世回国之后，为报兵败被俘之仇，发动了第八次十字军东征，行动开始不久，瘟疫横行，兵力损失严重，就连路易九世本人也染病身亡，他的儿子腓力三世见成功无望，于是下令全军撤退，第八次十字军东征因此告终。

以自拔，那么组成战争的各个事件之间的联系就越紧密，我们在迈出第一步的时候也越需要深思熟虑。

战争目的的大小和使用力量的多少

我们应该给予敌军多大的压力，这取决于敌我双方的政治要求的大小。如果双方都知道对方的政治要求，那么他们使用力量的尺度就是相等的。

然而事实上，双方政治要求的范围并不是一目了然的——这是双方使用的力量大小不等的第一个原因。

各国的政治地位和具体情况不同，这可能是第二个原因。

各国政府的意志力、特点和能力很少有相同之处，这可能是第三个原因。

由于上述三点，我们在战争中很难准确地预料到会遇到多大的抗击，也很难准确地断定应该使用什么样的手段，设立什么样的目标。如果投入的力量有限，那么不但难以取得成果，甚至有可能遭到惨重的损失，由于敌对双方都意图在力量上胜过敌军一筹，这就会产生相互作用，有时候，这种相互作用能够使人们在使用力量时孤注一掷。如此一来，政治要求就会被人忽视，手段与目的之间的一切联系也会被斩断。

然而在大多数情况下，孤注一掷地使用力量的意图，往往会因为受到自身内在关系的牵制而无法实现，于是回到中间主义道路上的人们只好退而求其次，在采取行动时或多或少地以一个原则为依据：只使用为达到政治目的所必需的力量，只确立为达到政治目的所必需的目标。为了遵循这个原则，人们必须放弃任何能够取得成果的绝对必然性，也必须放弃那些遥不可及的可能性。[①]

按照这个原则，智力活动就会与严格的科学领域——逻辑学和数学领域——分道扬镳，而趋向于艺术领域——一种能够利用洞若观火的判断力从纷繁复杂的事物及其相互关系中找到最为重要和最具有决定意义的东西的能力。显而易见，这种判断力就是在一定程度上不自觉地对各种事物及其相互关系进行比较，与进行严格推论相比，这种判断力能够比较快地抛开那些关系不是十分密切也不是很重要的东西。因此，为了确定在战争中应该使用多少手段，必须考虑敌对双方的政治目的、力量对比、各种关系、敌国政府和人民的特性与能力，以及我方在这方面的情况，此外，我们还必须考虑国际政治关系对这些因素的影响。不言而喻，只有慧眼独具的天才才能在其中迅速地抓住纲要，而纸上谈兵式的研究则做不到这一点。从这个意义上来说，拿破仑有一句话说得很对：这是一道连牛顿这样的人也会望而却步的数学难题。

如果说是因为这些涵盖面极为广泛的问题的各种关系纷繁复杂，而且缺少正确可靠的衡量尺度，所以很难得出结论，那么我们就必须看到一点：这个问题所具有的重要性并不会增加问题自身的复杂性和困难程度，但是能够增加解决这个问题的荣耀。对于凡人而言，危险和责任非但不能

[①]　这句话的意思应该是，人们在现实战争中，必须放弃盲目或者顽固的自信，也必须放弃那些不切实际的目标。——译者注

十字军中的老战士

几乎与第八次十字军东征同时，英格兰的爱德华王子还发动了第九次十字军东征，这也是被历史学家公认的最后一次以耶路撒冷为目标的大规模东征，但是此战也是草草收场，并没有达到目的。图中描绘的是一个踽踽独行的十字军老战士，反映的是第九次十字军东征的结局，颇有些"古道西风瘦马"的意味。

使他们的精神活动得到加强，反而会使之遭到削弱，但是对于有些人来说，危险和责任却能使他们的判断力更为迅速准确——这些人就是我们这个时代如凤毛麟角般的一时俊杰。

因此，我们首先必须承认，只有先高屋建瓴地观察整体，知其大略，才能判断在即将到来的战争中可以追求的目标以及可以使用的手段。其次，我们还得知道一点，这种判断与在军事活动中的其他判断一样，绝对不可能是纯客观的，它取决于元首、政治家、统帅的智力特点和感情特点。

当我们观察时代和环境所形成的各个国家的总体情况时，问题就会具有一般性，也会比较适于进行抽象的研究。在此，我们必须先大致看一下历史。

希腊火

在风雨飘摇的统治末期，东罗马帝国之所以能够多次有惊无险地渡过劫难，击退强敌，很重要的一个原因就是该国掌握着杀伤力惊人的神秘武器"希腊火"，在东罗马帝国中，这种武器的制造技术是最高机密。

半开化的鞑靼人、古代的共和国、中世纪的封建领主和商业城堡、18世纪的国王以及19世纪的君主和人民，他们都有自己独特的战争方式、战争手段和战争目标。

鞑靼人逐水草而居，他们出征的时候总是携带着全家，若论人数之众，任何军队都难以望其项背。他们的目标是使敌人臣服或者将敌人逐走，假如他们的文明程度比较高，那么他们就能做到所向披靡。

古代的共和国（除了罗马共和国）一般疆域狭小，而且军队也很少，因为他们将民众排除在军队之外。这些国家的数量很多，彼此十分接近，所以它们在自然形成的均势中总是会遇到一些障碍，无法采取大规模的行动，所进行的战争仅仅局限于劫掠平原地带或者少数城市，目的则是为了在这些地方保留一定的势力，然而，晚期的罗马共和国是个例外。为了掠夺物资，与邻国结盟，它曾长期利用少数军队和邻国进行小规模的战争。虽然后来它成了一个强国，但是变强的方式并不是通过武力进行真正的征服，而是通过结盟的方式，渐渐使邻近民族与自身融为一体。

事实上，罗马共和国在利用这种方式将自身的势力扩展到整个意大利之后，它才进行真正的武力扩张：迦太基土崩瓦解，西班牙和高卢俯首称臣，希腊望风披靡，罗马的势力扩展到了亚洲和埃及。由于财力雄厚，所以在此期间，罗马共和国并没有耗费太大的力量就能够维持一支庞大的军队的运转。如此一来，它与古代的共和国、过去的自己就产生了很大的不同，成了一个势力空前强大的强国。

同样，就作战方式而言，亚历山大大帝所进行的一些战争也是独一无二的，他用麾下那支兵力虽少但是以组织完备而闻名的劲旅，推翻了亚洲的一些腐朽国家，并以马不停蹄和勇猛大胆的行动在亚洲长驱直入，一直将战线推进到了印度。如果是罗马共和国，除非是国王御驾亲征，否则它就无法做到这一点。

在中世纪，大大小小的君主国进行战争时利用的是用封建兵制组建的军队，在此期间，所有的行动都是无法持久的。凡是无法计日程功之事，只能被视为无法完成。这是因为组成这种军队的各部分是由封建从属关系联系在一起的，维系这种军队的纽带，一半是法定义务，一半是自愿组建的同盟，从整体上来看，这种军队是一个真正的联邦式的集合体。这种军队的装备和战术，建立在各自为战以进行自卫和个人战斗的基础上，与规模较大的军队有比较多的抵触之处。总之，在历史上从来没有一个时期像这个时期这样，国家的结构是这么松松垮垮，各个成员是这么肆无忌惮。这一切都决定了这个时期的战争的特点——速战速决，军队很少在战场上长期停留，战争的目的只是惩罚敌人，而不是打垮敌人，只是掠夺敌人的牲畜，烧毁敌人的城堡，达到目的之后即班师回国。

大的商业城市和小的共和国进行战争时动用的兵力是雇佣兵，由于费用很大，所以这种军队的兵力有限。这种军队的战斗力非常低，在作战时只是虚张声势，所以根本无法指望这样的军队发挥强大的战斗力。简而言之，在这样的战争中，不共戴天的仇恨和同仇敌忾的心理不再是推动国家直接参战的动力，而是变成了可以用来交易的商品，战争中固有的危险因素大部分消失了，战争的性质也随之发生了改变。当然，人们根据战争的性质为战争所确定的一切对于这种战争也是

希腊火弹射器

不适用的。

当封建领地制度被强大的中央集权制取代之后，国家结构变成了一个坚固的整体，人身义务变成了物质义务，也就是说，大部分人身义务可以用金钱支付来代替，领军饷的士兵取代了封建军队。雇佣兵作为一种过渡形式，在某个时期内曾经是比较大的国家所利用的一种工具。但是这种情况并没有维持太久，短期的雇佣兵就变成了长期领军饷的士兵，于是各国的军队就演变成了靠国库供养的常备军。

随着军队逐渐向常备军这个趋势的发展，自然而然就产生了三种类型的军队并存的现象，比如在亨利四世时代，就曾经出现过封建军队、雇佣兵和常备军并存的现象，直到三十年战争时期，雇佣兵依然没有绝迹，甚至在18世纪也依然能看到雇佣兵的些微残迹。

这些不同时期的军队是各不相同的，欧洲各国的其他情况在不同时期也是各不相同的。当时的欧洲四分五裂，大小城邦林立，其中，有些是内患迭出的小共和国，有些是政府权力极为有限且朝不保夕的小君主国。这样的国家根本不能被当成一个真正的统一体，只能被视为一个不稳固的综合体，或者说，我们不能把这样的国家视为根据简单的基本法则就可以运行的组织。

考察中世纪欧洲各国的对外政策和战争时，我们必须以上述观点为立足点。在此，我们想提一下德意志皇帝在五百多年的时间里持续不断地向意大利发动的远征，由于德意志皇帝从来没有彻底地将意大利据为己有，甚至从来没有产生过这样的念头，所以人们很容易将这种行为当成一种频繁出现的错误，或者说将这种行为当成一种有时代根源的错误观点的体现。然而，我们认为对这种现象的合理解释是，这是由许多重大原因造成的，虽然我们可以在大体上了解这些原因，但是我们无法像当事人那样深刻地体会他们。只要从板荡的局势中产生的这种大国需要时间休养生息以求发展，它们的力量和努力主要就只能用在这方面[1]，因此，这样的大国很少发动抗击外寇的战争，即使发动了这样的战争，战争也具有参战国不够稳固的特征。

比如英法战争就是比较早的这一类战争。当时的法国还不是真正的君主国，只能被视为公国和伯爵领地的结合体，英国虽然接近统一体，但它是在国内动荡不安的情况下用封建军队进行战争的。在路易十一时代，法国在国内统一的道路上迈进了一大步，至查理八世时代，它已然成了一个能够侵略意大利的强国，至路易十四时代，它在国家统一和常备军方面则得到了更进一步的发展。

在联合王斐迪南时代，西班牙开始走向统一，并通过偶然的对外联姻在查理五世时代迅速形成了由西班牙、勃艮第、德意志和意大利组成的强大的西班牙王国。这个巨人利用金钱弥补了稳固自身方面的不足，并且率先建立了一支能够与法国的常备军争锋的常备军。但是，查理五世退位之后，这个大国分裂成了西班牙和奥地利两部分。此时，得到了波西米亚和匈牙利的奥地利实力大增，并且使德意志联邦成了自己的附庸。

18世纪我们司空见惯的依靠征募和金钱组建的常备军，在17世纪末叶（路易十四时代）已经

---

① 按照我们的理解，这句话的意思是，这种在板荡的局势中产生的大国为了谋求发展，主要得利用对外掠夺的方式得到必备的资源。——译者注

发展到了顶点。此时，各国内部已经完成统一，各国政府都把臣民的服役方式由人身服役变成了金钱纳税，于是，它们所有的实力就都集中体现在自己的国库上。由于文化发展迅速，行政管理日益健全，这些国家的力量也都得到了空前的提高，法国可以动用几十万的常备军作战，其他强国也可以做到这一点。在其他方面，欧洲各国的情况与此前相比也大为不同。当时，欧洲有二三十个君主国和几个共和国，如果其中的两个国家交战，也必然不会像此前那样会牵涉到无数国家。虽

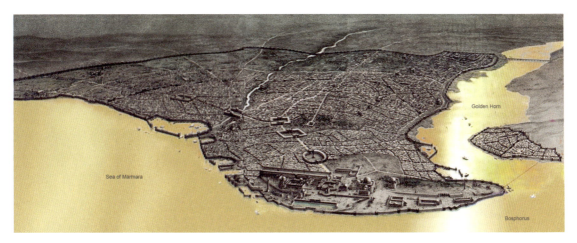

君士坦丁堡复原图

然在当时的局势中，政治关系的结合方式依然是多种多样的，但是它们是可以观察到的，并且随时可以根据概然性加以确定。

换言之，各国都成了内部关系极为简化的君主国，等级的权利和影响已经成为历史的废墟，对外代表国家形象的政府已经成了一个高度统一的整体。因此，在这种情况下如果能够产生一个适用的工具和独立的意志，那么战争就能够具有与它的概念相符合的形态。

在此时期内，三个新的"亚历山大大帝"应运而生：古斯塔夫·阿道夫、查理十二和腓特烈大帝，他们同样意图用兵力虽少但是组织完备的军队把小国打造成强国，打垮所有的敌人。如果他们也与亚洲国家发生过战争，那么就个人作用而言，他们与亚历山大就会更为相似。但是，就他们在战争中勇猛无畏这一点来看，我们仍然可以把他们视为拿破仑的先驱。

然而，收之东隅失之桑榆，战争从一个方面①获得的前所未有的威力，又因为另外一个原因而丧失了。

如上所言，当时的军队是依靠国库维持的，而君主则往往将国库视为个人私产，至少是将国库视为属于政府而不属于人民的东西。在国际关系方面，除了一些贸易往来，大部分只涉及国库或者政府的利益而不涉及人民的利益，至少这在当时是一种风行一时的看法。所以，自视为财产的管理者和所有者的政府千方百计增加财富，可是它的臣民却对此并无太大兴趣。

鞑靼人出征时是全民参战；如果说人民仅仅指的是国家真正的国民，那么在古代的共和国和中世纪也是大多数人民参战，但是在18世纪，人民根本没有直接参战，而只是通过国民素质在一定

① 这里指的是战争因为各国的实力大增和兵制改革而获得的威力。——译者注

现存的最古老的君士坦丁堡地图

程度上对战争产生间接影响。在政府脱离了人民并将自身等同于国家的前提下,战争的性质就发生了变化——纯粹变成了政府依靠国库、本国和邻国的无业游民进行的一种事业。如此一来,各国政府所使用的手段的规模和持续时间就产生了一定的限度,而且这种限度是敌对双方可以估算出来的。因此,战争中最为危险的东西——向极端发展的趋势以及与此有联系的一系列难以估计的可能性——就被消除了。

也就是说,通过大致推断敌国的财力,就可以大致知道敌国能够动用多少兵力,因为在发动战争初期大量增加财富和兵力是不可能的,而知道了敌军使用力量的最大限度,就可以知道自己可能会遭到什么损失;知道自身力量有限,就会选择适当的目标;既然敌军不会倾力而为,自己也就没有必要全力以赴。

在这种情况下,驱使人们追求极端的不再是必然性[①],而是军人的荣誉心和勇气,但是利用这种东西发动战争时在政治方面会遇到很大的阻力,甚至在君主自己亲自出征时也不得不步步为营、谨慎行事,因为军队就是他们的所有,一旦军队被粉碎,他们就会一无所有。这就要求他们在采取行动时必须三思而行,只有在时机极为有利的情况下,才可以使用这种耗费甚巨的行动,而统帅的艺术就在于善于创造这种极为有利的时机。在等待时机的时候,人们好像无所事事,没有理由采取行动,所有的力量和动机好像都是静止的,进攻者最初的动机也会消失在举棋不定的等待之中,这样一来,战争在实际上就变成了扑克牌游戏,洗牌的则是时间和时机。

就其意义而言,战争只是一种姿态比较强硬的外交谈判方式,而围攻和会战则是极为重要的外交文书。即使是荣誉心最强烈的人,他的目标也不过是谋取适当的利益,作为与敌人媾和时的筹码。

我们曾经说过,战争之所以具有这种规模有限的形态,是因为它所依靠的基础比较小。至于像古斯塔夫·阿道夫、查理十二、腓特烈这种具有雄才伟略的统帅和国王,率领骁勇善战的军队之所以没有能超过一般水平,不得不满足于普通的战果,则是因为受到了政治均势的限制。此前,在欧洲的大小城邦林立的时代,各个小国之间的距离近,彼此接触多,亲缘关系交错,所以它们之间存在着完全而直接的利益关系,这一切都没有阻止某个国家势大难制,但是在如今,各个国家的势力强大,政治中心之间的距离有所疏远,原先维系国际关系的纽带转而依赖于各国外交事务的发展。

由于政治利益关系、引力和排斥力形成了一个非常微妙的体系,所以形成了一种新的局面——如果没有欧洲所有国家的政府参与,就发生不了战争。所以这些新的亚历山大大帝除了掌握一支骁勇善战的军队外,还必须具备长袖善舞的政治手段。然而,即使如此,他们在征服别的国家时也难以获得比较大的进展。虽然路易十四曾经企图打破欧洲的政治均势,而且在17世纪末的他也可以无视那些敌视他的国家,但是他仍然是以传统方式进行战争的,的确,他的军队是强大无匹的国家的军队,但是就性质而言,这支军队与其他国家的军队并无区别。

在鞑靼人时代、古代共和国时代、中世纪,对敌国进行掠夺和破坏能够发挥比较大的作用,但是在如今,这种做法已经格格不入,我们有理由将它当成无益的野蛮行为。这种行为不但容易遭

---

① 这里的"必然性"应该指的是在战争中必须击溃敌军。——译者注

奥斯曼帝国的军队包围君士坦丁堡

到报复，而且它打击的并非敌国政府，而是敌国臣民。所以它几乎起不到什么作用，只会阻碍各民族文化水平的提升。因此，就手段和目标而言，战争只能越来越局限于军队本身，军队、要塞和阵地构成了国中之国，战争要素则在其中丧失殆尽。

欧洲各国为此而欢欣鼓舞，认为这是人类智力水平提升的必然体现。虽然这是一种误解，但是对于欧洲各国的人民来说，这种变化却发挥了良好的作用。当然，我们也得承认，这种变化拉大了战争和人民的距离，使战争纯粹变成了政府的事情。

在此期间，如果某个国家是进攻者，那么它制订战争计划的着眼点就往往在于占领敌国的某个地区，如果某个国家是防御者，那么它制订战争计划的着眼点就在于阻止敌军达到这个目的；而制订各个战局计划的着眼点则在于攻占敌军的某个要塞，或者阻止敌军攻占自己的要塞；只有在为了达到目的而无法避免会战时才能进行会战。如果会战一触即发，而统帅只是由于贪功而猛进，那么他就会被视为有勇无谋之徒。一般而言，在一次战局中只会出现一次围攻，或者至多出现两次围攻，而冬营则被视为必需的休整期。在冬营期间，一方面临的不利绝不会给对方造成可乘之机，双方的接触几乎处于完全中断的状态，所以说冬营在此形势下就成了两次战局之间泾渭分明的界限。如果说双方的力量旗鼓相当，或者进攻者处于下风，那么连会战和围攻都没有发生的可能，于是一次

征服君士坦丁堡

　　1451年，奥斯曼帝国苏丹穆罕默德二世运用政治手段分化东罗马帝国的盟友，使其陷于孤立之境，然后率领大军向君士坦丁堡挺进。

战局的全部活动就只能局限于保护几个阵地、仓库，或者按部就班地吞噬敌军的某些地区。

只要这种战争形态放之四海而皆准，那么战争威力所受到的自然性的限制就会始终如此直接而明显，而且人们在上述状态中也不会发现什么矛盾，或者说会认为这一切都处于最正常的状态之中。从世纪开始的对军事艺术的评论只注意战争的个别问题，而不考虑战争的来龙去脉，于是就出现了各式各样的对伟大统帅的赞美之词，就连道恩这样的统帅也被视为伟大的统帅。然而事实上，道恩的"功绩"只是使腓特烈大帝完全达到了目的，而使玛利亚·特蕾莎没有达到目的。当时虽然出现过一些公允而高明的见解——如果兵力占据优势，就应该积极行动，有所作为，否则即使玩弄再多的技巧也是无济于事——但是这些见解非常少。

法国大革命爆发时，就曾出现过这种情况：普鲁士和奥地利试图运用外交式的军事手段进行战争，但是这种方式很快就显示出了它的局限性。当时，人们按照固定的思维观察事物，对兵力不大的军队寄予过高的期望，但是从1793年开始出现了翻天覆地的变化，在一夜之间，战争又成了人民的事情，而且成了全都以国民自居的三千万人的事情。在此，我们无法研究产生这种洪流的详细原因，只能探讨一些具有决定性意义的结论。由于出现了全民皆兵的局面，所以决定如何解决问题的不再是政府和军队，而是全体人民所固有的力量。此时，在战争中所能使用的手段和所能付出的努力已经发展到了难以遏制的地步，再也没有任何东西可以成为战争的阻力。当然，对于敌人来说，这是一种空前艰巨的风险。

如果说法国大革命战争在当时还没有使人们充分意识到它的威力就成了历史的过往；如果说法国大革命期间的法国将领功败垂成，没有彻底摧毁欧洲的专制王朝；如果说德意志的军队偶尔能够进行有效抵抗和遏制敌军的攻势，那么出现这种现象也只是因为法国人的战争艺术不够完善。起初，这种缺陷表现在士兵身上，后来表现在将军们的身上，到了督政府时期，这种缺陷则表现到了政府身上。当这种缺陷在拿破仑手中得到弥补之后，这支依靠全民的力量建立的军队在欧洲就成了无往而不利的百战雄师，凡是在它面前的所有的抵抗力量都会被碾为齑粉，在任何旧式军队面前，这支军队都不会有片刻犹豫。

但是在后来，反抗力量终于苏醒了。在西班牙，战争顺理成章地成了全体人民的事情。1809年，奥地利政府做出了前所未有的，以前被认为是无法做到的艰辛努力，组织了预备队和后备军，也几乎达到了预定的目标。1812年，俄国仿效西班牙和奥地利的先例做出了同样的努力，虽然他们开始做准备的时间比较晚，但是幅员辽阔的领土弥补了这方面的不足，并且增进了俄军的战备效果，使俄军最终获得了辉煌的战果。在德意志，普鲁士率先垂范，把战争变成了全民的事情，并且在人口缩减了一半和财力极为拮据的情况下将兵力扩大了一倍，之后，德意志各联邦纷纷起而效仿。虽然与1809年相比，奥地利在此时的努力程度不如从前，但是它也出动了巨大的兵力。如果把参战的所有人员都计算在内，那么德意志和俄国在1813年和1814年的战局中和法国作战时大约动用了一百万人。

当时，欧洲各国的作战力度虽未达到法军的水平，但是与此前相比却得到了大幅度的提高。所以，就总体而言，各次战局已经不是按照旧的方式而是按照新的方式进行了。八个月之后，战场从奥德河转移到了塞纳河,曾经不可一世的巴黎不得不签订城下之盟,曾经睥睨四海的拿破仑也成了阶下囚。[①]

自从拿破仑出现之后,对于战争的发动者而言,战争是军队的事,但是对于被进攻者而言,战争则是全体民众的事。因此,战争具备了完全不同的性质,更为确切地说,战争已经非常接近其本质、绝对完善的形态。在此形势下,在战争中使用手段时所受到的限制也消失在了政府和臣民的激情中。

征途上的穆罕默德二世

由于可以使用的手段增多,可能获得的成果的范围有所扩大,而且人们激情高涨,战争的威力得到了前所未有的提高,所以击溃敌军就成了军事行动的目标,只有当失去还手之力的敌军束手就擒时,人们才会认为可以停止战争,根据目的进行谈判。此外,由于各国普遍形成全民皆兵的战争氛围,构成战争的要素挣脱了因循守旧的桎梏,所以战争的威力得到了彻底发挥。而各国之所以出现这种氛围,一方面是因为法国大革命在各国内部产生了影响,一方面则是因为各国人民遭到了法国人的威胁。

那么,上述情况能否永远存在呢？将来发生在欧洲的所有战争是否都将会倾尽全国之力,只是为了各国人民的切身利益才进行呢？或者说,各国政府是否又会凌驾在民众之上呢？这是很难

---

① 这里所说的历史事件指的是1814年3月反法联盟进入巴黎,拿破仑退位,随后被流放到了厄尔巴岛。——译者注

断定的,而且我们也不想武断地下定论。

但是,我们相信人们会同意我们的下列看法:只有当人们对某种未知的可能性还没有意识到的时候,才会存在上述限制,但是这些限制一旦被打破,就不太容易重新恢复,至少每当产生重大的利害关系时,敌对双方的矛盾就必须以如今的这种方式来解决。

对于历史的考察,我们就讨论到这里。我们进行这种考察,并不是想为每个时代提取一些作战原则,而仅仅是想指出发生在每个时代的战争是不尽相同的,都有其特定的限制条件和范围,尽管有些人企图利用这种哲学原理制定总括性的战争理论,但是事实上每个时代都有其自身的战争理论。

由此可见,在衡量各个时代的事件时,必须考虑各个时代的特点,并且无须拘泥于旁枝末节,而是只需要注意那些大事件和具有时代特点的每个人,只有这样,我们才能对当时的统帅形成正确的了解和评价。但是,受到国家和军队的特殊条件限制的那些作战方法必然具有某种比较具有普遍性意义或者完全具有普遍性意义的东西,在进行理论研究的时候,这些东西也是我们应该注意的。

最近,战争已经获得了绝对形态,包含在战争中的那些具有普适性和必要性的因素也是最多的。如上所述,战争一旦突破了限制就不可能被重新束缚住,发生在将来的战争恐怕也不会全都具有如今的战争的这种规模巨大的特性,因此,如果在进行理论研究的时候只注意这种绝对战争,那么它就会把战争性质由于受到外来影响而发生变化的情况排除在外,或者误以为这种情况是不合理的而加以指责。这当然不是进行理论研究的目的,因为理论应该研究的是现实中的战争,而

穆罕默德巡视前线,调度军队包围君士坦丁堡。

不是想象中的战争。因此，我们在理论研究中考察、区别、整理各种事物时，必须始终考虑产生战争的条件的多样性，因此，在勾画战争的大致轮廓时，我们应该考虑时代和当时具体情况的要求。

综上可知，人们在战争中提出什么样的作战目标和能够拥有什么样的手段，这是由他们所处的具体情况决定的，所以这些目标和手段必然具有时代性和一般情况的特性，此外，人们还得服从基于战争的性质而产生的一般性的结论。

第四章　对战争目标的进一步探讨

打垮敌人

就概念而言,战争目标永远只能是打垮敌人,这也是我们展开一切论述所必须依据的基本观念。

什么叫打垮敌人呢？为了打垮敌人,并不一定需要完全占领敌国领土。假如联军在1792年就能攻占巴黎,那么对革命党人的战争可能在当时就会结束,甚至可以说联军无须击败革命军即可兵不血刃地进入巴黎,因为这些军队在当时还不是法国的中坚力量。与此相反,如果拿破仑在1814年依然掌握着强大的兵力,那么即使联军攻占了巴黎,这也于事无补。然而事实上,拿破仑的大多数军队在当时已经被歼灭了,所以对于1814年和1815年的联军而言,占领巴黎就意味着拥有了一切。1812年,即法军攻占莫斯科前后,假如当时拿破仑能够像在1805年粉碎奥地利军队和在1806年粉碎普鲁士军队那样,将部署在卡卢加公路上的十二万俄军碾为齑粉,那么即使他只占据了俄国的半壁江山,仅凭占领莫斯科这一点就能迫使俄军媾和。

在1805年,具有决定性意义的是奥斯特里茨会战,会战之前,虽然拿破仑占领了维也纳和奥地利三分之二的领土,但是对方并没有因此而被迫议和,会战之后,虽然匈牙利的领土依然完整,但是这并没有阻止合议的缔结。对于法军而言,使俄军在此次会战之中遭到致命一击是必须走的一步,因为除了投入会战中的军队,亚历山大皇帝（俄国皇帝）再无军队可用,所以,拿破仑在此次会战之后能够迫使敌军缔结和议就成了水到渠成之事。假如俄军当时已经在多瑙河畔与奥军会师,并且一起与奥军遭到惨败,那么拿破仑或许无须占领维也纳,即可在林茨迫使敌军媾和。

除此之外,在战史上还有一些占领了敌国的全部领土也无法解决问题的战例,比如1807年发生在普鲁士的战局就是如此。尽管当时法军在艾劳击败了普鲁士的盟军——俄军,但是这次会战所获得的胜利是令人怀疑的,或者说法军在此次会战中获得的胜利并没有产生决定性的作用,而法军在弗里德兰战役中所获得的胜利却像一年前在奥斯特里茨会战中获得的胜利一样,能够确定无疑地发挥具有决定性意义的作用。

即使在这种情况下,这种结果也不是由一般性的原因决定的,真正具有决定性意义的反而是一些只有亲历者才知道的原因,以及许多已经被湮没在历史中的精神方面的原因,有时候甚至只是一些在历史中被视为逸闻趣事的细微事件或者偶然事件。在进行理论研究时,我们只能指出,在此过程中极为重要的一点是密切关注敌对双方的主要情况。这些情况可以形成一个被整体所

穆罕默德二世及其军队进入君士坦丁堡

　　1453年，奥斯曼帝国军队开始向这座千年历史文化名城发动猛攻，守军虽然进行了不屈不挠的抵抗，无奈大势已去，同年5月30日，君士坦丁堡陷落，东罗马帝国末代皇帝君士坦丁十一世拒绝投降，冲入敌阵战死，东罗马帝国灭亡。

依赖的重心——力量和运动的重心。我们在战争中所要做的，就是集中所有的力量重点打击敌军的这个重心。

小受制于大，次要受制于重要，偶然受制于本质，在考察活动中，我们必须始终遵循这一点。

亚历山大大帝、古斯塔夫·阿道夫、查理十二和腓特烈大帝的重心是军队，如果军队被摧毁，他们就会一蹶不振；因为内讧而四分五裂的国家的重心往往是国都；唯强国马首是瞻的小国的重心是盟国的军队；联盟的重心是共同的利益；民众武装的重心是主要领导人和民众的情绪。在打击这些目标的时候，我们应该有针对性地打击它们的重心，一旦敌军因为重心受到打击而失衡，我们就应该穷追猛打，不应该给敌人卷土重来的机会。也就是说，我们应该始终将打击目标定位为敌军的重心，而不是倾尽全力打击敌军的某个次要部分。为了如探囊取物般占领敌军的某个地区而动用优势兵力；只求轻而易举地占领某个次要地区而且无全牛地放弃重大成果是无法打垮敌人的；只有不断寻找敌军力量的重心，投入所有的力量以求大获全胜，才能彻底击溃敌人。

无论敌军的重心是什么，在任何情况下，对于我们而言，战胜并粉碎敌军都是最为可靠的第一步。从大量的经验来看，我们认为打垮敌人主要可以采取以下几种方法：

第一，如果敌军在某种程度上是敌人的中坚力量，我们就应该将其粉碎；

第一次摩哈赤战役

征服君士坦丁堡之后，地处欧亚大陆商业交通要道的奥斯曼帝国迅速走上了对外扩张的道路。1526年，奥斯曼帝国入侵匈牙利，双方在摩哈赤展开激战，虽然匈牙利人在此次战争中战败，但是他们在战斗中表现出了顽强不屈的高贵精神。时至今日，匈牙利仍然流传着一句在遇到困难时用来自勉的谚语："在摩哈赤失去的比今天失去的多得多。"

第二，如果敌人的国都是政治中枢、各个政治团体和党派的所在地，就应该将其据为己有；

第三，如果敌人较弱但是盟国较强，我们就应该有效地进攻敌人的盟国。

在此之前，我们一直是把战争中的敌人作为一个整体来考虑的，如果仅仅是从一般性的意义上来研究问题，那么我们就可以这样做。但是，当我们指出能否打垮敌人主要取决于能否粉碎敌军在重心上集结的抵抗力之后，我们就必须从另一个角度入手来探讨另外一种状况——与我们作战的敌人不止一个。

如果两个或者多个国家联合起来反抗另外一个国家，那么从政治意义上来看，前者所进行的就是同一场战争，当然，这种政治联合体的联合程度是不同的。此时的问题在于：这个联合体中是每一个国家都有自身利益以及实现这种利益的力量，还是其中只有一个国家是中流砥柱，而其他国家只是这个国家的附庸？如果是后者，那么我们就可以化繁就简，将这些乌合之众视为一个敌人，也可以将我们的主要行动简化为一次主要行动。只要这种做法可以实现，它就是取得成果的最为有效的手段。因此，我们可以提出这样一个原则：如果我们在战胜几个敌人中的其中一个敌人之后就可以摧枯拉朽般地横扫其他敌人，那么打垮这个敌人就必然成为战争目标，因为这就等于击中了敌军的重心。

只有在极少数情况下——不能将几个重心归结为一个重心——上述观点才是不成立的。此时，我们只能将战争视为由两个或者多个各有其自身目标的战争组成的战争。既然我们假设敌人是各自独立的，这也就说明这些敌人各自都有很大的优势。当然，在此情况下也就根本谈不上打垮敌人。

接下来，我们将进一步谈谈打垮敌人这个目标在什么情况下才是可以实现的。

首先，我们拥有的兵力必须具备两个特点：第一，能够确保我军与敌军交锋时能够获得一次具有决定性意义的胜利；第二，兵力数量能够使我们承受住必要的兵力损耗，可以使我们将胜利发展到敌军无法卷土重来的程度。

其次，我们在政治上必须具备一个特点：打垮敌人之后不会招来更为强大的敌人，不至于因为需要对付新的强敌而无暇顾及原来的敌人。

1806年，法国在击溃普鲁士之后引来了倾尽全国之力扑来的俄国，但是在当时法国是可以这样做的，因为它配置在普鲁士的兵力可以抵挡俄国。1808年，法国在西班牙也可以做到这一点，但是这只是说法军有能力抵抗英国，而不是抵抗奥地利。1809年，法军在西班牙不得不大量削减兵力，假如当时不是因为它对奥地利占有压倒性的优势，那么恐怕它就会被迫完全放弃西班牙。因此，人们在考虑上述问题时必须像考虑三级审判制度一样慎之又慎，否则就会在最后一级审判中前功尽弃，从而被迫承受诉讼费。

在估计某种力量所能发挥的作用时，人们往往误以为时间也是一种力量，认为付出一半的努力在两年之内可以完成全力以赴在一年之内做完的事情。虽然这种见解是错误的，但是它有时却会或多或少地成为制订战争计划的依据。

军事行动像世界上的其他事物一样，完成这种行动必须耗费一定的时间。毫无疑问，人们绝对不可能在一个星期的时间内从维也纳步行到莫斯科。但是，存在于力学中的时间与力量之间的相互关系，在军事行动中是根本不存在的。

毋庸置疑，交战双方都需要时间，在此形势下，问题就在于哪一方可以抢先从时间中获得特殊的利益。如果双方的特殊情况可以互相抵消，那么显然是失败者可以抢先得到这种利益。对于失败者而言，忌妒、猜疑、忧虑，这些都是他们天然的辩护者，它们一方面会给失败者带来朋友，一方面会瓦解胜利者的阵营。因此，与其说时间对胜利者有利，不如说它对失败者有利。

第一次摩哈赤战役

其次，利用最初获得的胜利需要耗费极大的力量——关于这一点，我们在前面已经说过。这种耗费并非一次性的，而是需要像维持一个大家庭那样不断投入。国家的力量虽然能够给我们提供占领敌人领土的力量，但是它并不是能够永远提供占领敌人领土所需的力量。在这种情况下，国家的力量会日益捉襟见肘，甚至会完全断绝。如此一来，仅仅因为时间就会使战况发生翻天覆地的变化。1812年，拿破仑需要几十万的兵力才能牢牢占据莫斯科，但是他从俄国人和波兰人手中劫掠到的财富能帮他建立如此庞大的兵力吗？

然而，如果已经被占领的地区十分重要，而且其中某些地点对于未被占领的地区具有十分重要的意义——一旦占领这些地点，敌军就会陷入万劫不复之灾。那么在这种情况下，即使占领者不采取任何行动也是所得多于所失。在此形势下，如果弱者得不到外援，那么时间就有利于强者完成未竟之功，那些还没有落入强者之手的地方也会很快陷落。

由此可见，在占领者的力量中，时间也是其中一个要素。不过这种情况一般只会在一个前提下发生——无力扭转局势的失败者已经无法发动反攻。也就是说，虽然在失败者的力量中，时间也是一个要素，但是它对胜利者根本不能发挥作用。因为对于胜利者而言，他们已经达到了主要目标，化解了最大的危机，或者说已经完全打垮了敌人。

我们进行上述论证是想说明占领行动必须求快，如果完成这种行动所需的时间超过了必需的绝对时间，那么这就会增加行动难度。如果说这种说法是正确的，那么还有一点同样是正确的：如果还有足够的力量占领某个地区，那么就应该一鼓作气地完成行动，而不应该有所止歇。不言而喻，这里所说的止歇不是指需要集中兵力或者需要采取某种措施时必然会出现的短暂的平静期。

通过上述论证，我们还指出了一点：在进攻战中，速战速决是极为重要的一个特点。在这个观点面前，那种反对马不停蹄地占领某地的观点是站不住脚的，也就是说，那种认为在占领活动中应该步步为营而缓慢地实施行动的观点是不堪一击的。

维也纳之战

1529年，奥斯曼帝国进攻维也纳，企图重新建立在匈牙利的统治，但是兵败而返。

然而，对于那些一直对我们的观点持赞许态度的人来说，我们的这种主张似乎是一种奇怪的论调，它不但与最初的看法是有矛盾的，而且与曾经在书籍中出现过成百上千次的陈腐论调也是水火不容的。因此，我们有必要驳斥那些与我们的观点对立的那种毫无根据的论调。

的确，与较远的目标相比，较近的目标更容易达到，但是，如果较近的目标不符合我们的意图，那么我们也没有理由认为利用这个间歇点有助于我们达到较远的目标。跳过小的沟壕显然比跳过鸿沟容易，但是任何一个想跳过鸿沟的人都不会先只跳一半而落到沟里。

如果我们进一步考察一下什么是有步骤的进攻战，那么我们就会发现，这个概念中包含着以下内容：

第一，在进攻活动中夺取敌军的要塞；

第二，积存必要的储备品；

第三，在仓库、桥梁、阵地等重要地点构筑坚固工事；

第四，军队在舍营或者冬营期间休息；

第五，等待来年的补充。

为了达到这些目的，人们常常将整个进攻行动划分为若干阶段，并且设立一些停歇点，认为这样做就可以得到新的基地和新的力量，就好像自己的国家跟在军队后边一样，或者说好像军队每前进一步都可以获得新的力量。

所有这些令人赞许的目的或许有利于进攻战的推进，但是却不能保证取得进攻战应该得到的成果，而且它们往往只是统帅用来掩饰首鼠两端的心理或者政府用来掩饰缺乏进取精神的借口。接下来，我们将按照相反的顺序逐次批驳上述各条内容。

海战中的奥斯曼帝国的舰队

第一，对于敌对双方而言，他们都需要新的补充物资，甚至可以说防御者更期望得到补充物资。此外，一个国家在一年之内所能征集到的军队与在第二年内征集到的军队相比，在数量上并无太大差别，这是由事物的性质决定的，因为一个国家在第二年内所能增加的实际力量与总数相比是微不足道的。

第二，敌对双方的其中一方休整时，另一方在同样的时间里也可以休整。

第三，在重要地点构筑工事不是军队的事情，所以不能将此视为停滞不前所能得到的利益。

第四，根据军队目前所流行的给养方式来看，军队在停止时比在前进时更需要仓库。当军队能够势如破竹地推进时，往往可以将敌军的储备物资据为己有，而且进入地瘠民贫的地区之后，这些物资还可以解决给养不足的难题。

第五，我们不能将夺取敌军的要塞视为进攻过程中的停顿，而是应该将其视为更为猛烈的进攻。也就是说，因为攻打要塞而引起的停顿只是表面上的停顿，与我们所说的真正的停顿并不是一回事，而且这种停顿不是进攻力量的停止或者缓和。

对于某些要塞是发动真正的围攻好，还是围而不攻或者单纯监视好，这必须视具体情况而定。在此，我们只能依据经验指出，此时我们必须知道在围而不攻的同时继续分兵前进是否会遭到更大的危险。如果这样做不但不会面临风险，而且还有足够的力量继续发动进攻，那么我们最好将真正的围攻行动推迟到整个进攻行动即将结束时再进行。也就是说，我们不应该只见眼前的利益而忽视更为重要的东西，人们之所以这样做，往往是因为担心在继续前进时已经到手的东西有得而复失的危险。

以上述所言为依据，我们认为将进攻战划分为若干阶段且设立间歇点的做法是不合理的，如果设立间歇点是必要的，那么我们就应该将它们视为祸患，它们不但不会有利于我们取得成果，反而会削弱获得成果的可能性。如果我们不想违背具有普适性意义的真理，那么我们就必须承认

勒班陀海战

　　勒班陀海战发生于1571年10月，是奥斯曼帝国的海军和欧洲各国的海军为了争夺地中海控制权而进行的一场战争，这次战役也是划桨船的最后一次战斗，此战过后，以风帆为动力的战船开始被投入使用，并且舰船里也装备了越来越多的火器。文学名著《堂吉诃德》的作者塞万提斯就参加了这次战役，而且在战斗中失去了左手。

从间歇点出发是不可能继续向目标发动第二次行动的,如果发动第二次行动是可能的,那就说明设立间歇点是不必要的。如果从一开始我们的力量就不足以达到预定目标,那么发动第二次行动也是同样的结局。我们之所以说这些,就是想借此消除那种认为时间本身似乎对进攻者有利的思想,而人们之所以产生这种与真理悖逆的思想,主要是因为政治关系可能是逐年变化的。

上述所言可能会使人以为我们背离了我们的基本观点,而只注意进攻战,但是事实上并非如此。当然,如果有比较大的把握把彻底击溃敌人作为目标,那么我们就不会轻易采取以保护既得利益为直接目标的防御。但是在此我们依然坚持此前的看法:无论是在战术上还是在战略上,没有任何积极因素的防御都是自相矛盾的。此外,我们还得再次重申,在防御活动中,一旦防御的利益被用尽,我们就应该在一定程度上转守为攻,在可能的情况下,我们也应该把打垮敌人作为这种进攻活动的目标。当然,有时候也会出现这样的情况:占据优势的一方尽管有打垮敌军的远大目标,但是他们在一开始却宁愿采取防御的形式。

1812年的战局可以证明我们的这种看法在一定程度上是有现实意义的。亚历山大皇帝在一开始可能没有预料到俄军能够完全击溃法军,但是这能说明他不可能有打垮敌人的想法吗？或者说,虽然俄国人在当时有这样的想法,但是在战争开始时,他们却宁愿采取防御的形式,这难道不是也很合情合理吗？

第五章 对战争目标的进一步探讨（续）

有限目标

我们在前一章中说过，如果有击溃敌军的可能，那么我们就应该把此作为军事行动固有的绝对目标。接下来我们将探讨一下无法实现这个目标时有没有什么可以替代的目标。

实现这个目标（击溃敌军）的前提条件是，具有积极企图的这一方必须在物质上和精神上占据很大的优势，或者具有视死如归的冒险精神。如果不具备这些条件，那么军事行动的目标就只能有三种：第一，夺取敌国领土中的有限的一部分；第二，保护自己的国土，等待时机来临。一般来说，第二个目标往往是防御战的目标。

在具体场合应该设立第一种目标还是设立第二种目标，我们在针对第二种目标所说的这句话中已经给予了明确的提示。

等待有利时机的前提，是未来有可能出现这样的机会，因此，只有在具备这种可能性的前提下，我们才有理由进行等待，即进行防御战。相反，如果在未来没有这样的时机，或者说继续等待只会对敌军有利，那么我们就应该发动进攻战，充分利用当前的时机。

第三种情况（或许这是最为常见的情况）是，敌对双方都难以对未来有所把握，很难把未来作为采取任何行动的依据。在此形势下，应该发动进攻的是从政治上来看处于进攻的一方，也就是说应该是抱有积极企图的一方。因为它厉兵秣马的企图就是实现政治目的，对于它来说，无谓地浪费时间就是一种损失。

在此处论述何时采取进攻、何时采取防御时，我们引以为据的理由与双方的兵力对比没有任何关系。有的人认为做此决策时应该把兵力对比作为主要的根据，但是我们认为这样做恰恰是与正确的道路背道而驰的。

我们相信上述简单推论在逻辑上的正确性不会引人质疑，接下来我们将来看一看，这个推论在具体情况下是不是不合理的。

假设一个弹丸小国与一个兵力占据绝对优势的大国剑拔弩张，而且这个小国已经预见到自己的处境会江河日下。如果大战一触即发，那么这个小国是不是应该在处境不算太坏的这段时间里有所作为呢？因此，它只有一个选择——进攻。然而，它采取进攻的理由并不是说这种行动本身会给它带来什么利益，而是因为它这样做可以在陷入山穷水尽的绝境之前完全解决问题，或者可以利用这种方式暂时换取一些利益留待日后使用。这种说法并非空穴来风：如果这个小国确知敌军会向它发动进攻，那么它就可以利用——而且应该利用——防御来对付敌人，以便抢占先机，而且这样做也不至于遭到丧失时间的危险。

如果一个在政治上采取攻势的小国和一个大国作战，而且未来的状况不会影响它们的决心，那么我们只能要求这个小国抢先发动进攻。既然这个小国敢于采取积极企图而向一个大国挑衅，那么如果大国不抢先行动，这个小国就必须先发制人。在此形势下，等待是荒谬的，除非这个小国在即将采取行动时突然改变政治决心。事实上，这种情况是很常见的，在很大程度上，也正是因为这一点使战争产生了某种难以确定的特点，对于这样的特点，哲学家也是束手无策。

在对有限目标的考察中，我们接触到了有限目标的进攻战和有限目标的防御战，随后，我们打算用专门的章节来考察这两种战争，但是在此之前，我们必须先谈谈另外一方面的问题。

截至目前，我们只是从战争目标本身内在的原因来研究战争目标的变化，至于政治意图的性质，我们仅仅是从它是否追求积极目标这一点做了一些考察。政治意图中的其他东西本来与战争本身是无关的，但是我们在第一篇第二章中却说战争目的的性质、敌我双方的要求和我方的整体政治状况事实上对战争有决定性的影响，在下一章中，我们将详细研究这个问题。

第六章 政治目的对战争目标的影响

　　一个国家对待别国的事情时永远不会像对待本国的事情那样全力以赴,当其他国家需要帮助时,前者往往只会派遣一支兵力有限的援军,如果援军作战失利,认为已经尽到义务的该国就会想办法寻求脱身之计。

　　加入攻守同盟的国家应该承担相互支援的义务,这是欧洲政治中的惯例,但是一个国家并不会因此而必然与其他国家团结一心、利益一致——在战争中,它们并不考虑战争的对象是谁以及敌军使用了多少力量,而只是事先按照约定派遣一支兵力不大的军队。在履行同盟义务时,同盟国并不认为自己已经处于以宣战开始和以缔结和约为结束的真正的战争中,而且这种义务也并不是在任何情况下都是十分明确的,履行义务的方式也不是固定不变的。

维也纳之战

维也纳之战发生于1683年,这次战役挫败了奥斯曼帝国企图进攻欧洲的意图,并且维护了哈布斯堡王朝在中欧的霸权。

假如同盟国能够按照约定将援军完全交给正在作战的国家，让交战国按照自己的需要使用这支军队，也就是说，可以让交战国将这支援军当成雇来的军队，那么事情就产生了某种内在联系，战争理论在这方面就不会完全陷入束手无策的境地了。然而事实并非如此，因为援军通常都有自己的统帅，统帅只按照本国政府的意志行事，而本国政府给他规定的目标往往与本国政府有所保留的意图是一致的。

即使是两个国家一起与第三个国家进行真正的战争时，也不总是意味着前者必然会将后者当成不共戴天的敌人，或者说，前者会像行商坐贾那样行事——每个国家根据自己所冒的风险和可能得到的利益投入三四万人作为股金，这就相当于在这次交易中除了这些股金之外，他们不能再承担任何损失。

当一个国家为了一些与自己的切身利益没有重大关系的事情而去援助另外一个国家时是如此，甚至当两个国家有唇亡齿寒的利益时，援助也是有所保留的——盟国通常只是提供按照条约所约定的少量援助，而将其他的军事力量保留下来，以便日后根据政治上的特殊考虑加以使用。

这种对待同盟战争的态度是相当普遍的，只是到了近代，当大厦将倾的危险迫使某些国家（如反抗拿破仑的国家）必须全力以赴时，当拔山举鼎的暴力迫使某些国家（如屈从于拿破仑的国家）不得不仰人鼻息时，这种态度才有所改变。因为战争与和平在根本上是两个不能划分阶段的概念，所以这种对待同盟战争有所保留的态度具有不彻底性，也是不正常的，产生这种态度的根源除了为理性所不齿的、纯粹的外交习惯外，还有人类所固有的局限性和弱点。

即使是在一个国家独立抵御外敌的战争中，政治原因对战争也有强烈的影响。

如果我们只要求敌人付出有限的牺牲，那么我们就会满足于通过战争取得一个价值有限的等价物，显而易见，通过有限的努力就可以达到这个目标。一般而言，敌人也会作同样的考虑。如果敌对双方中的其中一方发现自己的估计有误——发现自己并不是比敌军更强，而是比敌军更弱，那么，由于缺乏军费和其他条件，他们的士气就会颓靡不振。在此形势下，疲于招架的他们只好寄希望于未来有可能发生的对自己有利的事件。此时，战争就像一个饱受疾病折磨的人一样只好旷日持久地拖延着。如此一来，战争中的相互作用、力图压制对方的竞争、战争的暴烈性和无节制性，都会消失在由微弱的动机所引起的停顿状态中，不愿意冒太大的风险的敌对双方都会在范围大为缩小的领域内

哈布斯堡王朝徽章

哈布斯堡王朝是欧洲历史上最为显赫、统治区域最广的王室之一，于16世纪分为奥地利哈布斯堡王朝和西班牙哈布斯堡王朝，前者占据着神圣罗马帝国的帝位，后者则占据着西班牙国王的王位。

活动。

如果我们承认政治目的对战争具有上述影响，那么这种影响就是没有什么界限的，而且我们必须承认还存在另外一种战争——目的仅仅是为了恫吓敌人以便进行谈判的战争。

如果一直按照哲学方式研究战争理论，那么我们在这个问题上就会走进死胡同，因为按照这种研究方式，我们在这里找不到包含于战争概念中的一切必然的东西，所以战争理论也会失去它能够成立的所有依据。不过，这并不意味着没有出路：战争中的缓和因素越多，更为确切地说，军事行动的动机越弱，行动越消极被动，行动就越少，也就越不需要指导原则。如此一来，整个军事行动的意义就仅仅是小心谨慎，它的主要任务就在于避免因摇摆不定的局势发生突变而使自己面临不利，避免使虚实参半的战争演变成真正的战争。

战争是政治的一种工具

直到现在，我们探讨战争理论的前提一直是战争的性质与个人和社会团体的利益是相对的。我们有时从前者入手展开探讨，有时从后者入手展开探讨，就是为了避免忽视这两个对立因素中的任何一个。这种对立的根源存在于人本身，所以，通过哲学思考无法解决这个问题。在实际生活中，这些互相矛盾的因素有时候会因为部分地相互抵消而结成一个统一体，接下来我们将来探讨它们。

如果不是因为有必要明确地指出这些矛盾和分别考察各种不同的因素，我们在一开始就可以讨论这种统一体。这种统一体实际上指的就是，战争隶属于政治交往，绝对不是什么独立的东西。

众所周知，战争仅仅是由政府之间的交往和人民之间的交往引起的。人们往往以为，一旦战争爆发，政治交往就会戛然而止，随之就会出现一种只受（战争）本身规律支配的与此前完全不同的状态。然而，我们的看法与此相反——战争无非是政治交往的另一种手段的延续。

我们之所以这样说，是为了说明一点，即这种政治交往并不会因为战争而完全中断，也不会因为战争的介入而变成面目全非的东西，也就是说，无论使用了什么样的手段，政治交往在实际上总是继续进行的。简而言之，贯穿整个战争直到媾和为止的政治交往的轮廓，是战争事件必须遵循和必然受到约束的唯一路线。

除此之外，我们还能作其他设想吗？难道随着外交文书的中断，人们之间和政府之间的政治关系就彻底断绝了吗？难道战争不是他们用来表达思想的另外一种语言和文字吗？当然，战争有自己的语法，但是它并没有自己的逻辑。所以，在考察战争活动时，我们绝不能无视于政治交往，如果抛弃政治交往来考察战争，那么连接它们之间的纽带就会被斩断，我们最终得到的只是一种毫无意义和毫无目的的东西。

即使是在彻底的战争、敌对感情这种因素的作用被毫无节制地发挥的战争中，我们也必须这样看待问题，因为所有那些作为战争基础和决定战争走向的因素——如我们在第一篇第一章中所说的敌我双方的力量、盟友、人民和政府的特点——都带有政治性质，而且都与政治交往是密不可

帕维亚之战

帕维亚之战发生于1525年，在此战中，西班牙击败法国，并在战后成为西欧第一强国。

分的。此外，现实中的战争并不像理论中的战争那样是一种趋向于极端的力量，而是一种受到自身矛盾的限制而不彻底的东西，所以我们必须把它当成整体中的一部分，而这个整体就是政治。如果能考虑这些东西，我们就更需要像如上所述那样看待问题。

那些在战争性质上产生的严密结论，并不会成为在政治活动中使用战争的限制。或者说在政治活动中使用战争时，人们往往不会以最终的可能性为依据，而总是会以直接的可能性为依据。如果因为整个行动中的偶然性因素太多，致使战争变成了一种赌博，那么在这场赌博中，敌对政府要想胜过敌人就必须依靠应变能力和敏锐的眼力。如此一来，政治就将能够摧毁一切的战争变成了一种单纯的工具，把用尽全身力气才能举起来的沉重而可怕的战刀变成一把轻捷的剑，有时候甚至会把它变成比赛用的剑，而政治则可以利用这把剑来进行虚实参半的进攻和防御。此外，在战争面前，秉性胆怯的人所面临的矛盾也会迎刃而解——如果这也算是得到解决。

既然战争从属于政治，那么战争就会带有政治的特性。政治越是宏大磅礴，战争就越排山倒海，甚至有可能达到绝对形态的高度。所以我们在看待战争时，非但不能对这种具有绝对形态的战争视而不见，反而需要经常提到它。只有以这样的看法为依据，战争才能再次成为一个统一体，我们才能把所有的战争视为同类事物，也只有这样，我们在做判断时才能有一个正确的立足点和观点，而这种立足点和观点正是我们在制订或者评价比较大的计划时应该引以为据的。

当然，政治因素并不能渗透到战争活动的细枝末节中，比如配置骑兵哨和巡逻哨时，就不需要把政治上的考虑作为参考依据。但是在制订会战计划、战局计划，甚至是在制订整个战争计划时，

西班牙王位继承战

政治因素却有决定性的影响。因此，我们在一开始没有急于提出这个观点，因为只有在制订战局计划和战争计划时，它才是不可缺少的；在研究个别问题时，这个观点用处不大，有时候反而会分散我们的注意力。

一般来说，在生活中理解和判断事物时必须能够洞若观火地找到必须依据的观点，而且必须始终坚持这个观点。只有以这个观点为立足点，我们在面临大量斑驳陆离的事物时才不会目眩神迷，才不会陷入矛盾境地。

既然在制订战争计划时不能有两个或者更多的观察事物的观点——例如忽然根据军人的观点，忽然根据行政官员的观点，忽然根据政治家的观点——那么我们就要问：其他一切是否必须服从政治呢？我们探讨这个问题的前提是，政治能够协调和集中它本身中与内政有关的一切利益，也能够协调和集中个人的一切利益，以及哲学思考所能提出的其他一切利益。因为政治无非是这一切利益的代表。

虽然政治有时会走上迷途，成为被统治者的野心、私利和虚荣心所利用的工具，但是这不是我们在这里所要讨论的问题，因为军事艺术在任何情况下都不能被当成政治的领路人。在此，我们只能将政治视为社会所有利益的代表。所以，现在的问题主要集中在一个点上：制订战争计划时，

是政治观点应该让位于纯粹的军事观点,即政治观点完全消失或者从属于纯粹的军事观点,还是占据主导地位的依然是政治观点,而军事观点则应该从属于它?

只有在战争是单纯由敌对感情而引起的殊死斗争的情况下,我们才可以设想政治观点会因为战争的爆发而完全消失。然而正如上述所言,现实中的战争无非是政治本身的体现,所以,使政治观点从属于军事观点是荒谬的,因为战争产生于政治中,政治是头脑,战争只是工具。

我们来回忆一下在本篇第三章中说过的战争的性质:在认识战争时,我们应该以由政治因素和政治关系所产生的战争的特点和主要轮廓为依据,而且在大多数情况下,我们必须将战争视为一个各部分不可分割的有机整体。也就是说,各个部分进行活动时必须从整体观念出发,并且各个部分的活动必须汇集到整体中。如此一来,我们就会明白用来确定战争主要路线和指导战争的最高观点只能是政治观点。

以此为出发点,我们制订的战争计划才会成为一个完整的铸件,理解和评价它的时候才会比较容易。因为这种战争计划所依据的理由比较充分,说服力比较强。此外,以此为出发点,政治利益和军事利益之间的冲突就至少不再是由事物的性质决定的,如果出现了这种冲突,我们也只能认为这是因为人的认识能力有限。如果政治要求超出了战争的承受范围,那么对于政治而言,这

早期莫斯科

由于发展滞后,以及其他原因,俄罗斯介入世界的时间比较晚,甚至到13世纪末期,俄罗斯依然是一个默默无闻的弱国。图为13世纪的莫斯科,当时的莫斯科只是俄罗斯中部大森林中的一个木造小城。

就相当于它违背了一个前提——应该了解自己使用的工具，这也相当于违背了一个应该有而且不可或缺的前提。

如果政治能够准确地判断战争的进程，那么，如何确定战争时间以及如何确定战争走向才能与政治目标相适应，就完全是而且只能是政治的事情。简而言之，军事艺术在它的最高领域中成就了政治——不是外交辞令的政治，而是流血的政治。

根据这个观点，对一起大规模战争事件或者它的计划进行纯军事评价就是不容许的，甚至是有害的。在制订战争计划时，有些政府经常请教军人，让他们从纯军事角度给予意见，这是极为荒谬的，至于有的理论家所持有的那种将战争手段全权委托于统帅，让统帅制订一个纯军事角度的战争计划或战局计划，那更是滑天下之大稽。尽管如今的军事活动非常复杂，而且比之从前有了很大的发展，但是经验告诉我们，在如今的战争中，战争的主要轮廓依然是由政府勾勒的，只能由政治当局决定，这完全是由事物的性质决定的。

如果对政治关系没有明确的了解，就不能制订出与战争需要相符的主要计划。当人们说到政治对作战的掣肘之害时，他们所说的实际上并不是他们真正想表达的意思，或者说，他们指责的并不是政治对作战的羁绊，而是战争本身。如果说政治与战争目标是一致的，那么就政治本身的意图而言，它只会对战争产生有利的影响；当政治与战争目标水火不容时，我们只能在政治的错误中去寻找理由。

只有当政治期待从某些战争手段或者措施中得到与战争性质不符因而无法得到的利益时，政治决定才会对战争产生掣肘之害。就像一个人用不是很熟练的语言往往难以表达出正确的思想一样，政治也常常会做出与原来的意图不相符的决定。由于这种情况经常发生，所以人们认为在进行政治交往时必须对军事有一定程度的了解。

在继续论述这个问题之前，我们必须防止一种很容易出现的错误见解：君主本人不掌握内阁时，一个为公文而忙碌的国防大臣、学识渊博的军事工程师或者能征善战的军人就可以成为杰出的首相。或者说，我们绝不会认为首相的主要素质是熟悉军事。对于首相而言，才智敏锐的头脑和刚毅的性格才是他的主要素质，至于军事知识则可以通过其他方式弥补。比如法国历史上的军事活动和政治活动最为糟糕的时期莫过于贝利耳兄弟和舒瓦瑟尔公爵执政时期，尽管这三个人都是优秀的军人。

如果想使战争与政治意图、战争手段相符合，但是又没有一个既是政治家又是军人的统帅，那么就只有一个办法：使最高统帅入阁，以便内阁能够介入统帅的主要活动中。但是，只有当内阁政府就在战场附近，不需要耗费很多时间就能做出决断时，这样做才是可能的。1809年，奥地利的皇帝这样做过，1813年至1815年，组建反法联盟的各国君主也这样做过，而且这种做法被证明是完全行之有效的。

在内阁中，除了最高统帅，其他任何军人的影响都是极为危险的，他们的影响很少能够产生积极而有利的行动。虽然法国的卡诺从1793年至1795年在巴黎指挥作战的例子是个例外，但是这个例子在这里是不适用的，因为只有革命政府才执行恐怖政策。

现在，我们想以历史考察结束本章。

20世纪90年代，欧洲的军事艺术中曾经出现过一些翻天覆地的改革，由于改革的洪流，那些精锐之师的一部分作战技巧丧失了用武之地。同时，人们在战争中取得了一些在过去看来是难以想象的成果，于是，人们就自然而然地以为所有的错误似乎都应该由军事艺术来承担。

显而易见，军事艺术在过去一直被拘囿在一个狭窄的范围内，如今，超出这个范围但是又符合事物性质的可能性必然会使它不知所措。那些视野宽广的人，将这种现象归咎于几个世纪以来政治对军事艺术所产生的非常不利的普遍影响。这种影响使军事艺术沦落为一种不彻底的东西、一种纸上谈兵的艺术——事实的确如此。然而，如果将这种情况视为偶然的和可以避免的，那却是错误的。另有一些人认为，这种情况应该归咎于奥地利、普鲁士、英国等国产生的暂时性的政治影响。然而，使人的认识能力不知所措的原因真的只是在军事领域而不在政治本身吗？或者说，出现这种情况是因为政治对战争的影响，还是因为政治本身的错误呢？

不言而喻，法国大革命对外产生的影响，与其说是由新的作战手段和作战观点引起的，不如说是因为法国彻底改变的内外国策、政府特点和人民特点等引起的。其他各国政府未能正确地认识

13世纪的莫斯科

这一切，企图用旧式手段与那些具有压倒性的力量相抗衡，这都是政治上的错误。

那么，以纯军事观点来看待战争能否认识或者改正上述错误呢？不可能。如果真的有一个战略家有政治头脑，能够仅仅以敌对因素的性质为依据而推导出一切结果，并且想根据这个结果对

未来做出预言，那么这种妄想是得不到任何结果的。

只有从政治角度能够正确地估计法国觉醒所产生的力量以及欧洲政治关系中出现的新事物时，我们才能通过政治预见到在这种情况下战争的轮廓是什么样的，以此为基础，我们才能确定必须使用哪些手段以及使用这些手段最好的途径是什么。

从这个角度来说，法国大革命在前二十年中之所以能够获胜，主要是因为反对大革命的各国政府的政治举措是错误的。当然，这种错误在战争期间才浮出水面——在战争期间出现了与政治企图背道而驰的现象。之所以发生这种情况，并不是因为政治没有向军事请教。这是因为，当时的政治家奉为圭臬的军事艺术是他们那个时代的军事艺术，是隶属于当时的政治的军事艺术，也是向来作为政治得心应手的工具的军事艺术。我认为这样的军事艺术与当时的政治的错误是相同的，所以它根本无法纠正政治上的错误。虽然战争的本质和形式在当时出现的一些重大变化，已经使战争很接近绝对形态，但是产生这些变化的原因并不是因为法国政府已经摆脱了政治的羁绊，而是因为法国大革命在法国和整个欧洲引发了政治变动。正是因为改变之后的政治提供了不同的手段和不同的力量，所以战争才产生了前所未有的威力。所以，军事艺术的变革也是政治变革的结果，这些变革非但无法证明二者是可以分割的，反而有力地证明了二者是密不可分的。

我们再次申明：战争是政治的工具，必然具有政治的特性，也必须用政治的尺度加以衡量。因此，就战争的主要方面而言，它就是政治本身，在此，政治虽然是以剑代笔，但是这并不是说它再也不能按照自己的规律进行思考了。

第七章　有限目标的进攻战

在不能以打垮敌军为目标的情况下，我们依然可以确立一个直接的积极目标，不过这个积极目标只能是占领敌人的一部分国土。通过这种行动，我们可以削弱敌人的国力和军队，相应地增强自己的国力和兵力，并且还可以将因为战争而造成的损耗中的一部分转嫁给敌人。此外，在签订和约时，我们还可以将这些地区视为一种纯利，或者可以将其据为己有，或者可以用它交换别的利益。

占领敌国领土的主张是十分合理的，如果不是进攻者总是因为紧随进攻之后而出现的防御状态犹豫不决，那么这种主张本身就没有什么自相矛盾的地方。

一个中世纪的俄罗斯王家庄园，当时的俄罗斯的贫弱状况由此可见一斑。

列宾的名画《两个沙皇》，所谓的两个沙皇即伊凡四世和彼得大帝。

　　16世纪中期之后，也就是自伊凡四世被加冕为沙皇之后，俄罗斯走上了迅速发展的道路，尤其是经过彼得大帝的改革之后，俄罗斯的实力更是得到了前所未有的发展。

在讨论胜利的顶点时，我们已经言无不尽地说明了这种作战方式会怎么样削弱军队，并且指出在这种行动之后会出现一种令人不安的危险状态。

由于被占领地区的位置不同，所以我军在占领敌人的某地之后遭到削弱的程度是不同的。这个地区越是相当于我国国土的补充部分——被我国国土包围或者毗邻——越是位于我军主力所在的方向，我军遭到的削弱就越小。

在七年战争期间，腓特烈大帝占领普鲁士战区的补充部分萨克森以后，兵力不但没有遭到削弱，反而得到了加强，这是因为萨克森距离西里西亚比距离马克还近，而且还可以掩护马克。1740年和1741年，腓特烈大帝占领西里西亚之后，兵力也没有遭到削弱，因为就地形、位置和边境状况来说，在奥地利人没有占领萨克森之前，这里只是奥地利国境附近的一个狭窄的突出部分，而且这个普、奥两国经常发生摩擦的地区又位于双方进行主要打击的方向上。

同理，如果被占领的地区位于敌国的中心地带，位置偏远，而且地形不利，那么军队就会遭到显著的削弱，敌军不但很容易在会战中获胜，甚至可以不战而胜。

奥地利人每次从意大利进入普罗旺斯时，总是还没有进行会战就被迫撤退。1744年，虽然法军在波西米亚不战而败，但是对于他们来说这其实是万幸。1757年，腓特烈大帝在西里西亚和萨克森曾经依靠一支精锐之师获得过辉煌的胜利，但是在1758年，这支精锐之师却没有守住波西米亚和摩拉维亚。总之，占领一个地区就必然会使兵力遭到削弱，所以军队在占领某个地区之后又失守的例子不胜枚举，关于这个问题，我们没有必要再援引其他的例证。

因此，是否应该把攻占敌人的地区作为目标，主要取决于有没有守住这个地区的希望，或者说暂时占领某个地区之后是否能够以此抵偿为占领该地而付出的代价，在此，我们尤其需要避免占领某地之后因为遭到猛烈的反击而得不偿失的情况。至于在每个具体场合中考虑这个问题时应该注意哪些方面，我们在讨论胜利的顶点时已经谈过了。

此外，我们还需要证明一点：这样的进攻并不总是能够抵消在其他地方所遭受的损失。因为当我们占领敌人的某些地方时，敌人有可能以牙还牙，占领我们的某些地方；而且，只要我们的行动没有重大的意义，敌人的主要行动就不会因此而被迫放弃。所以，采取这样的行动时我们必须考虑一点：我们在其他地方得到的利益会不会无法抵消在这里遭受的损失。

即使两个地区的价值相同，敌人占领我们的某个地区而使我们遭到的损失也总是大于我们占领敌人的某个地区而获得的利益，因为占领敌人的某个地区之后会使我军的一部分力量被钉死在这里而无法发挥作用。按照常理而言，这一点不应该是我们重视保护自己的地区而轻视占领敌军地区的原因，因为敌人也会面临同样的问题，但是事实上，（相对于占领敌人的地区而言，）保护自己的领土更为重要，也就是说，（当敌人占领我们的某些地区之后，）只有当进行报复能够得到更大的利益时，我们才能消除或者在部分程度上消除自己所遭受的损失。

综上可知，与以敌国的重心为目标的进攻相比，在这种目标有限的战略进攻中，那些没有受到进攻正面直接掩护的其他地点尤其需要加强防御，而且也无法像在以敌国的重心为目标的进攻活动中那样在时间上和空间上集中兵力。即使只想在时间上集中兵力，也必须在所有适于这样做的地点同时发动进攻,如此一来,在某些地点就会失去可以用比较小的兵力进行防御所获得的利益。所以,在这种目标有限的进攻战中所有行动的轻重之分都会荡然无存,所有军事行动就不再可能集中成一个在主要的想法指导下的主要活动,整个军事行动会更加分散,阻力会更加扩大,偶然性也会因此而得到更为广阔的用武之地。

这是事物的自然趋势,这种趋势牵制着统帅,会使他的作用渐渐趋于虚无。在此形势下,统帅越是自信,越是智计迭出,越是有力挽狂澜的力量,就越是会尽量摆脱这种趋势,力求使某个地点产生特别重要的意义,即使明知这样做需要冒很大的风险,他们也不会改变初衷。

第八章　有限目标的防御战

我们曾经说过,防御战的终极目标并不是绝对消极的,即使力量最弱的防御者,也必然拥有能够左右敌军或者威胁敌军的某种目标——疲敌。

由于进攻者追求的是积极的目标,所以,对于他们而言,任何一次没有成功的行动——即使只是损失了兵力而没有其他方面的损失——都可以被视为一次后退。但是对于防御者而言却并非如此,因为防御者的目标就是坚守不退,而这个目标已经达到了,所以他们遭到的损失并非无谓的牺牲。

如此一来,人们似乎可以说防御者的目标就是单纯据守。如果人们能够肯定进攻者在久战无功之后必定会因为师老兵疲而放弃进攻,那么这种看法或许就是对的。然而,这种必然性事实上是站不住脚的,我们只需要看一下兵力消耗的实际情况就可以知道,从总的对比来看,防御者处于不利的地位。所谓进攻遭到削弱,实际上指的是防御者的状况在未来可能出现转折,但是在局势根本不可能发生转折的前提下,防御者遭到的损失必然会大于进攻者。这主要是防御者本来就是力量较弱的一方,即使双方的损失相等,防御者遭到的损失也会大于进攻者,而且防御者的一部分国土和补给基地也会落入敌手。由此可见,进攻者会放弃进攻的看法是没有依据的,如果进攻者咄咄逼人,而防御者除了抵御之外没有采取任何行动,那么防御者就只能眼睁睁看着敌军一步步达到目标。

在现实中,导致媾和的原因即使是师老兵疲的进攻者已成强弩之末,这也是战争在大多数情况下所具有的不彻底性造成的。在理论上来说,我们不能将它视为这种防御行动的终极目标。在此形势下,防御者只能通过一种途径——等待——寻找新的目标。

从概念意义上来说,等待包括局势的变化和改善。当防御者无法通过内部手段——抵抗——改善处境时,就只能寄希望于外力。所谓外力,无非指的是政治关系的改变,比如防御者有了新盟友,或者是进攻者的同盟土崩瓦解。

当防御者由于兵力太少而无法发动猛烈的还击时,就会把等待作为目标。然而,根据我们对防御所作的概念——防御是一种较强的作战形式——来看,并不是所有的防御活动都是如此。也就是说,(在防御者的兵力不是非常少的前提下,)如果有可能把强烈程度不同的还击作为目标,人们也可以采取防御行动。

由于这两种状况对防御行动有不同的影响,所以我们必须将这两种情况区别开。

彼得大帝时代的俄罗斯小镇

在第一种情况下，防御者的意图是尽可能长期维持领土完整，御敌于国门之外，因为这样做他们能够赢得最多的时间，而赢得时间恰恰是他们达到目标的唯一途径。虽然防御者有时候也可以达到某些积极目标，并且可以把此作为在议和时对自己有利的筹码，但是这并不意味着他们能够将这些积极目标列入战争计划，从战略上来说，他们依然处于被动状态。在此形势下，他们在某些地点可能获得的利益（积极目标）仅仅是击退敌军的进攻，即使他们在这些地点得到了某些优势，也必须将这些优势转用到其他地方。因为在这种形势下，几乎是处处告急，如果防御者连转用优势的机会都没有，那么他们就只能满足于所获得的微小利益——赢得暂时的喘息之机。

135

俄罗斯对外扩张期间，在西伯利亚作战的俄军。

在防御者的兵力不是很少，而且防御的目标和性质都不变的前提下，他们也可以发动一些小规模的进攻行动，比如入侵、牵制性进攻、占领个别要塞等，但是此时他们的主要目的是获得暂时性的利益，以此来抵消以后可能遭到的损失，而不是永久占领这些地区。

在这种情况中，防御活动中已经含有积极企图和积极性质，而且各种条件越是容许防御者发动猛烈的还击，防御活动中的积极性质就越多。换句话说，越是主动采取防御，以便在将来发动一次能对敌军造成致命性打击的还击，给敌人设圈套时就越大胆，而最大胆的，成功时能够给敌军造成最大的打击的圈套就是撤往本国腹地，这也是与第一种防御方式最大的差别之所在。

只要回忆一下腓特烈大帝在七年战争期间的情况，以及俄国在1812年所处的情况就可以明白这一点。

在战争初期，腓特烈大帝已经完成战备活动而占据了某种优势，并且萨克森是他的战区的一个天然的补充部分，因此，占据有利条件的腓特烈大帝在夺取萨克森之后兵力非但没有遭到削弱，反而得到了加强。

1757年战局开始时，也就是在俄军和法军还没有进驻西里西亚、马克和萨克森战区之前，普军还有继续发动战略进攻的可能，所以腓特烈大帝曾试图继续发动战略进攻，但是不幸的是，这次进攻活动失败了，所以在战局后期，腓特烈大帝被迫采取守势，同时，为了从敌军手中夺回自己的战区，他不得不再次撤离波西米亚。当时，他之所以能够用同一支军队先行攻击奥地利军队，然后又夺回自己的战区，主要就是因为防御者的地位为他提供了这样的优势。

1758年，当腓特烈大帝的敌人缩小了对他的包围圈，而且兵力对比已经对他不利时，他曾经试图在摩拉维亚发动一次小规模进攻，想在敌军还没有完全准备好之前占领阿里木茨，但他并不是想将这里据为己有，更不是想把这里作为继续前进的跳板，而是想将这里当成对付奥地利人的桥头堡，抵御敌军发动进攻的外围工事。如果这个目的达到了，那么奥地利人就得在此次战局的后期为收复阿里木茨而全力以赴，甚至还可以迫使他们发动第二次战局。但是腓特烈大帝的目的没有达到，于是他放弃了发动任何真正的进攻的想法，因为他认为这样做的话只会拉大兵力差距。最终，他决定将兵力配置战区的中心地带，即萨克森和西里西亚。

如此一来，他就占据了一个优势条件——作战线比较短。如果某地受到威胁，他就能及时派兵增援；如果必须进行会战，他就能及时派兵参战；如果有合适的机会，他就能发动小规模的入侵行动，然后以逸待劳，积蓄力量。这也是腓特烈大帝所制订的战争计划的大致轮廓。

在实施这个计划的过程中，腓特烈大帝的目标越来越消极。因为他看到即使能够克敌制胜也要付出昂贵的代价，所以他就力求用较少的代价来应付局势。在此形势下，他面临的主要问题是赢得喘息之机，保护自己的领土不受侵犯，所以领土的价值在他眼里越来越高，为此，他甚至不惜利用单线式防御形式，比如他本人在西里西亚山区配置兵力的方式以及亨利亲王在萨克森配置兵力的方式就可以说是单线式防御。从腓特烈大帝写给达尔让斯侯爵的信中，我们就能看出他有多么盼望冬营，以及在没有遭到重大损失的情况下就进入冬营时他有多么高兴。

我们认为，谁要是因此而责备腓特烈大帝，只看到他的勇气衰减，谁就会做出十分轻率的判断。如今看来,崩策耳维茨营垒、亨利亲王在萨克森的阵地以及腓特烈大帝在西里西亚山区的阵地已经不再是可以扭转乾坤的手段,在拿破仑这样的人面前,摧毁这样的阵地简直不费吹灰之力。但是我们更应该知道,这是由于时代发生了翻天覆地的变化,战争是由一些完全与此前不同的力量推动的,在当时能够发挥作用的阵地在如今这个时代已经不堪一击了,当然,我们还需要考虑敌人的特点的变化。然而在当时,那些连腓特烈大帝本人都认为很平庸的手段,用来对付神圣罗马帝国的军队、道恩和布图尔林却是绰绰有余,而且被时人认为是最高智慧。事实也证明这种看法是正确的——腓特烈大帝通过等待达到了目的,避开了那些可能会使普鲁士军队陷入万劫不复之地的危险。

虽然在七年战争期间,腓特烈大帝的兵力与敌人相比处于劣势,但是在1812年战局开始时,俄军与法军兵力对比所处的态势比腓特烈大帝的处境更为不利。但是俄军可以在作战过程中增强兵力,而对于拿破仑而言,整个欧洲都是他的敌人,他的力量已经发挥到了巅峰,西班牙战争搞得他疲于奔命,幅员辽阔的俄国还可以通过长达几百普里的撤退线来削弱他的兵力。在此岌岌可危的形势下,如果法军不能一劳永逸地击溃俄军,那么俄军就会发动猛烈的还击,并且法军有可能因此而陷入灭顶之灾。由此可见,即使最为高明的智慧,有时候也比不上俄国人在无意中执行的战争计划。虽然当时的人们并没有提出这样的计划,甚至认为这样的计划是荒谬的,但是在如今看来,这并不能成为我们将这样的计划视为正确的东西的阻碍。

战斗中的俄罗斯海军

　　如果我们想以史为鉴，就必须将发生在今天的事情视为也有可能会发生在明天的事情。事实上，法军向莫斯科挺进之后发生的一系列重大事件并非偶然的——任何一个对这种事情有判断能力的人都会承认这一点。如果当时俄国人勉强在边境地区进行防御，那么即使后来能够出现对俄国有利的剧变和法国的衰落，这种变化也肯定不会像事实上发生的变化那样强有力并且具有决定性的意义。当然，俄国人在得到这些利益的过程中付出了巨大的牺牲，也冒了很大的风险。

　　由此可见，人们永远只有通过积极的措施——以决战为目标而不是以等待为目标——才能取得巨大的成果。一言以蔽之，即使是在防御活动中，也只有进行豪赌才能得到巨大的利益。

第九章　以打垮敌人为目标的战争计划

我们在前面论述的是战争可能具有的几种目标，接下来我们将研究与这些目标相对应的三种不同的作战部署。根据我们在前面针对这个问题所作的论述可知，在整个战争计划中，有两个贯穿始终的主要原则可以作为其余一切活动的准绳。

第一个主要原则是尽可能少地将敌军的力量归结为几个重心，甚至是归结为一个重心；同时，尽可能少地将对这些重心的打击归结为几次主要行动，甚至是归结为一次主要行动；此外，尽可能

黑斯廷斯战役(贝叶挂毯画)

在罗马帝国时代，英国曾经是帝国的一个行省，但是随着罗马帝国的衰亡，英国通过一系列内外战争逐渐得到了独立地位。1066年，法国的诺曼底公爵入侵英国，并在黑斯廷斯战役中击败英国——这也是历史上最后一次对英国的成功的军事入侵——之后，英国与欧洲大陆之间的联系日益密切。由于诺曼底公爵有法国贵族身份，所以在他之后的英国国王都认为自己有问鼎法国王位的资格，这也成了后来英法百年战争的导火索之一。

将所有的次要行动保持在从属地位上。简而言之，第一个原则就是尽量集中行动。

第二个主要原则是尽可能地速战，如果没有充分的理由就不要停顿或者绕弯路。

能否将敌军的力量归结为一个重心取决于下列条件。

第一，敌军的政治关系。

如果敌军隶属于某一个国君，那么将它归结为一个重心并没有太大的难度；如果敌军是由两个国家组建的联合军，其中一个国家的军队只是为了履行义务，而不是为了从战争中获利，那么将他们归结为一个重心也是比较容易的；如果敌军是几个国家为了共同的目的而组建的联合军，那么问题就在于这些国家的友好程度。

第二，敌军各个军队的战区的位置。

如果敌军在同一个战区内集结为一支军队，那么事实上他们就是一个整体。如果敌军是在同一个战区内的不同国家的几支军队，那么他们的统一就不是绝对的，但是各支军队之间还有密切的关系，所以，当其中一支军队受到重创的时候其他军队也会受到影响。如果这些军队被配置在

克雷西会战

克雷西会战是英法百年战争期间的一场战役，在此战中，英军以英格兰长弓击破了法军的弩兵和重骑兵。

相邻的战区内，而且这些战区之间并没有难以逾越的天然屏障，那么一个战区仍然会对其他战区产生决定性的影响。如果各个战区相距遥远，并且中间有中立地带或者天堑，那么一个战区就不一定会对其他战区产生影响。如果各个战区散布在被攻击国家的四周，被攻击国家对这些战区采取行动时只能在离心方向上进行，那么这些战区之间几乎就不会存在什么相互影响。

如果俄国和法国夹击普鲁士，那么从作战的角度来说，这就相当于两次不同的战争，它们之间的关系只有在议和时才能显示出来。与此相反，七年战争期间的萨克森军队和奥地利军队则必须被视为一支军队，如果其中之一受到打击，另外一支则必然会受到影响，这主要是因为对于腓特烈大帝而言，这两个战区处于同一个方向上，而且萨克森在政治上根本没有独立性。

1813年，虽然拿破仑需要以一敌多，但是他的敌人几乎都处于同一个方向上，而且敌军的各个战区之间有唇齿相依的紧密联系。如果拿破仑能够集中兵力击溃敌军的主力，那么其余的敌军的覆亡命运基本上就会因此而注定。如果拿破仑当时打败了驻扎在波西米亚的敌军主力，经由布拉格直捣维也纳，那么需要援救波西米亚的布吕歇尔无论如何都不会继续留在萨克森，瑞典王储伯纳多特也不会有继续留在马克的念头。

然而，如果奥地利在莱茵区和意大利同时对法作战，那么即使能在其中一个战区获胜，它也很难将在此处得到的胜利运用到彼处。这一方面是因为瑞士以及附近的山岳将这两个战区隔开了，另一方面则是因为通往这两个战区的道路的方向是离心的。相反，如果法军在其中一个战区获胜，他们却很容易利用在此处得到的胜利推动另一个战区的作战进程。这是因为他们在这两个战区里的军队的进攻方向都向心地指向奥地利王朝的重心维也纳。从这个角度上，我们可以说通过意大利战区的胜利来影响莱茵战区的命运，比通过莱茵战区的胜利来影响意大利战区的命运容易，因为从意大利发动的打击指向的是奥地利的重心，而从莱茵区发动的打击指向的是奥地利的侧面。

由此可知，敌军力量的分离程度和联系程度有高低之分，只有在具体情况下才能看到不同战区之间的相互影响有多大，以此为基础，我们才能确定可以在多大程度上将敌军力量的各个重心归结为一个重心。

当然，有一种情况是个例外：通过次要行动可以得到不寻常的利益。只有在这种情况下，我们才能离开用所有的力量打击敌军的重心这个原则。不过，此时仍然需要具备一个前提：我军具有决定性的优势，在发动次要行动的主要地点不会冒很大的风险。

1814年，当标洛将军率领三万人向荷兰挺进时，他就知道这些军队不仅能够牵制同样数量的法军，而且会给荷兰人和英国人提供机会，使他们那些原来已经陷入瘫痪的军队能够继续投入战斗。

总之，在制订战争计划时应该遵循两个原则：第一，找到敌军力量的重心，尽量将这些重心归结为一个重心；第二，尽量将用来进攻这个重心的兵力集中到一次主要行动上。

在这个问题上，那些赞成分兵行进的人或许会提出一些与我们的观点相反的理由，这些理由分别如下。

第一，军队原来的配置位置，也就是参战国所在的位置不宜集中兵力。

如果集中兵力耗时费力，而分兵前进不需要冒很大的风险，那么分兵行进就是合理的，因为进行不必要的兵力集中会浪费时间，也会影响发动第一次打击时的士气和速度，这与我们应该遵循的第二个原则是相悖的，尤其是在有可能突袭敌军的情况下，我们更是需要注意这一点。

此外，还有一种更加需要注意的情况：几个同时发动进攻的盟国不是处于同一条直线上，也就是说它们的空间位置不是前后重叠，而是都面对着敌国。比如普鲁士和奥地利同时向法国作战时，如果两国的军队想先集结于一处然后再一起向某个地点挺进，那么这就是一种浪费力量的做法，因为要直捣法国的心脏，普鲁士军队最为自然的选择是从下莱茵区出发，奥地利军队最为自然的选择是从上莱茵区出发，如果他们非得集中兵力，那就必然会造成兵力上的损失。所以在具体情况下我们需要考虑是否有必要用这种损失来换取兵力集中。

第二，分兵前进可以获得比较大的成果。

这里所说的分兵前进指的是向一个重心前进，也就是说，在此处应该以向心前进为前提，至于在平行线或离心线上的分兵前进则属于次要行动的范畴。

斯路伊斯战役

斯路伊斯战役是英法百年战争期间的一场海战，在这次战争中，由于海军力量遭到重创，所以法军再也无力发动渡海行动，致使之后的大部分战争只能在法国本土进行。

无论是在战略上还是在战术上，向心进攻都比较容易斩获比较大的战果，因为一旦这种行动成功，我们不但可以击败敌人，还可以使敌军陷入后退无路的境地。但是采取这种作战形式时，由于需要分割兵力在较大的战区内作战，所以此时需要冒比较大的风险。向心进攻与离心进攻的关系如同进攻与防御的关系一样，利用较弱的作战形式能够获得比较大的成果，所以对于进攻者而言，此时的问题在于他们是否觉得自己的力量已经强大到了可以去追求这个巨大的目标的程度。

1757年，腓特烈大帝在进攻波西米亚时兵分两路，分别从萨克森和西里西亚进发，他之所以这样做，主要是两个原因：首先，普鲁士军队在冬营期间就是这样配置的，如果将兵力集结到一处之后再发动进攻，就难以收到出敌不意的效果；第二，这种向心进攻能够从侧面和背后威胁奥地利军队的两个战区中的任何一个战区。

当然，腓特烈大帝这样做是需要冒风险的：他的两支军队中的其中一支有可能被敌军的优势兵力击溃。但是，如果奥地利人没有这样做，那么他们就只能在中央接受会战，否则他们的其中一翼就会因为截断退路的危险而遭到惨败——这恰恰是腓特烈大帝希望看到的。

最终，奥地利人选择了在中央接受会战，但是他们配置兵力的布拉格却陷入了包围之中。由于普鲁士军队有足够的时间发挥围攻的效果，所以完全处于被动地位的奥地利军队一败涂地，甚至有三分之二的军队连同他们的司令官被包围在布拉格。

腓特烈大帝在此次战局的开局初期就能斩获辉煌的战果，是因为他敢于冒非常之险，发动了向心进攻。此外，他对自己的行动的准确性有很大的信心，他麾下的将领都是忠志之士，他的军队士气如虹，而奥军却反应迟钝，这些精神因素也都是他的计划能够成功的主要原因。如果不考虑这些精神因素，而将成功的原因归结为发动进攻的几何形式，那就是不全面的，我们只需要回忆一下拿破仑在1796年战局中所获得的辉煌胜利就能明白这一点。在此次战局中，奥地利人因为向意大利发动向心进攻而遭到了可怕的反噬。在1796年，与敌军的兵力相比，拿破仑的兵力处于劣势，但是他拥有精神优势。1757年，虽然奥地利元帅没有1796年的拿破仑那样的精神优势，但是与敌军相比，他的兵力并没有很大的劣势，所以他的作战手段还是比拿破仑多一些。

由此可以看出，如果我们发动向心进攻时，敌军有可能利用内线摆脱兵力上的劣势，那么我们就不应该发动向心进攻。如果说发动向心进攻是迫不得已而为之，只是因为受到了军队配置位置的限制，那么我们也只能将此行动视为下策。

如果以这种说法为依据来考察联军在1814年制订的进攻法国的作战计划，那么我们就会对这个计划持反对态度。

当时，俄国、普鲁士和奥地利联军本来集结在美因河畔的法兰克福附近，而且该地正好位于法国重心所在的最为自然的直线方向上。但是，为了经由美因茨和瑞士进入法国，原来集结在一处的军队最终分开了。当时，法军的兵力很弱，很难有力地防守自己的边界，即使联军的向心进攻行动能够成功，他们所得到的战果也无非是一路兵力进占洛林和阿尔萨斯，另一路兵力进占弗朗什孔泰。难道为了这些蝇头小利就值得取道瑞士吗？当然，除此之外，促使联军有此举动的还有另外一些理由，但是它们并不在我们的讨论范围之内。

奥尔良之围

　　奥尔良之围，指的是英法百年战争期间英军对法国城市奥尔良的围攻战，城池将破之际，由于圣女贞德的努力，英军被击退，法军获得最终胜利，这也是英法百年战争期间，法军自1415年的阿金库尔战役失败之后获得的第一次军事胜利。

我们知道，拿破仑善于以防御来抵抗向心进攻，即使是在以寡敌众的情况下，面对拿破仑的精神优势，敌人也不得不自叹弗如。虽然他来到法军沙龙驻地的时候已经为时太晚，而且他也有些轻敌，但是他差一点就在敌军没有会师之前将其击破。他在布里昂的时候，曾拥有兵力六万五千人的布吕歇尔手中只有两万七千人，原先拥有二十万兵力的联军主力此时只有十万人。对于拿破仑而言，这是一个难得的好机会，而对于联军而言，也正是在此之后他们才感到集中兵力的迫切性。

根据上述考察，我们认为即使向心进攻本身是一种能够斩获辉煌战果的手段，在一般情况下，也只能在军队原先就是分开配置的前提下才能利用它。为了进行向心进攻而使军队离开最为便捷的行军路线，只有在极少数情况下才是正确的做法。

第三，战区的扩大可以作为分兵前进的一个理由。

当进攻者能够势如破竹地挺进敌国腹地时，他们所能控制的并不仅仅是沿途经过的地区，也就是说，他们所能控制的地区可以再向两侧稍微扩展一些。但是，扩展的程度有多大，这取决于敌国的凝聚力。

如果敌国境内人心惶惶，人民意志不坚而且缺乏尚武精神，那么进攻者不需要付出太大的努力就能占领广阔的地区。但是，如果敌国人民尚武剽悍而且爱国，那么位于进攻者后方的那些被控制的地区就会多多少少接近狭长的三角形。

为了避免这种孤军深入的险境，进攻者就有必要将进攻正面扩展到一定的宽度。如果敌军集结在一个地点，那么进攻者只能在还没有与敌军接触之前保持正面的宽度，离敌军的配置地点越来越近的时候，正面的宽度必然会越来越小。然而，如果敌军的正面也比较宽，那么进攻者在同样宽的正面上行军就是比较合理的。我们在这里所说的是一个战区或者几个毗邻战区的问题，显而易见，这已经属于我们所说的主要行动可以决定次要地点命运的情况。

但是，我们是不是必须将这个观点奉为圭臬呢？在主要地点对次要地点的影响并不是很大，因而需要面对风险的时候，我们可以冒这种风险吗？战区需要一定的宽度，难度这一点不是尤其需要注意吗？

将所有的行动方式面面俱到地列出来显然是不可能的，但是我们始终坚信一点：除了少数情况之外，主要地点的决战将会影响次要地点的命运。因此，除了少数情况之外，我们都应该按照这个原则行动。

当拿破仑进入俄国时，他完全有理由相信西德维纳河上游的俄军会因为俄军主力的败退而撤退，所以，他在一开始只是命令乌迪诺将军去对付这部分俄军，但是出乎他意料的是，俄国将军维特根施坦不退反进，转守为攻，所以他只好调遣第六军驰援乌迪诺。与此相反的是，为了对付巴格拉齐昂，拿破仑在一开始派出了比较多的兵力，但是出乎他意料的是，在俄军主力撤退之后，巴格拉齐昂选择了不战而逃，所以他只好把派出去的军队再调回来。事实上，维特根施坦这样做是为了掩护陪都彼得堡，否则他就会在巴克莱撤退之后随之撤退。

拿破仑于1805年在乌尔姆获得的胜利以及于1809年在雷根斯堡分别决定了意大利战区和提罗耳战区的命运，尽管意大利战区是一个比较遥远的独立战区。1806年，拿破仑在耶拿和奥尔施

圣女贞德

圣女贞德是法国历史上的军事家和民族英雄，在百年战争期间曾率领法国军队抵抗英军，后来被捕并被处决。

塔特的胜利决定了威斯特伐利亚、黑森和通往法兰克福的道路上一切行动的命运。

虽然能对次要地点的抵抗产生影响的情况非常多，但是主要情况是以下两种：

第一种情况是，在幅员辽阔的强国中，由于在主要地点上发动的决定性打击可以推迟，所以不必急于将所有的力量都集中到主要地点，比如俄国；

第二种情况是，有些次要地点由于要塞密布，所有具有特殊的独立意义，比如1806年的西里西亚就是如此，但是拿破仑对这里非常轻视，向华沙进军时，他绕过了这个地点，并且只派他的弟弟热罗姆率领两万人向这里发动进攻。

如果对主要地点的打击并不会对次要地点产生太大的影响，或者根本无法撼动次要地点，那么这就是因为敌军在次要地点配置了比较强大的兵力。在此形势下，对于进攻者而言，这些地点就是必欲除之而后快的祸患，所以他们必须分出适当的兵力向这些次要地点发动进攻，因为他们不可能在一开始就完全放弃自己的交通线。如果进攻者甚至谨慎到了胆怯的程度，认为主要地点和次要地点的进攻步调应该保持一致，那么在敌军从次要地点撤走之前，他们就有可能停止主要行动。

虽然这个原则与我们之前所说的应该尽可能将一切力量都集中在一个主要行动中的原则并没有直接矛盾，但是这二者的指导精神是完全对立的。按照这个原则行动，军队的运动会有所减缓，进攻力量会遭到削弱，偶然性事件会增多，损失的时间也会有所增加，所以，这个原则与以打垮敌人为目标的进攻实际上是水火不容的。如果敌军布置在次要地点上的军队有可能以离心形式撤退，那么进攻者面临的困难就会更大。

在此形势下，进攻者的统一进攻会变成什么呢？因此，我们必须坚决反对那种将主要进攻依赖于次要地点的行动的做法。我们认为，如果以打垮敌军为目标的进攻行动没有直捣敌国中枢的魄力，那么这种进攻行动就无法达到目标。

第四，易于获得给养物资。这也是分兵前进的第四个理由。

一支小规模的军队通过富庶的地区当然比一支大规模的军队通过贫瘠的地区容易，但是，只要部署得当，而且军队习惯于吃苦耐劳，一支大规模的军队通过贫瘠的地区也是可能的，所以，我们不能因为一个地区的富庶与否而影响我们的决心，以至于陷入分兵前进的危险中。

至此，我们已经可以看出分兵前进有时候的确是有根据的。如果对战争目的和利害得失有透彻了解，那么依据上述理由中的某一个而分割兵力就是无可厚非的。但是如果像常见的那样，战

审判贞德

争计划是由只会纸上谈兵的总参谋部制订,就像下棋时需要先摆好棋子那样,各个战区要先摆好军队才能有所行动,而且这些行动只是幻想的产物的组合,通往目标的途径则是由各种错综复杂的路线和关系组成的,比如今天将军队分割开,只是为了在两个星期之后再冒着巨大的风险将它们集中起来,以此来显示使用军队的艺术,那么这种偏离务实道路的做法就是必须被抛弃的。

作为最高统帅,越是缺乏统揽全局的掌控力,越是无法将战争简化为力量巨大的单个人的行动,整个战争计划越是纸上谈兵的参谋总部向壁虚构的产物,那么我们在上面所说的愚蠢行动就越容易出现。

接下来我们要研究第一个原则的第三点,即次要行动应该尽可能地保持在从属地位上。

由于应该尽力将所有的战争行为归结到一个简单的目标上,并且应该尽可能地通过一次大规模的行动来达到这个目标,所以对于交战国而言,与敌军发生接触的其他地点上的行动就会丧失一部分独立性,也就是说,在这些地方的行动会变成从属行动。假如能够将所有的战争行为归结为唯一的一次行动,那么这些地点就会完全丧失独立性,但是这种可能性是很小的,所以参战国尤其需要注意的一点,就是不要因为抽调过多的兵力投入次要地点而削弱主要行动。

首先,即使不可能将敌军的所有抵抗行动归结为一个重心,必须同时进行两场几乎完全不同的战争,我们在制订战争计划时也必须遵循这个原则,始终把其中一场战争作为主体,并且把此作为安排兵力和运动的依据。根据这个观点,只在一场战争中采取进攻而在另外一场战争中采取防御才是合理的,只有在极少数情况下,在两场战争中同时采取进攻才是正确的。

其次,在次要地点的防御活动中,我们应该尽量少投入兵力,但是应该努力利用这种抵抗形式所能提供的一切利益。如果敌军是由不同的国家组建的联军,但是他们是把一个战区作为共同的重心,那么我们的这个观点就更为适用。

如果次要战区的行动的终极打击对象也是敌军主力,那么我们在次要战局就无法进行防御。也就是说,在此形势下,对敌军主力的打击是由我军主力的进攻和根据其他原因而采取的次要战区的进攻构成的,而没有受到我军主力直接掩护的其他地点上进行的防御活动,此时都成为不必要的了。或者说,此时的所有活动都取决于主力决战,至于在其他地区所

查理七世加冕典礼上的贞德

圣女贞德被处以火刑

遭受的损失都可以在主力决战中得到补偿。

　　如果兵力足够，能够为进行主力决战提供强大的支撑，那么我们就不能因为惧怕在主力决战中可能落败而极力避免在其他地点上的损失，因为这样做恰恰会增大在主力决战中落败的可能性，而且会使我们的行动落入左右矛盾的境地。即使是在整个进攻活动的各个环节中，次要行动也应该唯主要行动马首是瞻。但是，应该调集哪一个战区的哪一部分兵力去进攻共同的重心，这却取决于具体情况。在此，我们仅仅能指出，必须使主要行动居于主导地位，只有做到这一点，一切行动才能被简化，我们也才能因此而避免受到偶然性的影响。

　　第二个原则是迅速使用军队。

　　无谓地消耗时间，走不必要的弯路，在战略意义上来说，这都是不容许的。更为重要的是，一般而言，进攻的唯一优点只是能够在战争初期打得敌军措手不及。对于进攻而言，突然性和持续性就好像是它的一对翅膀，尤其是在以打垮敌军为目标的进攻中，它们更是不可或缺的。所以，我们在进行理论研究时的任务是找到通往目标的捷径，而不应该纠缠于旁枝末节的问题。事实上，迅速使用军队这个原则具有极为重要的意义，比如拿破仑向来将这个原则奉为金科玉律，他总是喜欢沿着最近的大道奔袭敌军或者奔袭敌人的国都。

　　那么，我们把它归结为重心并且要求迅速而直接地实现的那个主要行动究竟是什么呢？打垮敌军！

　　关于这一点，我们在第四章中已经从总体上尽可能地做了详细论述，在此无须重复叙述。在具体情况下，无论打垮敌军在最后取决于什么，我们在一开始都必须把此作为目标，尽力消灭敌军。也就是说，应该尽量追求获得比较大的胜利，粉碎敌军。夺取这种胜利的时间越早，地点越是靠近边界，这种胜利就越是容易得到；夺取这种胜利的时间越晚，地点越是靠近敌国腹地，这种胜利就越具有决定性的意义。不言而喻，得到胜利越容易，成果就越小，反之则成果越大。

　　如果我军所占据的优势没有决定性的意义，那么我们就应该以可能性为依据去寻找敌军主力。之所以说以可能性为依据，是因为在寻找敌军主力时，如果军队需要转战四方，而且因为方向不明很容易浪费时间，那么我们就会遭到比较大的损失。如果敌军主力不在我们的前进道路上，因为寻找他们会对我们不利，所以我们也不能主动去寻找他们，那么我们就可以确信一点：敌军一定会向我们扑来。不过，在此形势下，我们将会在局势不利的条件下作战，而且这种不利是我们无法避免的，但是，如果我们能在这种会战中克敌制胜，那么这种会战就会更加具有决定性意义。

　　由此可以得出一个结论：在我军所占据的优势无法保证能够克敌制胜的情况下，如果敌军主力横亘在我军的前进道路上，那么有意绕过敌军主力的做法就是错误的，或者说，认为这样做能够比较容易地获得胜利的想法是错误的。此外，我们还可以得出一个结论：当我军占有决定性的优势时，为了在以后能够发动更加具有决定性意义的会战，绕过敌军主力而继续前进也是可以的。

　　需要注意的是，我们在上面所说的是如何取得终极胜利，也就是说，如何使敌人一败涂地，而不仅仅指的是如何在会战中克敌制胜。要想获得终极胜利，就需要发动围攻或者发动变换正面的会战，因为这两种作战方式往往能够获得具有决定性意义的战果。所以，战争计划的主要内容是

英王爱德华三世在花园里摘取红玫瑰与白玫瑰

玫瑰战争是英王爱德华三世的两支后裔为了争夺英格兰王位而进行的内战，"玫瑰战争"一词在当时并未被使用，而是在莎士比亚的历史剧《亨利六世》上演之后，这个词才逐渐成为普遍用语，所谓的红玫瑰与白玫瑰，指的是爱德华三世的两支后裔的家徽。

规定所需的兵力数量并指出行军方向。

当然，直接向敌军正面发动会战有时候也可以使敌军一败涂地，而且战史上也有这样的战例，但是敌对双方军队的素质和机动能力越是接近，这种可能性就越小，而且这种可能性在未来会越来越小。在如今这个时代，像在布伦海姆那样的村庄里俘虏二十一个营的事情已经不可能再发生了。

一旦获得了巨大的胜利，就不应该有所停顿，更不应该瞻前顾后或者进行休整，而是应该马不停蹄地发动追击。如果有必要，还应该直捣敌国的国都，摧毁敌军的援军，或者打击敌军所依靠的一切目标。

当我们因凭破竹之势推进到敌军的要塞前方时是否应该围攻这些要塞，取决于兵力的强弱。如果我军的兵力占据着压倒性的优势，那么不尽快将这些要塞据为己有就会造成时间上的损失。如果没有攻坚克难的必胜把握，那么我们就尽量用比较少的兵力来对付这些要塞，当然，这样做的话，这些要塞就不太容易被攻破。如果为了围攻这些要塞，我们已经无法继续前进，那么一般而言，这就意味着进攻已经达到了顶点。所以，我们才会要求主力必须马不停蹄地前进或者发动追击。

主要地点上的行动取决于次要地点上的结果，这种观点是我们在此前就已经予以否定的。通常而言，只要我军主力的后方有一个狭长地带，那么这里就是我军的战区。这种状况会如何削弱我军的攻势，以及会给我军带来什么危险，关于这一点，我们在此前也已经谈过了。这种困难或者内在的牵制性力量会不会成为完全阻止我军继续前进的阻力呢？答案是肯定的。但是正如我们在前面说过的那样，如果在一开始就想扩大这种狭长地带的范围，那么这就是错误的，因为这会降低我军的进攻速度。

我们认为，在背后留有狭长地带的情况下，只要敌军还没有被彻底击溃，只要我军统帅有达到终极目标的信心，那么他就应该向终极目标猛进。这样做或许会面临不断增加的危险，但是成果也会相应地增大。当我军统帅到达雷池边缘的时候——必须考虑自己后方的安全，必须将后方战区向两侧扩展的时候——就意味着他很可能达到了进攻的顶点，也意味着攻势已成强弩之末，如果此时敌军还没有被彻底打垮，那么他就不可能再打垮敌人了。

如果统帅为了步步为营地前进而去占领要塞、隘路等，那么虽然在此形势下，进攻者依然在缓慢地推进，但是这只是相对前进而不是绝对前进。也就是说，敌人已经不是在风声鹤唳的处境中逃跑，或许他们已经在准备卷土重来，所以很可能出现这样的状况：进攻者在稳步推进，但是蓄势待发的防御者每天也能取得一定的成果。总之，这还是我们在前面说过的那个结论：在一次必要的停顿之后，通常就不可能再发动第二次攻势。

从这个角度来说，理论方面的要求是，只要还想打垮敌军就应该毫不停顿地前进。如果统帅认为这样做冒险太大而放弃这个目标，那么他停止前进而扩大战区的两侧就是正确的；如果他停止前进只是为了更加巧妙地打垮敌军，那么从理论意义上来说，他就是应该受到谴责的。当然，我们还不至于冥顽不化到固执地以为逐步打垮一个国家是不可能的地步。

首先，我们必须说明，我们所提出的原则并不是在任何情况下都是绝对真理，因为它只是以可能出现的结果和一般性的结果为依据的。

其次，一个国家是被蚕食而灭亡，还是被敌人作为第一次战局的目标而被一举消灭，这是两种必须区分开的情况，而我们在这里所说的只是第二种情况。因为只有在这种情况下敌对双方使用力量时才会出现极端状态，也就是说，如果其中一方不打垮对方的重心，那么它就有可能被对方的重心打垮。

如果通过逐年得到蝇头小利的方式缓慢而有序地向目标推进，那么，即使不会产生当风秉烛之险，也会处处面临如履薄冰之危。因为在这种情况下，每两次胜利之间的间歇都会给敌人带来东山再起的希望，也就是说，对于进攻者而言，前一个胜利对于后一个胜利往往只有很小的影响或者根本没有影响，有时候甚至会产生不利的影响，在这种情况下，敌人必然会得到喘息之机，有时候甚至会因为受到激励而发动更为猛烈的反抗，或者得到新的外援。然而，如果一切行动都间不容发地进行到底，那么昨日的胜利就会导致今日的胜利，胜利之火就会出现燎原之势。

英国内战

　　英国内战是英国议会派和保王党人于17世纪中期进行的一场战争，这次战争对英国和整个欧洲都产生了极为深远的影响，很多人因此将这场战争视为世界近代史的开端。

　　如果有人说有的国家的确在敌人的蚕食之下被征服了，也就是说，本应该作为防御者守护神的时间反而对防御者产生了反噬作用，那么，我们也可以说进攻者希望通过蚕食的方式消灭敌国而落空的例子更是俯拾皆是。只要回想一下七年战争的结果，我们就可以明白这一点，当时，小心谨慎的奥地利人希望步步为营地达到目的，但是最终他们却失败了。

　　根据上述观点，我们绝不会认为，在向前推进的同时应该注意扩大背后的战区，使二者趋于平衡。相反，我们认为致力于向前推进时必定会产生不利，只有当继续向前推进已经无法获得胜利时，避免这种不利才是值得的。

　　虽然拿破仑在1812年的战局中铩羽而归，但是这个例子并不能使我们怀疑自己的论断，反而能够使我们更加坚信自己的观点。

人们经常说拿破仑之所以在这次战局中折戟沉沙，是因为他操之过急，孤军深入，但是我们认为，拿破仑之所以功亏一篑，是因为他争取胜利的唯一手段失效了。

俄罗斯帝国并非一个能被真正征服的国家，至少用目前欧洲各国的军队是无法迫使它臣服的，所以，虽然拿破仑在此次战局中动用了五十万人，但是他依然达不到自己的目的。像俄国这样的国家，只有利用它本身的弱点和阋墙之祸才能使它俯首称臣。为了打击这个政治力量薄弱的国家，就必须进击这个国家的心脏，对于拿破仑而言，他只有通过发动强有力的攻击才能兵抵莫斯科，才有动摇俄国政府的勇气和俄国人民的忠诚之心的希望。当时，他希望在莫斯科迫使敌军议和，这也是他在此次战局中可以提出来的唯一合理的目标。在战局开始时，拿破仑率领法军主力追风掣电般进击俄军主力，兵败如山的俄军主力只好仓皇退却，经过德里萨营垒直到斯摩棱斯克才站住阵脚。此外，他还迫使巴格拉齐昂的军队随同主力一起后撤，并且打败了这两支军队，占领了莫斯科。

在此次战局中，拿破仑的做法一如既往。在过去，他就是仅仅因为采取了这种方法才成了欧洲的统治者。因此，如果赞成拿破仑在过去的战局中的做法，那么他在此次战局中的做法也无可厚非。

以果论因的做法是可以的，因为结果是最好的评判者，但是在事后做结论并不是有智慧的体现，找到了一次战局失败的原因并不等于对这次战争进行了批判。只有在证明了统帅没有防微杜渐，或者在证明了统帅不应该忽视可能导致失败的原因的基础上，我们才能说这是进行了批判，才可以给予这个统帅褒贬。

如果有的人因为拿破仑在1812年战局中遭到了可怕的还击，就认为他发动这次战局是荒谬的，或者说因为拿破仑在当时胜利了（如果拿破仑在当时击败了俄军），就认为这次行动是卓越的，那么这样的人就是没有批判能力的。

如果拿破仑在当时真像大多数批判者所要求的那样在立陶宛停顿下来，以便站稳脚跟，那么他在同年冬天就不得不转入可悲的防御。如果真是这样的话，那些没有批判能力的人又会大惊小怪：以前的拿破仑去哪里了？那个曾经通过奥斯特里茨会战和弗里德兰会战而一举征服敌国的拿破仑，怎么在俄国连一次主力会战都没有进行呢？他为什么不去占领敌军准备弃守的莫斯科，而听任敌军向这里集中呢？前所未有的好机会就摆在他面前，袭击这个远方的庞然大物，就像袭击一个邻近的城市一样，或者就像腓特烈大

查理一世

查理一世是英国内战期间被议会派处死的英国国王，也是英国历史上唯一一个以国王身份被处死的国王。当时英国的坎特伯雷大主教对查理一世的评价是，"他是一个和蔼可亲的王子，但是他不知道怎么样做才能成为一个伟人"。

帝袭击近在咫尺的弹丸之地西里西亚一样，但是拿破仑却没有抓住机会，在胜利的途中反而停滞不前，是因为凶神绊住了他的双脚吗？那些没有批判能力的人恐怕会这样评价拿破仑，因为大多数批判者都有这样的特点。

我们认为，拿破仑在1812年的战局中之所以壮志未酬，是因为俄国政府坚不可摧，俄国人民忠诚爱国，或者说，拿破仑在此次战局中根本不可能成功。对于拿破仑而言，或许发动此次战局是他的过失——至少结果证明他的判断有误。但是我们认为，如果他要追求这样的目标，那么他只能采取当时那种作战方法。

拿破仑在东方没有像在西方那样进行旷日持久的防御战，而是采取了有可能达到目的的唯一手段：发动铤而走险的打击，迫使惊慌失措的敌军签订城下之盟。在这场豪赌中，他有可能面临全军覆没的危险，但是这是他必须投入的赌注，是为了实现巨大的希望而必须付出的代价。如果说法军损伤大半是他的过错，那么犯下这种过错并不是因为法军孤军深入，而是因为战局开始得太晚，并且他采取了浪费兵力的人海战术，以及对军队的给养和撤退路线考虑不周。此外，法军从莫斯科撤退的时间比较晚也是拿破仑功亏一篑的一个原因。

虽然俄军为了截断法军的退路曾抢先一步赶到了别列津河，但是这并不能作为能够反驳我们的观点的有力论据，原因如下：

第一，这一点恰好可以证明要想切断敌军的退路是多么艰难，而且退路被截断的法军在力战之后还是打开了退路，当然，俄军的行动使拿破仑遭到了惨败，但是这并不是拿破仑失败的根本原因；第二，对于俄军而言，能够使法军遭到惨败的地形条件是不多的，假如当时没有横亘在法军撤退道路前方的别列津河的沼泽地，并且沼泽地四周没有茂密的森林地和通行困难的隘路，那么俄军就不可能切断法军的退路；第三，为了防止退路被截断，只能让自己的军队在一定的宽度上前进，我们在前面已经驳斥了这种方法。

如果拿破仑采取了这种方法，让中央军队在前推进，并且用左右两侧的军队加以掩护，那么，一旦其中一翼遭到失败，在中央前进且速度较快的中央军队就会在遽然之间转头驰援。对于俄军而言，发动这样的进攻有什么好处呢？

事实上，拿破仑并没有忽略对侧翼的掩护。比如为了对付维特根施坦，他留下了优势兵力；为了围攻里加，他派遣了一支兵力适当的军；在南方，他给施瓦岑贝格调拨了五万人，这支军队的兵力不但超过了托尔马索夫的兵力，甚至可以和契察哥夫的兵力相抗衡；此外，他在后方的中心地点还有维克多率领的三万人；甚至在11月，即在得到喘息之机的俄军实力已经有所增强，而法军已经大大削弱的决定性时刻，在进入莫斯科的法军背后，俄军也并没有太大的优势。维特根施坦、契察哥夫和萨肯的兵力为十一万，而施瓦岑贝格、雷尼埃、维克多、乌迪诺和圣西尔的兵力则为八万人，即使是最谨慎的将军，恐怕也不会在前进时派出比这更多的兵力去掩护自己的侧翼。

1812年，拿破仑在渡过涅曼河时的兵力为六十万，如果他撤退时率领的不是与施瓦岑贝格、雷尼埃和麦克唐纳一起退过涅曼河的五万人，而是二十五万人（如果拿破仑没有犯我们在上面所说的错误，这种情况就是可能的），那么即使这次战局依然是失败的，理论也无法对此有所指摘。因

查理一世的孩子

这是查理一世的孩子中年龄比较大的 5 个孩子的画像，站在中间摸狗的这个孩子就是后来的查理二世，也是被英国人公认为英国历史上最为伟大的国王之一。

为在这种情况下，损失的兵力超过总兵力的一半并不是什么罕见的事，如果说这种损失尤其使人注意，那也只是因为损失的兵力的绝对数量太大。

关于主要行动及其必要的发展方向和难以避免的风险，我们就谈这么多。

关于次要行动，我们首先需要指出，几个次要行动应该有一个共同的目标，但是这个目标绝不能成为每个行动的阻碍。假如说我们命令三支军队分别从上莱茵区、中莱茵区和荷兰进军，进攻法国，然后在巴黎会师，并且每一支军队在会师之前都必须尽可能地保存实力而不得冒任何风险，那么这样的计划就是有害的。因为执行这样的计划时，三支军队必然会相互牵制，所以他们在分头行动时必定会踟蹰不前或者消极避战，而最好的方法，就是给每支军队指派一定的任务，直到他们能够自然而然地会师之后再将他们统一起来。

命令军队分兵前进，过一段时间之后再将他们集中起来，几乎在所有的战争中都出现过这样的现象。然而，这种做法事实上是毫无意义的，如果必须这样做，那么就得有充分的理由，不能像跳四组舞那样仅仅是为了会合而会合。所以，当分兵前进的军队向不同的战区发动进攻时，应该给各支军队指定相应的任务，而这些军队也应该以凭借自身力量能够完成的任务为目标。在此形势下，最为重要的问题就是能否从各方面发动这种打击，而不是这些军队能否得到相应的利益。

如果敌军的防御力度超过了我们的预期，而使我军的某一支军队因为力小而任重遭到挫败，那么我们就不应该容许这次失败影响友军的行动，否则我们在一开始就会丧失获得总的胜利的可能性。只有当多数军队失利或者主力部队落败的时候，我们才能容许其他部分受到影响。当然，这也意味着整体计划的失败。

对于那些完成防御任务之后可以转守为攻的军队来说，如果不能将多余的兵力投入主要进攻地点，那么这条规则同样也是适用的。然而，整个进攻行动的几何形式和统一性在此情况下又该如何呢？与被击败的军队相邻的各支军队的侧翼和后方又该如何呢？

我们在第三篇第十五章中已经说过，在战略意义上，几何要素并不像战术上那样有用。如果将一次大规模行动与几何学上的四方形联系在一起，那就陷入了错误的理论体系，而这正是我们要加以批驳的问题。在此，我们想重申在此前说过的一个结论：我们应该重视的是在各个地点上实际获得的胜利，而不是由各个胜利逐渐构成的几何形式，在进攻中尤其如此。

在战略范围内，各个部分的几何位置必须由统揽全局的统帅来规划，任何次级指挥官都不能越俎代庖，干涉邻近军队的军务，他们只能无条件地根据指示去追求自己的目标，在任何情况下这一点都是我们必须遵循的。

如果因为某些指挥官的越权行为而使内部出现裂痕，那么上级指挥官就应该迅速采取办法补救。所以，由于分兵前进而产生的主要弊病是可以避免的，这个主要弊病就是，影响事件进程的不是真实情况，而是杞人忧天的疑虑；每一起偶然事件不仅会影响与它有直接关联的那部分军队，而且有时候会影响整体，所以，次级指挥官的个人弱点往往会招致无妄之灾。

在我们看来，只有那些没有仔细研究过战史、分不清轻重缓急、对人性弱点的影响没有全面了解的人，才会认为我们的看法是不正确的，而那些有经验的人则都会承认，在需要分兵前进发动进攻时，要想依靠各部分的步调一致来取得胜利，仅仅在战术意义上看来就是不可能的，遑论在各部分的距离比较大的战略范围内做到这一点。

如果各部分步调一致是获胜的必要条件，那么分兵前进的战略进攻就是应该予以否定的。但是这并不是说，我们能够彻底否定这样的进攻，因为有时候迫于形势，我们必须采取这样的作战方式。事实上，即使从战术意义上来说，在作战过程中，我们也不必苛求各部分保持步调一致，至于在战略意义上则更是没有这个必要。所以，在战略范围内，我们更应该坚持一点——给各部分分配各自的任务。接下来，就如何适当地分配任务这一点，我们将作一些必要的补充。

1793年和1794年，奥地利军队的主力驻扎在尼德兰，普鲁士军队的主力驻扎在上莱茵区，当奥地利军队从维也纳出发开赴孔代和瓦朗谢讷时，甚至在进军途中曾与从柏林出发开赴兰道的普鲁士军队擦肩而过。当时，奥地利军队虽然可以在尼德兰防御比利时各省，还可以进占法属弗朗德勒，但是这些利益在当时都是次要的。考尼茨侯爵去世之后，奥地利大臣图古特为了集中兵力而放弃了尼德兰。虽然奥地利人到弗朗德勒比到阿尔萨斯几乎要远一倍，而且在兵力受到严格限制，一切都需要靠现金维持的时代，图古特这样做也情有可原，但是对于奥地利而言，这绝对不是一件小事。当然，图古特有另外的企图：将尼德兰置于危如累卵的境地，迫使与尼德兰和下莱茵区有唇亡齿寒之利害关系的国家背水一战，但是他失算了，因为当时的普鲁士政府没有上钩。我们之所以谈到这件事，是为了说明政治利益对战争进程的影响。

对于普鲁士而言，阿尔萨斯犹如鸡肋。1792年，普鲁士军队曾在骑士精神的驱使下经过洛林开往香槟，但是当形势变得不利时，普军的士气就几乎丧失了一半。然而，如果是在尼德兰，那么普军与荷兰就是有直接联系的，也就是说，他们可以将荷兰视为自己的领土，因为普鲁士曾经在1787年将荷兰据为己有，而且普军在尼德兰可以掩护下莱茵地区，这也就相当于掩护了与普鲁士最为接近战区的那部分国土。同时，普鲁士还可以在这里得到英国的资助，进而可以巩固两国的同盟关系。

从这个意义上来说，如果奥军主力配置在上莱茵区，在尼德兰只留下一支普通的军，而普军的所有兵力部署在尼德兰，那么在此次战局中普军就有可能得到更好的结果。

1814年，假如由巴克莱将军替代英勇无畏的布吕歇尔统率西里西亚军团，而让布吕歇尔留在主力军队中听命于施瓦岑贝格，那么这次战局的结果就有可能会发生逆转。同样，在七年战争期间，如果英勇无畏的劳东将军的战区不是在普鲁士最为坚固的地区西里西亚，而是在帝国军队的战区内，那么整个战争的结局可能也会改写。

为了进一步认识这个问题，我们必须根据其自身特点将下列几种不同的情况区分开。

第一种情况是，其他国家与我们共同作战既是因为与我们有同盟关系，而且也是为了自身利益。

第二种情况是，盟军参战是为了援助我们。

第三种情况是，统帅的个人特点不同。

在前两种情况下，可能会有人提出这样的问题：是像1813年和1814年那样，将各国军队混合起来，使各个军团都成为由不同国家的军队编组而成的联合军好，还是尽可能将各国军队分开，使他们比较独力地行动好？

毫无疑问，当然是第一种方法最好，但是这样做的前提是各国关系良好，而且有共同利益，然而事实上具备这种前提条件的情况极为罕见。在各国军队混合起来编组成联合军的情况下，各国政府的利益就会难以分清，但是指挥官自私的想法所能产生的有害影响只能表现在次级指挥官身上，也就是说，这种有害影响只能表现在战术范围内。但是，即使是这种有害的影响，也不会像在各国军队完全分开时那样能够肆无忌惮地表现出来。然而，当各国军队独力作战时，这种有害影响就会扩大到战略范围，也会产生更为严重的后果。所以，如果要采取第一种方法的话，各国军队就必须具有罕见的自我牺牲的精神。

1813年，覆巢之下无完卵的危险迫使各国采取了这种方法，当时，兵力最为雄厚而且对扭转局势贡献最大的俄国皇帝并没有在虚荣心的驱使下让俄国军队独力作战，而是将指挥权委托给了普鲁士和奥地利的指挥官，这是应该加以赞扬的。

如果不能将各国军队混合起来编组成联合军，那么，与其让他们半分半合，不如让他们完全分开。在各国军队联合作战的情况下，最坏的情况莫过于让不同国家的独力作战的司令官出现在同一个战场上。例如在七年战争期间，俄军、奥地利军队和神圣罗马帝国的军队就经常出现这种情况。

审判查理一世

　　在各国军队各自为战的情况下，由于必须完成的任务可以完全分开，各国军队都承载着各自的任务，所以在形势的逼迫下他们就会倾力而为。然而，如果分开的各国军队的联系比较密切，甚至是在同一个战区内活动，那么情况就会有所不同，因为一支军队（有意或者无意的）错误意图会牵连到友军。

　　在上述三种情况中的第一种情况下，要将各国军队完全分开并不会有太大的困难，因为各国为了自身利益通常会事先为本国军队设定不同的目标。在第二种情况下，由于援军通常没有自己的目标，所以他们往往处于从属地位，比如普军在1807年的战局中以及奥军在1815年战局末期就是这样的。

　　虽然统帅个人特点的问题需要视具体情况而定，但是在此我们还是很可以提出一些总体性的意见：不要任命谨小慎微的人担任从属军队的指挥官，而是需要任命勇猛无畏的人担任这样的职务。因为在军队分兵行动时，要想取得战略成果，就应该尽量使各个部分都全力以赴，只有这样，某个地点上产生的损失才有可能被其他地点上得到的成果抵消。然而，只有指挥官是勇毅果敢的人物，勇气和斗志能够驱使他前进时，各个部分才能发挥最大的效力，如果指挥官是每走一步都三思而行，只服从客观必然性的人，那么这样的人就很难使军队发挥最大的力量。

　　最后，我们还要指出一点：在使用军队和统帅时，只要情况许可，就应该将他们的任务、地形状况和他们的特点结合起来。比如常备军、素质高的军队、大量的骑兵、谨慎明智而且资历较老的指挥官应该被用到开阔地带，民兵、用亡命之徒组建的武装、敢于冒险的年轻指挥官应该被运用到森

克伦威尔的士兵嘲笑成为阶下囚的查理一世

林地带、山地和隘路上,而援军则应该被用在他们最为喜爱的富庶地区。

至此,我们已经从总的方面论述了战争计划,在这一章中,我们则专门论述了以打垮敌军为目标的战争计划。在这一切论述中,我们尤其强调了战争计划的目标,并且指出了使用作战手段的方法以及使用这些方法时应该遵循的原则。通过这样的论述,我们想使读者清清楚楚地知道在这样的战争中应该追求什么以及应该做什么。在论述中,我们着重强调的是具有必然性和普遍性的东西,但是也给具有特殊性和偶然性的东西留下了活动空间,当然,我们并没有给那些空穴来风或者向壁虚构的东西留有一席之地。如果能够达到这个目的,那么我们就认为已经完成了任务。

如果谁因为我们没有谈到迂回江河、利用制高点控制山地、避开坚固阵地和寻找国土锁钥等问题而感到奇怪,那么这就是一叶障目而不知泰山,没有提纲挈领地理解战争。因为在前面的论述中,我们已经从一般性的角度研究了这些问题,而且已经指出这些东西的作用并没有人们通常所认为的那么大。在以打垮敌人为目标的战争中,它们当然不能也不应该发挥重大的作用,也就是说,它们不会对整个战争计划产生什么影响。

处死查理一世

1649年1月30日,查理一世在怀特霍尔宫国宴厅大门前的行刑台上被处死,据说当天天气很冷,所以他要求多穿衣服,理由是"天气太冷了,我可能会发抖的,观刑的人会以为我是因为害怕而发抖,我可不想给他们留下这种印象",他的临终遗言是"我应该做一个明君,这样天下就不会乱了"。

接下来我们将援引一个例子来结束这一章。

如果奥地利、普鲁士、德意志联邦、尼德兰和英国共同对法国作战，但是俄国保持中立，那么它们依然可以发动一场以打垮敌人为目标的进攻战，因为即使法国再强大，它也难以避免会陷入险境：半壁江山沦陷，国都失守，资源不足，除了俄国之外，没有一个大国能够给它提供强有力的支援；虽然西班牙和意大利是它的盟友，但是西班牙离法国太远，而且所处的地理位置不利，至于力量虚弱的意大利则早已陷入腐败的泥淖而自顾不暇。

即使不算海外殖民地的人口，对法作战的上述国家的人口也高达七千五百万，而法国的人口只有三千万。为了对法国发动一次真正的战争，这些国家可以提供的军队如下：奥地利，二十五万人；普鲁士，二十万人；德意志其他各邦，十五万人；尼德兰，七万五千人；英国，五万人；总计七十二万五千人。如果这些国家的确能够出动如此庞大的兵力，那么这些兵力就有可能远远超过法国所能征调的兵力，因为即使是在拿破仑统治时期，法国也从来没有出现过这么多军队。如果我们再考虑法军还需要分出一部分兵力用来守备要塞、建立补给站、监视海岸线等，那么就可以肯定一点：联军在主要战区内有极大的可能会占据巨大的优势，而这正是打垮敌军这个目的的主要基础。

法国的重心是巴黎和军队，那么联军的目标就应该是在一次或者几次主力会战中击败法军并占领巴黎，然后将法军的残余部分赶过卢瓦尔河。法国的心脏位于巴黎和布鲁塞尔之间，在该地区之内，从国境到首都只有三十普里，而反法联盟中一些国家都有能够针对这里发动进攻的兵力配置地点，比如英国、尼德兰、普鲁士和北德意志各邦国，在这些地点中，有的就在这个地区附近，有的则在这个地区后方。但是奥地利和南德意志则只有从上莱茵区出发才便于作战，它们自然的进攻方向是指向特鲁瓦、巴黎或者奥尔良。从上莱茵区和尼德兰出发的这两个进攻都是直接、自然而简捷地指向敌军重心的，所有的法军也极有可能就部署在这两个地点。

只有两点考虑与这个简单的计划是矛盾的。

首先，向来视意大利为禁脔的奥地利不会同意通过对法国心脏的进攻来掩护意大利，因为它想控制意大利的局势，鉴于意大利的局势，它有这种次要意图无可厚非。然而，如果想把意大利作为进攻法国南部的跳板，将这个曾在历史上出现过多次的陈旧做法与这个次要意图联系起来，而在意大利保留大量军队（即使是为了防止在战局初期遭到挫败，也根本不需要这么多兵力），那么这就是十分严重的错误。如果我们不想违背统一计划、集中兵力这个思想，那么在意大利就只需要留下为防止战局初期遭到挫败所需的实际兵力，而不应该从主力军队中抽调更多的兵力。如果想在罗讷河地区进攻法国，那就相当于抓住刺刀刀尖举起步枪。

即使进攻法国南部的行动只是次要行动，我们也应该予以反对，因为这种进攻只会激发新的反对力量，而且凡是在转战千里的长途奔袭活动中，那些本来不会产生影响的利害关系都会对我们产生不利影响。只有在一种情况下，以意大利为跳板进攻法国南部才是正确的，那就是用来保障意大利安全的兵力太多，致使许多军队无所事事。因此，我们想重申：留在意大利的军队应该尽量符合实际所需，也就是说，只要驻扎在意大利的兵力能够保障奥地利军队在一次战局中不会失

名画《华盛顿渡过特拉华河》，也被视为美国独立运动的象征。

　　在克劳塞维茨生活的年代，世界上还发生过一场影响深远的战争，即美国独立战争，或许是因为与欧洲各国相比，当时的美国力量弱小，所以克劳塞维茨并没有将其列入研究范围，然而事实上，无论是从政治角度而言，还是从战争角度而言，这场闻名世界的战争都有极为重要的意义。

去意大利就可以。在这个例子中，我们认为留驻意大利的兵力只需要五万人。

其次，我们还需要考虑法国是一个滨海国家，由于英国拥有海上霸权，法国的整个大西洋沿岸都暴露在英国的威胁之下，所以法国必然需要派兵加强守备力量，至少也会将防备力量增加两倍，为此它就需要抽调大量兵力。如果英国动用两三万人的登陆部队威胁法国，或许就可以牵制比这个数目大一倍甚至是两倍的法军。除了派遣兵力外，法军还需要耗费大量的金钱和火炮用来建设舰队、海岸炮台等。

如果假定英国的登陆部队为两万五千人，那么我们的战争计划就会极为简化，其内容如下：

第一，在尼德兰集中的普鲁士军队为二十万人，尼德兰军队为七万五千人，英国军队为两万五千人，北德意志各邦军队为五万人，总计三十五万人。其中，大约有五万人用于防守边境要塞，其余三十万人向巴黎挺进，与法军主力进行会战；

第二，二十万奥地利军队和十万南德意志联邦军队在上莱茵区集结，然后与从尼德兰发动进攻的军队同时向塞纳河上游地区推进，紧接着向卢瓦尔河挺进，与法军主力进行会战。

当然，这两个方向的进攻或许可以在卢瓦尔河合二为一。

至此，战争计划的主要内容就确定了，接下来我们要谈的问题主要与消除错误观念有关。这些问题分别为：

第一，统帅应该按照战争计划努力寻求主力会战，也就是说，统帅应该争取在能够获得决定性胜利的兵力对比的有利条件下进行主力会战。

为了达到这个目的，统帅应该在发动围攻和包围、派驻留守军队时尽量少用兵力，以求在进行主力会战时发出雷霆一击。如果像施瓦岑贝格在1814年所做的那样，刚进入敌国领土就四处派兵，那么这就会遭到灭顶之灾，而联军在1814年战局的前两个星期之内之所以没有遭到惨败，则只是因为当时的法国的势力已经衰竭。简而言之，进攻应该犹如用千钧之力发射出去的箭，而不能成为逐渐膨胀到最后一触即碎的肥皂泡。

第二，应该让瑞士用自己的力量进行防御。

如果瑞士保持中立，那么我们在上莱茵区就能得到一个良好的依托点。如果瑞士遭到法国的进攻，那么具备很多有利的抵御条件的瑞士就可以运用自己的力量进行防御。有些愚不可及的人认为，在整个欧洲，瑞士是地势最高的国家，所以从地理意义上而言，它能够对战争产生决定性的影响。具有这种地利之便的某些地区在战争中的确有这种作用，但是事实上，瑞士根本不具备这样的条件。因为在本国心脏面临威胁的情况下，法国不可能从瑞士向意大利或者施瓦本发动猛攻，所以，瑞士的地理条件根本不会成为具有决定性意义的条件。

在战略范围内，制高点所能带来的利益主要是在防御活动中才具有举足轻重的意义，而对于进攻来说，制高点所能带来的微弱利益只能在某一次攻击中表现出来。如果谁否认这一点，那么他就是没有对这个问题进行深入思考。如果在政界要员和统帅主持的会议上，有一个食古不化的参谋说出这番自以为是的聪明话，那么我们就会认为这是无稽之谈。在这样的会议上，我们希望那些作战经验丰富的军人和通情达理的人能够堵上这样的人的嘴。

波士顿大屠杀

美国早期只是英国的殖民地，由于沉重的经济剥削，双方积怨已久。1770年3月5日，一群波士顿居民向英军士兵投掷包着石块的雪球，英军开枪还击，双方的冲突越来越尖锐，最终酿成了历史上著名的波士顿大屠杀。

第三，这两路进攻军队之间的地区，我们无须加以考虑。

六十万摩拳擦掌的军队在离巴黎三四十普里的地方准备猛攻法国的心脏，在这种形势下，我们还需要考虑通过掩护中莱茵区来掩护柏林、德累斯顿、维也纳和慕尼黑的问题吗？显然，进行这种考虑是违背常识的。

那么，是否需要掩护交通线呢？实际上这也不是一个非常重要的问题。然而，如果仅仅进行逻辑上的推论，认为为了掩护交通线而动用的兵力应该与发动进攻的兵力相同，而且掩护交通线具有与进攻相同的重要性，那么这就会陷入老生常谈的误区。按照这种逻辑，我们就不能只是根据地理位置的实际需要兵分两路，而是会兵分三路、五路，甚至是七路。

按照我们的计划，两路进攻者都有自己的目标，而且他们的兵力很有可能远远超过敌军的兵力，如果这两路进攻都有雷霆万钧之力，那么他们就会互相产生有利的影响。如果敌军采取集中优势兵力各个击破的方式，致使我军两路兵力中的其中一路作战失利，那么完全有理由期望能够通过另外一路军队的胜利来弥补前者的损失。我们认为,这才是这两路兵力之间应有的联系。

由于这两路兵力之间的距离比较远,没有必要也不可能在具体而微的细节上寻求步调一致,所以,让他们时时处处保持直接联系并没有太大的价值。此外,心脏地区受到威胁的法国也不太可能动用很大的兵力来切断这种联系。如果说有什么问题是值得我们担心的,那就是这两路军队之间应有的联系可能会被得到别动队支持的法国民众切断,对于法军而言,他们无须消耗正规部队就可以达到这个目的。为了避免这种危险,我们需要做的,是从特里尔向兰斯所在的方向派遣一个以骑兵为主力的兵力在一万人到一万五千人之间的军。这样一个军不但能够击败法军的别动队,还能与主力齐头并进,而且这个军不必包围或者监视敌军的要塞,也不需要占领任何固定的基地。如果遇到要塞,它只需要绕道而行;如果遇到兵力占据优势的敌军,它只需要加以回避即可。按照这种方式,这个军一般并不会遭到重大损失,即使遭到重大损失,这也不会对整体产生太大的影响。当然,在此形势下,这样的一个军也极有可能成为联系两路军队的中间环节。

第四,两个次要行动——留驻意大利的奥军的行动以及英国登陆部队的行动——能够用最好的方式实现自己的目的,但是,如果他们态度消极而无所事事则另当别论,也就是说,无论如何,肩负重要的进攻任务的两路军队都绝对不能对这两个次要行动有所依赖。

我们坚信,在此形势下,如果法国依然狂妄自大,意图像过去的一百五十年那样在整个欧洲颐指气使,那么我们就能够用这种方式击败法国。只有兵临巴黎附近的卢瓦尔河,我们才能从法

波士顿倾茶事件

　　1773年12月,一些美国居民化装成印第安人将停泊在波士顿港口的英国货轮上运载的茶叶抛入大海,以此表示对英国的抗议,英国迅速做出反应,双方的矛盾更为激化。

国人那里得到维护欧洲和平的保障。只有采取这种方式，七千五百万人与三千万人之间的自然对比关系才能迅速表现出来，过去一百五十年里屡次出现的那种现象才能被杜绝——在过去的一百五十年里，从敦刻尔克到热那亚，虽然各国军队对法国形成了包围态势，但是他们各怀异志，都有自己的图谋，而且在这些图谋中，没有一个能够克服那种普遍存在的，特别是在联军中曾经不断出现的怠惰情绪和外来的阻力。

从我们的战争计划中，读者很容易就能看到，目前德意志联邦的军队部署与我们在这里所要求的部署有多大的不同。在目前的德意志联邦中，各个邦国顾盼自雄，而普鲁士和奥地利却没有发挥中流砥柱的作用，如果一个联邦在战争中没有一个坚强的核心，那么就无法设想会出现责任心、统一、不负众望的统帅、威信等。

在德意志帝国中，普鲁士和奥地利是两个最为自然的中心，它们是帝国的支柱，是刀剑的锋刃，是久经战火锤炼的君主国。它们有各自的利益所指，都有独立的军队，也是其他各邦国的盟主。建立一个组织时，我们应该以这些自然的特点为依据，而不应该把哗众取宠的统一的主张作为依据。在目前的情况下，实现统一是不可能的，谁要是追求不可能实现的事情而放弃可能实现的事情，那么他就是愚不可及的。

大陆会议签署《美国独立宣言》

　　1774年9月，英属北美殖民地的12个地区（佐治亚州未参加）派出56名代表在费城召开大陆会议，决定彻底改变与宗主国的关系，并且开始在部分地区组建民众武装，美国独立运动由此开始。

附　　　　　录

重要的作战原则：给王太子殿下的授课材料[1]

这些原则是我长期思考和不断研究战史的结果，然而由于编写时间仓促，所以它们在形式上是禁受不住严格批判的。此外，我所撷取的这些简短而扼要的问题只是大量问题中的重要问题，所以，它们并不能使王太子殿下得到全面的教益，而我的目的也只是为王太子殿下提供他山之石，希望借此能够促使殿下独力思考，并为殿下进行思考提供一条线索。

（一）作战的一般原则

1. 研究战争理论的目的，主要是为了能够知道如何在具有决定性意义的地点得到物质力量方面和其他有利条件方面的优势。如果做不到这一点，那么理论也应该使人知道如何估计精神因素的作用，比如敌人可能犯下的错误，一次大胆的行动可能造成的影响，或者自己的军队士气低落等。

我们可以肯定地说，这一切都包含在军事艺术及其理论的研究范围之内，因为军事艺术及其理论无非是对战争中可能遇到的各种情况所作的一种合理思考。在战争中，我们必须针对最坏的可能做准备，因为这样才能产生把理智作为依据的勇气，而且这种决心不是那些人云亦云且自作聪明的人所能改变的。

谁要是对此提出异议，那么他就是一个书呆子，他的见解对王太子殿下也是有害的。殿下将来在关键时刻或者在会战中，将会清楚地意识到，在最需要当机立断的时刻，在枯燥的数字使人手足无措的时刻，只有我们的见解才是有效的。

2. 在战争中，人们总是力图通过利用物质优势或者精神优势，来增加克敌制胜的筹码。但是，人们并不是在任何情况下都能够做到胜算在握，此时，如果没有更好的办法，那么我们就只能铤而走险。在面临着许多不利的情况下，恰恰是最需要理智的时候，如果在应该奋起一搏时反而迟疑不决，那么理智就会丧失用武之地。所以，即使没有必胜的把握，也不能认为采取行动是不可能的或者是不理智的。如果没有更好的办法，而且兵力很少，那么尽力将一切做到最好就是最理智的。

在战争中，最先受到考验的是沉着和坚定，所以在面临诸多不利的情况下，这两种素质也很难长久保持。然而，如果没有它们，即使是最为卓越的才智也难以有所作为。所以，为了在困难丛生

---

① 由于原文中有些内容已与时代脱节，所以作了一些相应的删减。——译者注

的情况下保持沉毅，就必须有视死如归的思想，并且需要不断砥砺这种思想，使其成为一种习惯。一个人如果没有这种视死如归的精神，那么即使是在摧枯拉朽的战争中，他也难以有所作为，遑论是在举步维艰的战争中。

在最初几次西里西亚战争中，驱使腓特烈大帝采取行动的肯定是这种精神。在12月15日，他之所以在勒登地区向奥军发动进攻，并不是因为他预计到能用斜形战队击败敌军，而是因为他有这种慷慨赴死的气魄。

3.当选择什么样的军事行动和军事措施取决于殿下的时候，殿下往往可以在大胆和谨慎之间做出选择。有些人认为，理论总是劝人三思而后行，但是这种说法是错误的。如果说理论能给人提出什么忠告，那么按照战争的性质来说，它应该是劝人当机立断，敢于攻坚犯难。当然，理论也容许统帅根据自身的特质权衡利弊，所以，请殿下根据自身的精神特点进行选择吧。但是，殿下务必记住：没有胆量的统帅绝对不会成为伟大的统帅。

北桥战斗

1775年4月，英军获知美国人在康克德设有火药库，于是调动800名英军奔袭康克德，当地民众得知消息之后，迅速派遣民兵进行防卫。当英军抵达莱克星敦时，突然与敌军遭遇，经过短暂的战斗，英军击败敌军，顺利抵达康克德，但是一部分英军在北桥附近因为战术失误而被美国的民兵击败。

（二）战术或战斗学

战争由许多单个战斗组成,虽然单个战斗的组合方式对战争结果有比较大的决定性的影响,但是战斗本身始终比组合方式重要,因为只有胜利的战斗的组合才能产生比较好的结果。在战争中,最主要的东西永远是在战斗中战胜敌人,所以殿下应该将注意力都集中到这一点上。我认为下列原则是最重要的。

一般原则：防御的一般原则

1. 在防御活动中,防御者应该尽量长时间地掩藏自己的踪迹,因为除了发动进攻的时刻之外,处于防御状态的防御者随时都有可能遭到敌军的进攻,所以,他们应该尽量隐蔽地配置军队。

2. 不要同时将所有的军队投入战斗,因为这样做的话,所有的作战智慧都会丧失用武之地。也就是说,只有厚积而薄发、通过合理使用后续投入的兵力才能扭转战争态势。

3. 防御者很少需要——甚至是不需要考虑——正面的宽度,因为正面本身是无关紧要的,而且配置的纵深都受正面宽度的限制。配置在后方的军队是可以控制的,可以将他们投入正在作战的地点,用来恢复均势,也可以将他们运用到邻近地点。这一点是从上述第二点中推导出来的结论。

4. 敌人攻击我军正面中的某一个部分时,通常会发动迂回或者包围,而配置在我军后方的军队恰恰能够对付敌军的这种行动,并且能够弥补地形条件方面的缺陷。然而,如果将这部分军队也配置在前方战线上,用来扩大正面的宽度,那么他们就难以顺利完成任务,因为在此形势下,敌人很容易对他们发动迂回攻击。

5. 如果后方有大量的军队,那么就需要将一部分军队配置在正后方,其余的军队则应该被配置在侧后方。当敌军发动迂回时,被配置在侧后方的军队就可以攻击敌军各个纵队的侧翼。

6. 绝对不能采取完全消极的防御,而是需要攻击敌军的正面和侧面,即使是在敌军正在向我们发动攻击时也应该这样做。在一定的战线上进行防御,目的仅仅是为了牵制敌军的一部分兵力,然后利用被配置在后方的其他军队转入进攻。正如殿下有一次曾经说过的那样:筑垒工事的作用,并不是为了使防御者能够躲在工事后方更加安全地进行防御,而是为了便于防御者更加有把握地攻击敌军。对于所有的消极防御来说,这一点都是适用的。也就是说,消极防御只是一种手段,它能够使我们在已经配置军队且已做好战斗准备的地方发动有力的进攻。

7. 这种夹杂在防御中的进攻,既可以在敌军向我军发动攻击时进行,也可以在敌军向我军逼近时进行。当敌军发动进攻时,我们还可以退避三舍,诱使敌军进入完全陌生的地区,然后发动围攻。在此形势下,纵深配置方式①是非常适用的,所以这种配置方式具有极其重要的意义。

8. 如果有两个师,那么与其将它们并列配置,不如前后配置;如果有三个师,那么至少要将一个师配置在后方;如果有四个师,一般而言,应该在后方配置两个师;如果有五个师,那么至少应该在后方配置两个师,甚至是三个师。

莱克星敦和康克德战役

图为拉开美国独立战争序幕的标志性战斗——莱克星敦之战,图中的英军正在列阵射击。

9. 在进行消极防御的地点,我们必须利用工事,但是只能利用那些独立而坚固的工事。

10. 在制订战斗计划时,我们必须确定一个大的目标,比如歼灭敌军的一个大纵队。如果我们追求小目标而敌军追求大目标,那么我们就会陷入不利局面,就像在赌博活动中应该用银币来压倒铜钱一样。

11. 如果防御者设定了一个大目标,那么为了实现这个目标,他们就应该全力以赴。如果进攻者在追求既定目的的过程中受挫,那么一般而言,他们就会力求在另外一个地点获得新的利益。比如当我军攻击他们的右翼时,他们就会将获得重大利益的希望寄托在左翼。如果我军在得到一半利益之后士气松懈,不愿再接再厉,而敌人越挫越勇,那么敌军就会完全达到目的,而我军得到的一半利益也会得而复失。殿下只需要仔细研究一下雷根斯堡战史和瓦格拉姆战史即可发现这

---

① 这里所说的纵深配置方式,指的是将总兵力的二分之一、三分之一或者更少的兵力配置在作战正面,而将其他兵力尽可能隐蔽地配置在正后方或者侧后方。——译者注

个道理是既正确又重要的。

　　在这两次战役中,拿破仑的作战方式是以右翼发动进攻,以左翼进行防御。虽然卡尔大公也采取了相同的举措,但是拿破仑在作战时是勇猛无畏的,而卡尔大公却犹豫不决,经常半途而废。所以,卡尔大公的军队即使能够获胜,得到的也只是蝇头小利,而拿破仑得到的却是具有决定性意义的利益。

莱克星敦与康克德战役

图中描绘的是英军进入康克德之后,在当地搜缴武器的情景,北桥之战发生在此后不久。

　　12. 将上述两条综合在一起,我们就能得出一个重要的结论:追求具有决定性意义的目标时应该全力以赴。在如今的军事艺术中,我们应该将这个结论视为所有能够克敌制胜的因素中最为重要的因素。

　　13. 如果全力以赴追求重要的目标但是铩羽而归,那么我军面临的风险就会增加。当然,我们可以降低目标,并且可以步步为营,但是这与战争的性质是相悖逆的。在战争中,为了追求巨大的利益必须冒暴虎冯河之险。如果我们在战争中冒着风险追求目标时,没有因为怠惰或者草率而放弃那些有力的手段,那么这种谨慎就是可取的,拿破仑就是这样做的,他在追求大的目标时从来没有小心谨慎到畏首畏尾的地步。殿下只需要回忆一下那些历史记载中为数不多的获胜的防御会战,就可以发现最为出色的防御会战的精神依据都是我们在这里提出来的原则,而我们所提出的这些原则也正是从战史中提炼出来的。

在明登，斐迪南公爵突然在敌人没有预料到的地方出现，并转入进攻，而他在特腾豪森却曾利用堡垒进行消极防御。

在罗斯巴赫，腓特烈大帝曾在出乎敌人意料的时间和地点发动了进攻。

在莱格尼察，奥军在白天曾查明腓特烈大帝在一个阵地上，但是到了晚上，奥军的另外一个阵地却遭到了腓特烈大帝的进攻。当时，腓特烈大帝用所有的兵力攻击敌军的一个纵队，并且在敌军的援军赶来之前就歼灭了这个纵队。

在霍亨林登，莫罗将军在正面配置了五个师，在正后方和侧后方配置了四个师，并且抢先发动迂回行动，攻击了敌军的右翼纵队。

在雷根斯堡，由达武元帅进行消极防御，拿破仑却以自己的右翼发动进攻，并彻底击溃了敌人的第五军和第六军。

在瓦格拉姆，奥军本来是防御者，但是由于后来他们利用绝大部分兵力发动猛攻，所以也可以将拿破仑视为防御者。面对敌军的进攻，拿破仑以右翼发动还击和迂回，击败了奥军的左翼，并且冒着多瑙河畔薄弱的左翼有可能被击败的风险，利用强大的预备队攻击奥军，所以，虽然奥军的右翼获得了胜利，但是这次胜利并没有对拿破仑在鲁斯巴赫河畔取得的胜利产生影响。此外，拿破仑还利用这支预备队夺回了阿德克拉。

我们提出的原则并不是在这些战例中都能得到充分体现，但是这些会战都是积极防御。

普鲁士军队优越的机动性能，是腓特烈大帝能够屡战屡胜的一个重要原因，但是在如今这个时代，我们已经无法对这种手段寄予太高的希望，因为其他国家的军队也具有这种机动性。另一个方面，在腓特烈大帝所处的时代，迂回行动并不是很普遍，所以纵深配置也不是十分必要的。

一般原则：进攻的一般原则

1. 在敌我双方兵力持平或者我军兵力较少的情况下，只有通过集中优势兵力攻击敌军阵地的某一个点，并对其余的敌军形成牵制，才能使我们在战斗中占据优势，并增大克敌制胜的可能性。如果兵力很少，那么我们只能用很少的兵力在其他地点牵制敌军，以便在具有决定性意义的地点集中比较多的兵力。在勒登会战中，兵力较弱的腓特烈大帝之所以能够击败敌军，是因为他将兵力配置到了一个不太大的地点，在这里，与敌军相比，他的兵力是非常集中的。

2. 利用主力攻击敌军的某一翼时，正确的方法是对它发动正面攻击或者侧面攻击，还可以集中所有的兵力进行迂回，从敌军背后发动攻击。只有完全切断敌军的退路，我们才能取得重大的成果。

3. 即使我军兵力庞大，也只能把敌军的某一个点作为打击目标，而且只有这样我们才能做到以众击寡。因为要完全包围一个军团，只有在少数情况下才是可能的，或者说，在我军拥有压倒性的物质优势和精神优势的前提下才是可能的。此外，我们也可以通过进攻敌军侧翼的某一点来切断敌军的退路，而且这样做也可以带来很大的成果。

4.在会战中,最为主要的事情是有把握地将敌军逐出战场,在制订会战计划时,我们必须以这一点为依据,因为利用马不停蹄的追击很容易将没有决定性意义的胜利变成具有决定性意义的胜利。

5.利用主力攻击敌军的侧翼时,应该力求发动向心攻击,使敌军意识到自己已经成为笼中困兽。即使敌军的兵力足以在各方面构成作战正面,他们也很容易因为陷入四面楚歌的境地而士气沦丧,遭到更大的损失,而我们则可以得到速战速决的希望。

6.向敌军发动向心攻击时,进攻者在正面配置的兵力应该多于防御者。如果有三支军队向敌军发动向心攻击,那么这三支军队当然应该并列配置。但是对于进攻者而言,在正面配置兵力时绝不能浪费兵力,以至于无法组建强大的预备队。如果敌军对此有所准备,那么我军的行动就有可能遭到失败。只有在后方组建预备队,已经构成纵深配置的前提下,我们的攻击行动才能具有持久性,而且,即使当我军的某一翼被击败时,我军的进攻行动也不会因为这一处的失败而被迫停止。

在瓦格拉姆战役期间,法军的兵力就是这样配置的。当时,在多瑙河河畔与奥军右翼对峙的法军左翼兵力很少,并且彻底被敌军击败了,而且法军配置在阿德克拉兵力有限的中央军队在会战的第一天就被奥军击败了。但是这一切都没有对法军产生致命的影响,因为拿破仑在右翼采取

莱克星敦与康克德战役与波士顿之围地图

莱克星敦与康克德战役之后,美国民众武装向波士顿进军,发动了波士顿之围。战斗初期,双方其实并没有下定交战决心,而是希望以政治手段化解冲突,但是随着局势的发展,政治手段逐渐失去效力,进行真正的战斗逐渐变得不可避免。

莱克星敦与康克德战役

图中描绘的是英军与美国民兵的正面战斗，从图中可以看出，英国在武器和兵力方面显然占据着优势，画家这样做是为了政治宣传的需要，以此来表明美国民众的不屈不挠的战斗精神。事实上，在莱克星敦与康克德战役中，英军并没有携带火炮，更没有投入全部兵力作战，而美国民兵也没有发动坚决的正面还击，而主要进行的是机动性的袭扰。

了纵深配置，所以他可以用一个强大的骑兵纵队和一个强大的骑炮兵纵队向驻扎在阿德克拉的奥军推进，虽然这样做并不能击退奥军，但是它能够遏制住奥军的攻势。

7. 进攻与防御相同，在进攻中，我们也必须把敌军的某个重要部分作为打击目标，因为只有这样做才能使我们得到具有决定性意义的利益。

8. 进攻与防御相同，在进攻中，在所有的力量已经被耗尽或者在没有达到目标之前，我们绝对不能有所懈怠。如果防御者采取的是积极防御的形式，在其他地点向我们发动进攻，那么，为了得到胜利，我们只能在毅力和胆量方面胜过敌军。当然，如果防御者采取的是消极防御的形式，我们就不会面临很大的危险。

9. 平行攻击与我们所处的这个时代已经格格不入，所以进攻者应该避免构筑必然会导致平行进攻的绵长战线。

在如今这个时代，虽然听命于高层的各个师都是协同作战，但是他们都有自己的进攻方式，而且每个师在作战时已经不再是编成一线，而是编成两线、三线甚至是四线，所以如今也不太可能再出现绵长的战线。

10. 在各个师或军相距较远，甚至是在被敌军分割的情况下，仍然力图在某一个点对他们形成统一指挥，希望能够使他们保持联系并保持步调一致的做法是没有必要的，而且这种指挥方式也是错误而拙劣的。因为在采取这种作战方式时，由于会受到无数的偶然性因素的影响，我们非但不能取得重大成果，甚至有可能被勇猛的敌军击败。正确的方法，则是给每个师或军的指挥官规定主要的行军方向、打击目标以及作战目的。如此一来，一旦发现敌军，他们就可以命令军队全力猛攻敌军，因为是听命于人，无须对结果负责，所以他们能够全力以赴，否则他们就会迟疑不决。

11. 一个组织得很好的独立的军，即使面对优势敌军的进攻，也能抵抗相当长的时间，而不会在仓促之间就被歼灭。退而言之，即使因为这个军与敌军遭遇的时间过早而被歼灭，对于整体而言，它进行的战斗也并非徒劳无益，因为它可以消耗敌军的一部分兵力，能够为我军的其他军队的进攻提供有利条件。

因此，组织各个军队协同作战的正确方法，应该是赋予他们一定的独立性，让他们主动寻找敌军，并不惜一切代价地进攻敌军。

12. 在进攻战中，出敌不意是最为重要的一个原则，越是能够做到出敌不意，克敌制胜的可能就越大。防御者可以利用隐秘的措施和隐蔽地配置军队的方式做到出敌不意，但是进攻者只有通过迅捷的行进才能做到这一点。但是在如今的战争中，要做到这一点更是难上加难，一方面是因为人们建立了更为有效的警戒措施，另一方面是因为作战进程越来越快，很难出现那种使一方完全丧失警惕而给另一方造成突袭机会的间歇。

在此形势下，进攻者除了可以利用夜袭的形式发动真正的突袭外，还可以向敌军的侧面或者后方发动迂回，然后再迅速向敌军靠近。

如果敌我之间的距离很远，那么我们也可以通过倍道兼行的方式奔袭敌军。

严格来说，真正的突袭是用一支小规模的兵力采取行动。然而，一般而言，由于进攻者不像防

邦克山战役

　　邦克山战役发生于1775年6月的查尔斯镇北部山地,是波士顿之围期间发生的一场军事冲突。莱克星敦和康克德战役之后,英军全部撤回波士顿,致使查尔斯镇地峡变成了守备空虚之地。同年6月,英军发现美军有占据查尔斯镇的迹象,于是派兵发动攻击,虽然美军准备不足,但是由于英军骄傲轻敌,所以战斗的结果是美军获胜,战事也因此转入第二阶段,即波士顿之围。

御者那样熟悉防御者所在地区的地形,所以在发动突袭时,进攻者会受到偶然性因素的影响,尤其是在对地形和敌军的兵力部署情况都不熟悉的情况下,进攻者遇到的偶然情况就越多。所以,在许多情况下,我们只能将这种攻击视为垂死挣扎时所用的手段。

　　13.与在白天进行的活动相比,发动夜袭时,一切行动必须更为简单而集中。

一般原则:使用军队的原则

　　1.骑兵应该配置在步兵后方;战斗初期尽量不要投入骑兵,只有当敌军已经溃不成军或者仓促撤退时,有可能获胜的我们才能大胆地出动骑兵猛攻敌军。

　　2.炮兵的火力比步兵猛烈,但是炮兵的缺点是行动不便,无法像步兵那样在任何地点都可以被投入使用。所以,在一开始我们就必须将炮兵集中配置在最为重要的地点。

　　3.根据上述,我们可以提取出关于如何使用各个兵种的一些原则。

　　首先,在战斗初期使用炮兵,而且是使用大多数炮兵,轰击敌军的阵地。

波士顿之围

图为波士顿之围期间英军作战的情景，表现的是英军坚贞不屈的精神，显然是英国画师的手笔。

其次，投入少量的轻步兵以试探敌军的虚实以及战斗的发展趋势。如果能够以这一部分兵力构成的火力线与敌军保持均势，而且情况也不是很紧迫，那么我们就更不应该投入其余的兵力，而是应该尽量用这部分兵力疲敌。

再次，如果敌军投入的兵力占据压倒性的优势，致使我军的火力线必须后撤，那么我们就应该投入所有的步兵，并依据具体情况对敌军发动还击。

再其次，如果我军有纵深配置，也就是说还有一个纵队的步兵作为预备队，那么我们就可以掌控这场战斗。当然，步兵预备队应该在决胜时刻再投入使用。

最后，骑兵应该尽量被部署在战场之外的安全地带，也就是说，应该将骑兵部署在敌军的火力射程之外，但是必须保证骑兵能够随时投入战斗，以便能够迅速利用战斗中的每一个成果。

4. 只要人们或多或少地遵循上述原则，那么我们就会发现有一个原则是极为重要的：不能因为心存侥幸而一次性投入所有的兵力。

如果一次性将所有的兵力都投入战斗，那么在战斗后期，我们就会失去控制战势的手段。换言之，我们应该在战斗开始时尽量少投入兵力以疲敌，而将大部分兵力留到决胜时刻，而且，一旦这部分兵力投入使用，我们就应该利用它发动狂风骤雨式的猛攻。

5. 制定一种能够适用于整个战局或者整个战争的战斗队形（军队在战斗前或者战斗中的配置方式）是十分有必要的，因为在时间仓促来不及进行部署时，可以用这种战斗队形应急，所以，这种战斗队形主要适合于防御。应用这种战斗队形能够使作战方法形成一定的模式，这是有必要的，而且也是有效的，因为在某些情况下，有些高级将领和指挥官缺乏专门的战术知识，而且在指挥作战方面也没有什么特别的天赋。在此基础上，就会产生一种方法主义，在缺乏艺术的地方，它可以填补艺术的空缺。据我所知，在法国军队中，这种方法主义已经发展到了很高的程度。

6. 军团应该由若干个有自己的指挥官和司令部的独立的军组成，在战争中，这些军也应该像一般性的作战原则所规定的那样并列配置或者前后配置。在此必须指出一点，如果骑兵不是很少，那么就应该专门组建一个骑兵预备队，当然，这个预备队应该被配置在后方，它的任务分别如下。

首先，当敌军开始从战场上撤退时发动猛烈攻击，并且攻击掩护敌军撤退的骑兵。如果我们能够在此时击败敌军的骑兵，并且敌军的步兵又没有力挽狂澜的力量，那么我们就必然会得到巨大的战果，而在这种情况下，一小队骑兵显然是不可能达到这个目标的。

其次，即使敌军是在没有战败的情况下撤退，或者是在会战失败后（经过休整）的第二天才开始撤退，我军也应该发动迅猛追击。由于骑兵的行军速度比较快，所以能够使急于撤退的敌军产生惊魂不定的感觉，事实上在战争中，发动追击是仅次于击败敌军的事情。

最后，如果想对敌军发动规模较大且路途较远的迂回攻击而需要动用行军速度较快的兵种，那么我们就应该将这个任务交给骑兵预备队。为了使骑兵预备队在一定程度上具有更大的独立性，应该给它配备大量的骑炮兵，因为只有几个兵种的联合才能产生较大的力量。

7. 军队的战斗队形与战斗有关，或者说，战斗队形就是为战斗而采取的配置。

一般原则：利用地形的原则

1. 在战争中，地形能够提供两种利益：第一种利益是妨碍敌军通行，或者是迫使敌军望而却步，或者是迫使敌军降低行军速度，只能以纵队队形行进；第二种利益是隐蔽我军配置。虽然这两种利益都很重要，但是我认为后者比前者更为重要，而且我们还可以肯定一点，那就是人们经常能够享受到第二种利益，因为即使在最为简单的地形上，在大多数情况下，人们也可以或多或少地进行隐蔽配置。

在历史上，人们有一段时间只知道利用第一种利益，而不知道利用第二种利益。而如今，由于各国军队的机动性已经大为提高，人们反而很少会利用第一种利益，正是因为如此，第二种利益的重要性才得以凸显。一般而言，在防御活动中才能用到第一种利益，但是第二种利益在防御活动和进攻活动中都能用到。

邦克山战役

2. 作为妨碍通行的障碍，地形的作用主要表现在两个方面：作为侧翼的一种依托；作为加强正面的一种手段。

3. 如果想使地形成为侧翼的依托，那么它必须具备一个条件——完全无法通行，例如大河、湖泊、难以通行的沼泽地等。然而，由于这样的地形极为少见，所以绝对安全的侧翼依托点也是极为罕见的，尤其是在如今这个时代，这种地形更是少见。因为在如今这个时代，军队的活动频率和活

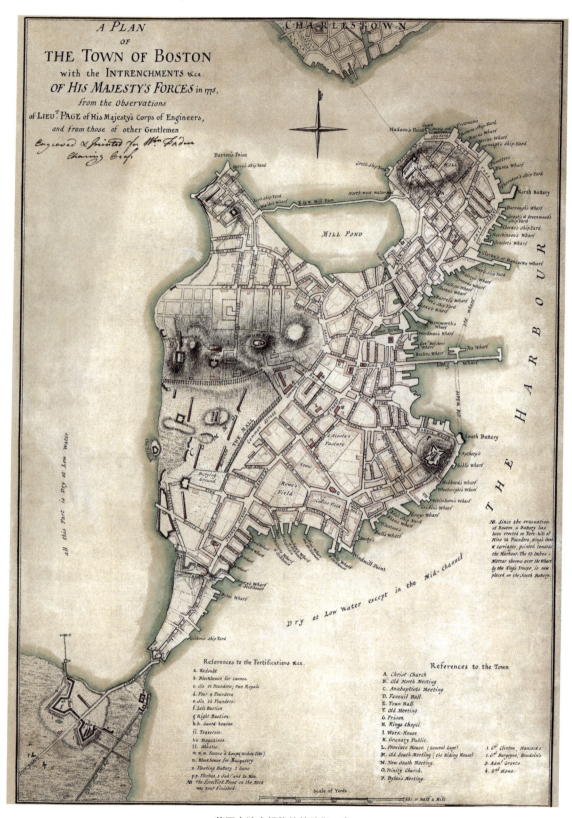

英军在波士顿修筑的防御工事

动范围都有所提升,已经不再像从前那样长期驻留在某个阵地上,而是必须要在战区中使用更多的阵地。

如果地形只是通行的障碍但是无法完全阻止敌军通行,那么这样的地形实际上就不是侧翼的依托,而只是一种加强性的手段。在此形势下,我们只能将军队配置在这种地形的后方,但是对于这些军队来说,这种地形有时候也会成为妨碍他们通行的障碍。

利用这种地形障碍来保障侧翼安全的时候,固然可以节省驻守在该处的兵力,但是此时我们也得注意两个问题:对保障侧翼安全的地形障碍寄予过高的期望,而没有组建强大的预备队;将侧翼的安全完全寄托在事实上并不能提供安全保障的地形障碍上,所以难以避免侧翼遭到攻击的可能性,一旦侧翼进入战斗,那么就会导致极为不利的防御,而且由于地形障碍,防御者也很难做到从一翼发动攻击而转入积极防御。如此一来,人们就不得不利用所有防御形式中最为不利的形式,也就是说,将两翼向后延伸进行防御。

4. 侧翼依托点越是无法成为绝对的安全屏障,就越是需要在后方配置军队,以便向意图对我军发动迂回攻击的敌军进行还击。

5. 只有林木茂密且地势湿洼的地带才能成为在上面所说的侧翼依托点,至于普通的森林则和平原一样易于通过。但是,森林有利于敌军进行隐蔽这一点却是不可忽视的,当然,我军也可以以彼之道还施彼身,同样在森林中隐蔽地配置兵力,使敌军也面临同样的不利。

将军队配置在森林的后方或者侧面是很危险的,所以这样配置兵力是一个重大的错误,只有森林难以通行时才可以这样做。虽然人们有时候为了阻止敌军通行会设置鹿砦,但是由于鹿砦很容易被清除掉,所以这样做其实并没有太大的作用。

6. (在地形有利的条件下,)人们将力图使其中一翼利用这种地形障碍,以使用较少的兵力进行较为有力的抵抗,而在另外一翼发动进攻。如果有堡垒的话,那么将堡垒与这种地形障碍结合起来使用是很适宜的,因为即使敌人通过地形障碍,我们也可以利用堡垒保证兵力有限的部队不至于遭到敌军优势兵力的进攻,或者被敌军击退。

7. 在防御活动中,正面的每个妨碍通行的障碍都有很大的价值,人们在战争中之所以占领山岭,在山岭上配置军队,就是出于这种考虑。当我军配置在高处时,如果敌军要向我军接近,就必须耗费极大的体力,所以他们只能缓慢地前进,他们的队形也会陷入混乱,当他们来到我军面前时就已经精疲力尽。即使他们此时依然勇气不减,而且兵力与我军相等,这些情况也能发挥决定性的作用。

然而,敌军发动猛烈冲锋时所产生的精神影响是不容忽视的。将生死置之度外的士兵发动冲锋时往往无视危险,而在高处防守的士兵却会军心动摇,因此,将第一线步兵和炮兵部署在山岭上始终是非常有利的。

如果山坡很陡或者起伏不平,致使进攻者无法对山头的守军发动有效的火力射击,那么人们就没有必要将第一线兵力配置在山头上,最多只需要在山头布置狙击手即可,而整个配置所应该达到的目的则是,当敌军在山头重新集结在一起时,能够使他们遭到我军最为有力的攻击。

　　所有其他妨碍通行的障碍，如小河、小溪、沟壕等，都可以作为扰乱敌军正面的一种手段。作战队形被打乱的敌人在经过这些障碍之后必须重新整顿队伍，他们的行动也必然因此而有所延缓。所以，应该用最为有效的火力控制这些地形障碍。

　　8. 正如上述所言，对于我军正面那些能够妨碍敌军通行的地形障碍，应该用最为有效的火力加以控制，但是我们绝不能将整个抵抗活动的希望都寄托在这种火力上，也就是说，必须经常性地将相当大的一部分兵力配置在后方，呈纵队形式，以便随时发动冲锋。

　　9. 另一种利用正面障碍妨碍敌军通行的方式，是将军队配置在这些障碍后方稍远的地方，使这些障碍正好处于炮兵的有效火力的控制之下。当敌军的各个纵队企图向前推进时，立刻向敌军发动猛攻，比如斐迪南公爵在明登就曾经采用过类似的方法。如此一来，这些地形障碍就有助于实现积极防御，而在具备地形障碍的前提下，积极防御就可以在正面进行。

　　10. 在以上论述中，我们主要是将地形障碍视为能够构成较大阵地的绵长战线，接下来，我们还有必要对孤立的地点作一些说明。

　　一般而言，孤立的地点只能利用堡垒或者有利的地形障碍进行防御。在此，我们暂且不谈堡垒，至于能够孤立扼守的地形障碍一般分为如下几种。

　　首先是孤立的陡峭高地。

　　在这种地带作战的时候，对于防御者而言，堡垒是不可或缺的，因为敌军总是可以在相当宽的正面上发动进攻，而且由于防御者不一定总是能够在各个方向构筑防御正面，所以他们时常有遭

图中表现的是英国推行的《不容忍法案》对北美殖民地的迫害

到夹击的风险。

其次是隘路。

所谓隘路,指的是敌人只能从一个地点通过的狭窄道路,比如桥梁、堤道或者深涧等。

对于进攻者而言,有些隘路是绝对无法绕过的,比如大河上的桥梁。为了尽可能有效地封锁渡河点,防御者可以大胆地将所有的兵力都部署在这里。有些隘路虽然也能妨碍敌军通行,但是它是敌军可以绕过的,比如小河上的桥梁,对于这种地点,防御者有必要在此处部署三分之一或者二分之一的兵力,以便向敌军发动围攻。

最后是集镇、村庄和小城镇等。

如果军队骁勇善战,而且士气如虹,那么利用房屋进行巷战有时候也能以寡敌众。如果对单兵战斗力不是很有信心,那么除了正常的巷战部署之外,最好再调用狙击手占领房屋或者庭院,并且用火炮封锁入口,使绝大多数军队能够成密集纵队隐蔽地配置在这些村镇中或者后方,以便攻击突入的敌军。

11. 在大规模的战争中,有时候这些孤立的地点可以充当前哨,但是这样做往往意味着不打算进行绝对防御,而只是单纯地为了暂时拖住敌人,所以在大军团的作战计划中,这些孤立的地点有时候能够发挥重要的作用。反过来说,为了赢得实施既定防御措施所需要的时间,有时候必须在远方占领一个地点来缓敌,既然这个地点很远,那么它自然就是孤立的。

12. 关于孤立的地点,还有必要说明两点。

首先,必须在这些地点后方部署军队以便聚集从前方败退下来的残兵。其次,如果有人企图将这种(附带性的)防御纳入作战计划,那么即使地形障碍再有利,也不应该对此寄予过高的期望,相反,奉命驻守这种孤立地点的人必须有不成功就成仁的决心,而这种决心只能来自功名心和

美军要求英军投降

事业心,所以必须派遣有这种高贵精神的人去驻守这些孤立地点。

13.如果需要防御山顶,那么就不应该将兵力部署在山顶上,而是应该部署在山后。如果需要防御森林,那么就不应该将兵力部署在森林前方,而是应该部署在森林中或者后方。(只有在森林不妨碍我们观察敌军动向的前提下,才能将兵力部署在森林后方。)如果为了便于军队进行隐蔽配置,而需要保持纵队队形,那么村庄、小丛林或者高地就是可以利用的一种手段,而且军队在行军时应该选择比较复杂的地形。

在耕作区几乎没有能够被一览无余的地方,所以防御者只要善于利用地形障碍,就可以隐蔽自己的大部分军队。但是在这种地带,进攻者却很难做到这一点,因为他们只能沿着道路前进。

要想利用地形隐蔽军队,就必须制定与预定的目的和作战计划相一致的措施。此时必须遵循的原则是,可以容许小范围内的变动,但是整体战斗队形不能被完全打乱。

14.将以上关于地形的论述总结起来,那么对于防御者而言,就关于如何选择阵地这个问题,可以得出以下几点:一个侧翼或者两个侧翼应该有依托点;正面和侧翼有开阔的视野;正面有能够妨碍敌军通行的障碍;军队能进行隐蔽配置;后方的地形应该比较复杂,因为在作战失败的情况下,这种地形能够妨碍敌军发动追击,但是应该避免在后方太近的地方出现隘路,因为这样会妨碍我们自己的行动,甚至会引起混乱。

15.如果有的人固执地认为在战争中占领的每个阵地都应该具备这些有利条件,那么这就是食古不化的书呆子的见解。因为我们所占领的每个阵地并不是都很重要,也就是说,越是有可能遭到敌军攻击的阵地就越重要,只要在重要的阵地上,我们才会力求获得所有这些有利条件,而其

波士顿被围期间,华盛顿抵达前线接管美军。

他阵地上的有利条件则可以适当地减少。

16. 进攻者对于地形的考虑可以归纳为主要的两点：不要将攻击地点选择在行动过于困难的地形上；尽量在最不容易被敌军发现的地区行进。

17. 对于地形的论述，可以用一个原则作为总结：绝不能将所有的希望都寄托在有利地形上，或者说，绝不能因为有利地形的诱惑而陷入消极防御的泥潭。如果地形确实对我们有利，甚至有利到了迫使敌军望而却步的程度，那么敌军就会绕过它们，如此一来，即使再有利的地形也是形同虚设，而我们也会被迫在完全不同的情况下和完全不同的地方作战。退而言之，即使地形没有有利到能够迫使敌军望而却步的程度，或者说敌军打算在这种地形上发动攻击，这种地形能够带来的益处也无法抵消消极防御造成的害处。所以，所有的地形障碍只能被用于进行扼守地区的防御，以便利用少量兵力进行强有力的抵抗，为获得真正的胜利而在其他地点实施的进攻赢得时间。

对于防御而言，这个原则是极为重要的，应该被视为整个防御理论的基础。

（三）战略

所谓战略，就是为了达到战局和战争的目的而对各个战斗的组合。

如果人们懂得如何战斗以及如何获胜，那么需要说明的问题就不多了，因为将胜利的成果组合起来是比较容易的，只要有熟练的判断力即可做到这一点，而不像指挥战斗那样需要有专门的知识。从这个角度来说，我们可以将战略上为数不多的几个原则——主要是以国家和军队状况为基础的几个原则——简单扼要地归结为以下几点。

一般原则

1. 作战有三个主要目的：战胜并歼灭敌军，夺取敌军的无生力量以及物资补充来源地，争取舆论支持。

2. 为了达到第一个目的，就必须永远将主要进攻指向敌军主力，或者指向敌军中比较重要的部分，只要在先击败这部分敌军的基础上，才能谈得上追求其他两个目的。

3. 为了夺取敌军的无生力量，我们应该把这些力量的集中地作为进攻对象，比如首都、仓库、大要塞等。当然，在向这些目标进攻的过程中，我们必然会遇到敌军的主力或者敌军中重要的一部分。

4. 通过辉煌的胜利或者占领敌人的国都来赢得舆论支持。

5. 为了达到上述目的，我们必须始终遵循一个首要原则：尽最大的努力动员所有能够动员的力量，即使稍有松懈，也将无法达到目标。退而言之，即使获胜的把握很大，但是不全力以赴的话，也有可能功亏一篑。

为了达到目的而全力以赴绝不会产生不利的结果，即使国家的负担为此而加重，也不会产生

波士顿之围结束之后，英军投降。

不利结果，因为这种负担在我们获胜之后很快就能被消除。此外，全力以赴而产生的精神影响具有很大的价值，因为它是鼓舞民心最好的手段，能够使每个人都产生胜利的信心。

6. 第二个原则是，在即将发动主要进攻的地点上必须尽可能多地集中兵力，以便增加克敌制胜的把握，为了达到这个目的，我们甚至必须容忍一定的损失，宁可在其他地点遭到不利，但是这种不利局面能够通过主要地点的胜利得到弥补。

7. 第三个原则是当机立断，节省时间。如果推迟某个行动并不能使我们得到重大的利益，那么我们就应该迅速行动，我们的行动速度越快，备战不周的敌军就越有可能被打得措手不及，我们

为了攻克波士顿，美军向前线运送火炮。

则可因此而赢得舆论支持。出敌不意在战略上所起的作用比在战术上的作用重要得多，甚至可以说它是能够导致胜利的最为有效的因素，比如拿破仑、腓特烈大帝、古斯塔夫、汉尼拔、恺撒等人都是因为行动迅速而赢得了极大的声誉。

8. 第四个原则是以最大的毅力来扩大胜利成果，只有对被击败的敌人发动间不容缓的追击才能扩大胜利成果。

9. 第一个原则是另外三个原则的基础，在实践了第一个原则的基础上，我们才能放心大胆地去践行另外三个原则，而不必冒孤注一掷之险。因为第一个原则能够为不断在后方积蓄力量创造

有利条件,并且能够使我们利用新的力量扭转某些地区的不利局面。所谓优柔寡断与谨小慎微的差别也就表现在这里,或者说,并不是说小心翼翼地前进就是谨慎。

10.在如今这个时代,小国是无法进行对外扩张战争的,但是就进行防御而言,小国却拥有无穷无尽的力量。所以我坚信,谁能够为了扩充兵力而全力以赴,谁就能积累更多的作战手段;谁能够将自己的兵力集中在主要地点,并且在这样做了以后敢于坚决追求巨大的目的,谁就能更加符合战略方面的主要要求。如果在这样做了以后,能够使我们在战斗中处于比较有利的地位,那么,敌人越是怠惰,越是缺乏耐力,我们获胜的可能性就越大。

11.在贯彻这些原则时,虽然作战形式是无关紧要的,但是我还是想对其中最为重要的一点作一些说明。

在战术上,人们总是力求包围敌军,这一方面是因为向心攻击的力度强于平行攻击,另一方面则是因为只有这样做才能切断敌军的退路。

如果将如上对敌军和阵地所作的所有论述都运用到敌人的战场上,那么我们就可以看出,在大多数情况下,对敌人发动包围的各个军团或者纵队彼此之间的距离必须比较远,有时候甚至会出现无法同时参加同一场战争的可能,然而,处于被包围态势中的敌军却可以将他们各个击破,比如腓特烈大帝在1757年和1758年的战局中就这样做过。所以,向敌军发动向心攻击的一方,如果在兵力上没有占据压倒性的优势,那么在此形势下,他们就会丧失通过包围行动能够得到的所有利益,因此,从战略意义上来说,尤其是在双方兵力相等,甚至是在兵力更弱的情况下,被包围的一方有时候反而比发动包围的一方更为有利。

若米尼上校在这一点上的认识是正确的,但是标洛先生却用向壁虚构的真理论证了相反的观点,之所以犯下这种错误,是因为他认为通过破坏敌军的给养物资能够更快地产生效果,而且十分轻率地否定了会战必然会发生的效果。

通过战略迂回或者战略包围来切断敌军的退路当然是非常有效的,但是在必要时,通过战术迂回也能达到相同的目的。所以,只有在占据物质优势和精神优势,在主要地点有足够的兵力,并且不会因派兵发动迂回行动而受到影响时,进行战略迂回才是合适的。

尽管拿破仑经常占据物质优势和精神优势,但是他从来没有进行过战略迂回。

1757年,腓特烈大帝在进攻波西米亚时曾经发动过一次战略迂回——仅有的一次战略迂回,并且用这种方式迫使奥地利军队撤退到布拉格才发动第一次会战,然而,在没获得具有决定性意义的胜利之前就占领直到布拉格的波西米亚地区有什么意义呢? 后来,在科林会战之后,这些曾被他得到的地区得而复失,仅仅这件事就可以证明一点:只有会战才能决定一切。

在施韦林到来之前,奥地利军队显然有倾巢而出向驻扎在布拉格的腓特烈大帝发动攻击的可能。如果腓特烈大帝当时能率领全军经由萨克森地区挺进,那么这种危险就会被消弭在无形之中,如此一来,发生第一次会战的地点可能就会改在艾格尔河畔的布丁,而且这次会战也会具有与布拉格会战同样重要的意义。当时,普鲁士军队是在西里西亚和萨克森分开冬营的,这无疑就是此次进行向心进军的原因。然而我们必须强调一点:在大多数情况下,上述原因的作用比兵力配置形式本身所能带来的利益所发挥的作用更大，因为便于作战能够加快行军速度，在没有必要的情况下就不应该再去增加军队的阻力，因为军队本身的阻力就已经很大了。

12. 在主要地点尽可能多地集中兵力之后，人们自然而然地就会放弃发动战略包围的想法，转而采取适当的配置形式，所以，战略包围的价值是比较小的。

如果敌军费尽力气在贫困地区建立了许多储备给养物资的仓库，那么在敌军侧翼进行的战略活动就可以获得与大会战相似的成果。在此形势下，甚至可以不用调集主力攻击敌军主力，而是只需要攻击敌军的仓库即可。不过，发动这种行动必须具备两个条件：第一，敌军离仓库很远，（当仓库遭到攻击或者被占领时，）他们会被迫进行远距离的撤退；第二，在敌军主力的挺进方向上，我们可以利用天然障碍或者工事障碍，以少量兵力就能迟滞敌军的前进速度，使敌人无法通过占领我们的土地来抵消丧失仓库而遭到的损失。

13. 给养物资是作战的支柱，它对作战的影响主要表现为，给养条件会影响军队的集中程度，而且在选择战线时，它也会在一定程度上影响对战区的确定。

14. 只要作战地区的条件允许，就可以用就地征收的方式来解决军队的给养问题。

魁北克战役

莱克星敦和康克德战役之后，美军为了解除英军取道加拿大直击纽约的危险，发动了加拿大远征。1775年11月12日，美军指挥官蒙哥马利率军占领了蒙特利尔，同年12月，蒙哥马利由蒙特利尔出发进攻魁北克，然而战斗失利，蒙哥马利本人也在战斗中阵亡。但是，由于受到了美军的牵制，大量英军被胶滞在加拿大，这就为在南部作战的美军获得最终胜利创造了有利条件。

按照老式方法,为了解决给养问题,将军队集中在一个地点难免会面对种种不利。然而在如今的战争中,军队的战区比以往大得多,我们只需要将军队分为若干个独立的部队,然后就地征收给养,就可以避免按照老式方法解决给养问题时面临的难题。因为一支按照现代编制形式组建的独立军队,即使遇到兵力为自己两三倍的敌军也可以进行有效抵抗,直到援军到来。退而言之,即使这支军队被敌军击败,他们进行的抵抗也不是徒劳无益的,因为他们能够消耗敌军的一部分力量。所以,如今的各个师或军都是互相分开,然后或者并列或者前后进入战场,如果他们属于同一个军团,那么他们之间的距离只要能够保证参与同一场会战即可。按照这种情况来看,如今的军队即使没有仓库也能得到给养物资,至于军队本身的组织形式、司令部以及供给机关的设置更容易使给养问题得到解决。

15. 由于便利的给养有助于迅速行动,所以做决策时,如果没有比给养问题更为重要的问题,那么就应该把富庶的地区作为交战区。

比给养问题更为重要的问题,只能是寻找敌军主力所在的位置、敌军国都以及要塞的位置,至于其他问题——比如兵力配置形式——则是无关紧要的。

16. 虽然采用了这种新的给养方式,但是这并不意味着能够废除所有的仓库。即使当地极为富庶,作为一个明智的统帅,也应该在后方建立一些仓库,以便能够在个别地点集中兵力。这是一种于目标无损的谨慎。

防御

1. 从政治意义上来说,所谓防御就是为了维护本国独立而进行的战争。

从战略意义上来说,所谓防御就是为了抗击敌人而在有所准备的战区内与敌军作战的战局。无论在这个战区中进行的会战是进攻性质的还是防御性质的,防御战的含义都不会发生什么改变。

2. 战略防御主要是在敌军占据优势的前提下采取的。

作为战区中的主要设施,要塞和营垒能够为防御者提供很大的便利。当然,熟悉地形和拥有完整而正确的地图也是一种有利条件。对于规模比较小的军队,或者对于国力微弱、资源有限的军队来说,拥有这些有利条件当然比没有这些有利条件更能有效地抗击敌军。

此外,还有两个原因能够促使人们选择防御战。

第一,我们战区周围的给养条件对作战极为不利,在这种情况下,我们可以坚壁清野以避免这种不利,但敌军却不得不面对这种不利,比如1812年的俄军就曾经这样做过。

第二,敌军的作战能力更胜一筹。

在一个我们熟知的地区内作战时,如果准备比较充分,而且各方面条件也比较有利,那么作战就是比较容易的,我们也不会犯太多错误。因此,在自己的军队和将领的作战能力比较弱的情况下,人们往往会被迫选择防御战,将战术问题和战略问题结合起来,也就是说,在早有预备的阵地

名画《沃尔夫将军之死》，表现的是英国司令官沃尔夫在魁北克战役中的死难场面。

上进行会战，因为这样做可以少犯错误。

3．在进攻战中应该追求大目标，在防御战中也是如此。这个目标只能是歼灭敌军，舍此无他。达到这个目标的方法可以是发动会战，也可以是切断敌军的给养，迫使军心震荡的敌人撤退，并且使他们在撤退过程中遭到重大损失，比如威灵顿在1810年和1811年的战局中就这样做过。

从这个角度来说，防御战并非消极等待，守株待兔，只有从等待中能够得到具有决定性意义的利益时才能等待。在大规模战斗爆发之前那种犹如狂风骤雨将至之前的平静，对于防御者而言是极为危险的，因为在此期间，蓄势待发的进攻者正在扩军备战。

假如奥地利人在阿斯伯恩会战之前能够像拿破仑那样将兵力扩充到三倍，那么大战爆发之前的这段平静的时间对他们来说就是有利的，但是遗憾的是，他们选择了消极无为。当时，只有利用拿破仑面临的不利局势去斩获阿斯伯恩会战的果实才是明智的做法。

1777年的魁北克地图，图中描绘了魁北克的地势，以及魁北克战役的进程。

4．要塞的作用是牵制大量的敌军发动围攻，所以出现这种情况之后，必须尽快打击其余的敌军。由此可见，会战应该在要塞的后方进行，而不能在要塞的前方进行。当然，我们绝对不能像本尼格森那样在但泽被围攻期间坐视要塞失守。

5．虽然可以凭借难以架设桥梁的大江大河构筑天然防线，比如处于维也纳下方的多瑙河以及莱茵河下游,但是绝对不能为了完全杜绝敌军渡河而沿河平分兵力,而是应该监视江河,趁敌军渡河之后还来不及集结所有的兵力而且被限制在一个狭小地带的时候发动围攻,比如阿斯伯恩会战就是这样的例子。在瓦格拉姆会战中,奥军本来可以击败法军,但是他们动作迟缓,将许多地方拱手让人,致使法军顺利地发动了渡河行动。

6. 山地是可以用来构筑坚固防线的第二种地形障碍,利用这种地形构筑防线的方式有两种。

第一种方法是将防线设置在山地后方,只用轻装军队占领山地,也就是说,在此形势下,可以将山地视为敌军必须渡过的河流。当敌军的先头独立纵队从山隘口露头时,立刻动用所有的兵力攻击敌军的某个纵队。

第二种方法是将兵力配置在山地中。在这种情况下,我们应该用小规模的兵力防守山隘口,并且用大部分兵力作为预备队,这样做的目的是为了便于动用优势兵力攻击突入我军阵地的敌军纵队中的一个纵队。所以,我们不应该为了防止敌军纵队突入而将预备队分散,而是应该在一开始就决定预备队的用途——攻击突入我军阵地的敌军中兵力最为强大的纵队。如果能够歼灭敌军中兵力最强的纵队,那么敌军的其他纵队就会不战而退。

大多数山地的特点,是群山中或多或少有一些比较高的台地,台地四周的斜坡被许多陡峭的山谷分割得支离破碎,而且这些陡峭的山谷中不乏通道。所以,防御者在山中可以找到迅速向左右移动的地方,而进攻者的各路纵队却因为被陡峭且难以通行的山脊分隔开难以彼此呼应,也只有在这样的山地上才能进行有效防御。

如果山地中地形复杂,举步维艰,致使防御者的各路纵队也难以彼此呼应,那么用主力防守这种山地就是冒险之举。因为在这种形势下,极容易发生局势逆转的现象,也就是说,对于防御者有利的条件也可以为进攻者所用,进攻者能够动用优势兵力将防御者的军队各个击破,因为任何隘口、任何地点都不会坚固到进攻者动用优势兵力在一天之内都无法攻占的地步。

7. 针对山地战,就总体而言,在这种战斗中,一切都取决于军队和各级指挥官的应变能力,以及军队的武德。高性能的机动能力在这里并没有用武之地,但是武德和忠诚却是极为必要的,因为在这种战斗中,每个人都或多或少地需要独力行动,所以民众武装特别适合山地战,虽然他们没有武德,但是他们对自己从事的事业是忠诚的。

8. 关于战略防御,我们还想指出一点:由于防御强于进攻,所以战略防御只适用于夺取最初的重大成果。如果这个目的已经达到,但是还没有缔结和约,那么就只能通过进攻来夺取进一步的成果。如果其中一方的行动仅仅限于防御,那么他们就会陷入始终只能以自身的人力物力作战的不利境地。在这种情况下,任何一个国家都只能坚持一段时间,如果一个国家只是被动挨打而不还击,那么它必然会走向灭亡。在战争中,我们应该以防御开始,但是这样做是为了能够更有把握地以进攻结束战争。

进攻

1. 战略进攻是追求战争目的的捷径，因为它的直接目的是歼灭敌军，而战略防御则是间接地达到这个目的。所以，在战略的一般原则中已经包含了进攻的原则，但是还有两个问题需要作进一步说明。

2. 第一个问题是如何补充兵员和物资。

对于靠近补充来源地的防御者来说，解决这个问题是比较容易的。在大多数情况下，虽然进攻者是强大的国家，但是他们必须从比较远的地方征调军队和物资，所以在面临这个问题时往往会很棘手。为了得到兵员和物资，他们必须提前运来新兵和物资，所以在他们的作战线的各条大路上经常出现被送往前线的军队和物资，而且，为了加快运输速度，他们还必须建立兵站。

3. 即使在占据物质优势和精神优势的最为有利的情况下，进攻者也必须为可能出现的最坏的情况做好准备。所以，他们必须在作战线上建立一些能够收容败兵的据点，比如筑有营垒的要塞或者单纯的营垒。

当敌军对我们发动追击时，大江大河是能够迟滞敌军的最好的手段，因此，我们必须确保渡河地点的安全。

为了守护渡河点以及重要的城市和要塞，必须根据敌军的袭扰程度和土著民的忠诚度留下相应的军队。这些守备部队可以和援军组成新的军队，当前方军队获胜时，这些新的军队可以向前推进，当前方军队作战失利时，他们则可以在筑有工事的据点里掩护撤退。关于这一点，拿破仑向来极为慎重，很注重在军队的后方配置守备部队，所以他曾经多次发动过的那些冒险行动其实并没有表面上看起来那样凶险。

（四）上述原则在战争中的运用

军事艺术原则本身是极为简单的，只要有普通常识就能理解，虽然从战术上理解这些原则比从战略上理解它们需要更多的专业知识，但是这些知识的范围是有限的，而且与其他科学相比，这些知识也没有后者那种极为复杂而广泛的联系。所以在军事艺术领域不需要渊博高深的学问，甚至也不需要过人的才能。

如果说除了洞若观火的判断力之外还需要一种才能，那么我们可以肯定地说，这种才能就是诈术或者计谋。有些人对此持有异议，但是这只是对军事艺术的盲目崇拜，或者说是出于军事理论家的虚荣心。我们只需要公正地思考一下就会意识到这一点，而且经验也能够为我们的看法提供有力的支撑。

在法国大革命战争中，就有许多人证明自己无愧于伟大统帅之名，而且往往越是第一流的统帅越是没有受过多少军事教育。至于孔代、华伦斯泰、苏沃洛夫以及其他人是否受过军事教育，也是很值得怀疑的。

COMMON SENSE;

ADDRESSED TO THE

INHABITANTS

OF

AMERICA,

On the following interesting

SUBJECTS.

I. Of the Origin and Design of Government in general, with concise Remarks on the English Constitution.

II. Of Monarchy and Hereditary Succession.

III. Thoughts on the present State of American Affairs.

IV. Of the present Ability of America, with some miscellaneous Reflections.

Man knows no Master save creating HEAVEN,
Or those whom choice and common good ordain.
THOMSON.

PHILADELPHIA;
Printed, and Sold, by R. BELL, in Third-Street.
MDCCLXXVI.

《常识》

　　《常识》是美国人托马斯·潘恩于1776年出版的一本宣传北美殖民地独立的合法性的小册子，为美国独立战争做出了巨大的贡献。该书在出版的3个月之内的销量就达到了10万册，而且彻底改变了当时的美国保守派的态度，英国报纸对此评论道："凡是读过这本书的人都彻底改变了态度，哪怕1个小时之前他还是一个强烈反对独立的人。"

毫无疑问，指挥作战是十分困难的，但是困难之处并不在于理解真正的作战原则需要专业知识或者过人的天赋。事实上，凡是没有成见、对军事艺术不是一窍不通且头脑健全的人都能理解这些原则，纸上谈兵式地论述这些原则，或者制订一个完善的作战计划既非难事，也不是什么伟大的杰作。如果说运用这些原则有困难，那么困难就在于在实践中能否坚定不移地遵循这些既定原则。通过这一段论述，我想要达到的目的，就是能够使殿下注意到这个困难，而且能够帮助殿下对此形成一个明晰的概念——这是我想通过这篇文章所要达到的所有目的中最为重要的目的。

指挥战争就好像维持一台阻力巨大的复杂机器的运转，必须经过坚韧不拔的努力才能将纸上得来的计划付诸实践。也就是说，统帅在发挥自由意志和个人才能时，必然会时时处处遇到阻力，所以他们必然需要运用个人意志和才智去克服阻力，当然，有时候因为这种阻力，他们的有些很好的想法会无法实现。所以，面临那些用复杂的方式或许能获得较好成果的事情时，应该尽量用简便易行的方式。

将这些产生阻力的原因一一罗列出来或许是不可能的，在此，我们只能列举其中最为主要的一些原因。

1. 制订战争计划时，我们往往会以为对敌人有很深的了解，但是到临战时才发现并非如此。所以，在实施既定计划时，我们难免会犹豫不决，担心计划中的漏洞会造成很大的损失。处理事关全局的事情时，我们往往会成为胆怯心理的奴隶，而从胆怯到犹豫不决，再从犹豫不决到半途而废，事实上只有极小而且很不明显的一步。

2. 在战争中，我们很难确切得知敌军的兵力，通过各种渠道得到的消息也会夸大敌军的数量，而且那些天性胆怯的人也会经常夸大风险。因此，当统帅预测敌军的兵力时往往会因为这些影响而做出错误的估计，这也是导致人们犹豫不决的第一个根源。

这种影响有多大，是很难想象的，所以，从一开始就对此做相应的准备是很重要的。如果事先冷静考虑过一切，并且曾经公正地研究过最有可能出现的情况，那么我们就不应该立刻放弃既定的计划，而是应该对刚接到的情报进行对比分析，并派人搜集新情报。这样做的话，错误的情报很快就会被否定，正确的情报也能得到证实，在此基础上，我们就可以做出准确的判断，并且能够根据这种判断下定决心。

如果在此形势下，还是无法做出准确判断，那么我们就应该明白一点：在战争中，对风险畏如蛇蝎将会一事无成，战争的性质根本不容许人们将前方道路上的障碍一览无余，影影绰绰的战果虽然不能清楚地展现在眼前，但是它们往往是可以被我们得到的，只要各项措施都很适当，即使出现错误，也不会立刻使我们陷入灭顶之灾。

3. 我们很难对敌军时时处处的动向了若指掌，而且也很难时刻对自己的军队的状况一清二楚。由于我们自己的军队很少能够集中到随时都能够清楚地观察各部分的程度，所以，一旦我们稍有胆怯就会产生新的疑虑，并且会选择等待，这样做的结果必然是使整体的活动陷入停滞。

从这个意义上来说，我们必须相信一般性的举措能够达到预期的效果，尤其需要相信自己的下级将领。无论何时，我们都必须选择称职的人担任下级将领，至于其他条件则都是次要的。如

《独立宣言》

　　《常识》出版之后，美国人心大振，独立思想越来越成为一种社会共识，1776年7月2日，大陆会议宣布13个殖民地脱离英国独立，并于7月4日发布了《独立宣言》。

黑森佣兵

　　黑森佣兵是英国在18世纪雇用德意志籍士兵组建的佣兵组织，并且在美国独立战争期间为英国服务。美国独立战争期间，在战略防御阶段，美军曾将黑森佣兵作为重点攻击目标。

果我们采取了适当的措施,考虑了可能出现的不利情况,并且做了相应的准备,即使在战斗中遭遇到不利也不会导致失败,那么我们就应该不顾情况不明而继续勇敢地前进。

4.如果统帅打算在战争中全力以赴,那么下级将领甚至是整个军队都会认为自己将会遇到无法克服的困难,比如他们会认为路程太远,过于疲劳,缺乏给养物资等。如果我们受到这些怨言的摆布而俯首称臣,那么我们就无法做到全力以赴,而是只能选择消极无为。要想抵制这一切,就必须信赖自己的信念和见解。在横遭非议时,这种信赖看起来像是冥顽不化,但是在事实上,它却是被我们称为坚定性的那种心智的强有力的体现。

5.那些没有亲身经历过战争或者对战争不习惯的人,在预测战争中可能出现的结果时,往往会以为这种预测的结果是精确的,但是事实上并非如此。

有时一个纵队在行军时往往会莫名其妙地延误几个小时;有时会突然出现令人措手不及的障碍;有时想率领一支军队抵达某地,但是在距离目的地只有几个小时的时候,却不得不因为某些原因而停下来;有时我们设置的小防哨所起的作用远远低于我们的预期,而敌军的防哨所起的作用却远远超出了我们的想象;有时某个地区的人力物力并没有我们想象中的那么多。

如果不付出巨大的努力,那么这些阻力就无法消除,而统帅则只能通过接近于严苛的治军手段才能使军队全力以赴。也就是说,只有在统帅抱着不达目的誓不罢休的决心的前提下,他们才能比较有把握地消除那些不是很大的困难对作战所产生的影响,同时也能更加接近目标。

6.一支军队在实际中所处的情况,与在室内考察它的行动的人所设想的状况是绝对不同的。如果他对这支军队有好感,那么他就会高估这支军队的力量,比如统帅在制订作战计划的初期就会这样做,但是随着战事的发展,他却会惊讶地看到自己的兵力在逐日减少,骑兵和炮兵会变得不堪一击。当然,出现这种问题是很自然的。

在战局开始时,有些事或许在旁观者或者统帅看来易如反掌,但是在实际中,这些手到擒来的事情则往往会变得难如登天。在此形势下,如果统帅在强烈的荣誉心的驱使下仍然能够一往无前地追求自己的目的,那么他就有可能达到目标,相反,平庸的统帅则会将目前的困难视为放弃既定计划的理由。

马森纳在热那亚和葡萄牙的行动可以表明:在热那亚,他凭借坚毅的性格驱使部下做出了巨大的努力,因而获得了成功;在葡萄牙,即使局势不利,他也是坚持到了最后一刻才撤退——处在他那样的处境下,似乎别人只会比他撤退得更早。

在大多数情况下,敌军的情况也是如此,比如华伦斯泰和古斯塔夫在纽伦堡战役中的行动,以及拿破仑和本尼格森在艾劳会战之后的行动。

由于人们往往只能知己而不能知彼,所以,对于一般人来说,自己的情况会产生更大的影响,因为对于一般人来说,感性比理性更有说服力。

7.无论是通过仓库补给的方式获得给养,还是通过就地征收的方式获得给养,总会面临许多困难,所以它对作战措施有举足轻重的影响,或者说,给养物资的供应方式往往会与最为有效的作战行动相抵触,所以有时候在即将斩获辉煌战果的时候,我们会因为粮食问题而功亏一篑。因此,给养问题往往会使整个战争机器变得更为笨重，致使机器的运转速度远远赶不上计划。

一个能够使部下承受胼手胝足之劳的严格驭下的将领，一支久经战火考验而能不辞劳苦的军队，在战争中能够占据多大的优势啊！面临障碍时，他们能够拿出多大的决心去攻坚克难啊！即使同样是好的计划，但是将计划交给他们执行，将会出现多么好的结果啊！

8. 总体而言，我们应该时刻注意下面将要说到的这一点。

与事先经过深思熟虑而得到的看法相比，虽然在实际战争中得到的直观印象更为有力，但是直观印象只能表明事物的表面状态，而且我们都知道，这种表面状态与事物的本质总是相悖的。所以，人们往往会面临一种危险——轻视事先经过深思熟虑得到的看法，而受到直观印象的摆布。

这种直观印象往往会使人变得畏首畏尾，这是由于胆怯在人的天性中占据着一席之地，而胆怯的人看所有的问题时都是片面的。所以，对于这一点，我们务必时时保持警惕，并且应该对事先经过深思熟虑而得到的结论抱有坚定不移的信心，在面临那些可能动摇我们的信念的障碍时必须敢于克服它们。

从这个角度来说，战胜实际中的困难的关键在于能否树立坚定不移的信念，所以研究战史是很重要的，因为在研究战史的过程中，我们能够产生一种身临其境的感觉，而从理论中得出的原则正是为了帮助我们研究战史，使我们注意到战史中那些重要的东西。因此，殿下在研究战史时应

在美洲的黑森佣兵

该抱着这个目的去掌握或者验证这些原则,并且可以考察一下这些原则在哪些场合与战争进程是相符的,或者说在哪些场合与战争进程是相悖的,甚至是可以被推翻的。在缺乏亲身经历的情况下,也只有通过研究战史,我们才能对战争阻力形成一个比较明确的概念。

然而,我们不应该满足于某些主要结论,更不应该完全信赖历史学家的论断,而是应该尽量细致地进行研究。之所以这样做,是因为历史学家在记载历史的时候很少以追求真实为目的,一般而言,他们总是想美化本国军队,或者想使历史事件与虚构的规则达成一致,他们不是在编写历史,而是在编造历史。

进行细致的研究,并不需要皓首穷经,相反,深入而细致地了解几个战斗比浮光掠影地了解许多战斗更有益处,或者说,多读一些杂志上刊载的报道或者日记比读历史书更为有益。沙恩霍斯特将军在他的回忆录中对于1794年的梅嫩保卫战的记载,就是这种报道的最好的范例,尤其是其中对于出击和包围的叙述,更能够给殿下提供一个如何编写战史的标准。

在战争中,不到最后时刻就不应该轻言放弃,虽然正确的原则不可能像人们想象的那样能够永远有序地发挥作用,但是在有些人们已经对它们丧失信心的场合,它们却会爆发惊人的效力。除了梅嫩保卫战外,世界上再也没有一场战争能够使我确信这一点。

统帅必须在某种强烈感情的驱使下才能激发出巨大的潜力,这种感情可以是恺撒身上的功名心,可以是汉尼拔身上的仇恨感,也可以是腓特烈身上具有的那种宁愿选择光荣地走向失败的豪迈之情。

殿下,请敞开您的胸襟来容纳这种感情吧。在制订计划时您要敢于冒险,也要运筹帷幄;在实施计划时,您要态度坚决,也要坚韧不拔,还要树立宁愿光荣地走向失败的决心。只有这样,命运才会在年轻的您的头上加上光荣的桂冠,它是君主应得的装饰,它的光辉将使您的形象永远镌刻在后世子孙的心目中。

关于军队的有机区分

　　通过观察军队在实际中的编组形式,我们就会明白:以基本战术为依据而对军队的区分和编组所作的规定并不是十分严格的,而是有比较大的伸缩余地。无须劳神苦思我们即可确信一点:在基本战术的基础上所作的规定无法成为具有普适意义的标准。虽然有些人对这个问题有不同的看法,但是我们认为这些看法并不值得考虑。

　　以上所说的以基本战术为依据所作的规定,只是针对规模比较小的军队而言,或者说与基本战术有关的规模比较小的军队的情况就是以上所说。至于规模比较大的军队,情况就要复杂得多,仅仅以基本战术为依据很难说清这个问题,而高等战术则必须与战略协调一致才能解决问题,所以,接下来我们将研究这些兵力比较大的军队,即旅、师、军以及军团。

美军与黑森佣兵在长岛会战期间交火

1776年,大量黑森佣兵开赴北美,同年8月15日,他们在史泰登岛登陆,随后参加了长岛会战。

首先,我们来谈谈这个问题的根本所在。为什么要对军队进行编组呢? 答案显而易见,因为一个人的指挥能力是有限的,他只能指挥一定数量的人。比如指挥五万人时,即使再优秀的统帅也不可能兼顾到每一个人——将每一个人安排在适当的位置,并且给每一个人具体的任务。如果这是可能的,那么这当然是我们求之不得的。因为在无数的下级指挥官中,不仅没有一个人能够坚定不移地将命令贯彻到底,他们反而会或多或少地削弱命令原有的力量,致使命令的精准性受到影响。

此外,如果军队层级很多,那么一个命令就需要很长时间才能传达给领命者。由此可见,军队的层级区分必然会产生一个传达命令的阶梯,当然,这也是一种不可避免的缺点。

关于这个问题的根本,我们暂时就谈到这里,接下来我们将从战术和战略方面来研究这个问题。

作为一个或大或小的整体来与敌军进行对抗的完全独立的军队,必须有三个最为基本的部分:一部分为前锋,一部分为主力,一部分负责殿后以便应对意外情况。如果没有这三个部分,那么这就是不可想象的,这三部分的关系如下:

A

B

C

如果在区分兵力比较大的军队时需要考虑各部分的独立性,并且这种需要是经常性的,那么我们就必须使如上所说的固定区分与这种经常性的需要相适应。如此一来,对兵力比较大的军队的划分就绝对不能少于三部分。也就是说,只是将这支军队分成三部分并不能构成恰当的队形,因为将这支军队划分为兵力相当的三部分是任何一部分都不愿意的,所以,我们至少应该将主力分成两部分,也就是将整体划分为四部分,这四部分的关系如下:

A

B   C

D

尽管这种划分属于纵深配置,然而这仍然不是最为恰当的队形,因为按照这种配置方式,在战术上和战略上使用军队时仍然是线式的,所以还需要将主力划分为三部分,即中央兵力、左翼和右翼。我们可以说,将这支军队划分为五部分是最为恰当的,这五部分的关系如下:

A

B C D

E

在紧急情况下,这种配置形式已经容许主力将一部分甚至两部分派遣到左边或者右边。不过,至少在我看来,这种配置形式还有一个弱点,那就是预备队兵力比较弱,如果有看法与我相同的人,那么我们认为应该增强殿后军队的力量,使预备队的兵力占到总兵力的三分之一,这样的话就会出现如下配置形式:

A

B　C　D

E　F

如果这是一个兵力强大的军团，那么在战略意义上，我们就必须指出一点：由于这个军团经常需要向两侧派遣军队，所以还应该给中央兵力增加两部分，这种配置方式如下：

A

B　C　D　E　F

G　　　　H

由此可见，一个整体最少应该被划分为三部分，最多不能超过八个部分。但是，这并不是不可打破的铁律，因为人们可以将一个军团分为二十七个旅（一个军团可以分为三个军，一个军可以分为三个师，一个师可以分为三个旅），或者是其他数目的旅。

除此之外，我们还得考虑其他几个重要问题。

在上文中，之所以没有谈到营和团的兵力划分，是因为我们想将这个问题列入基本战术的范围。

以上述为依据，我们可以得出一个结论：一个旅不应该少于三个营。但是，要确定一个旅最多

英军在长岛登陆

可以有多少兵力却比较难。按照一般情况，旅可以被视为一支可以（而且必须）由一个指挥官直接用口令指挥的军队，以这一点为依据的话，那么一个旅的兵力应该为四五千人，而且这个旅可以由兵力不同的六到八个步兵营组成。

在此，我们必须将另外一个问题列入我们的研究范围，这个问题就是各兵种的联合。在如今这个时代，欧洲各国普遍认为在军团以下的军队中就应该实现兵种联合，有的人认为应该在军（两万人到三万人）中，有的人认为应该在师（八千人到一万两千人）中。我们不想在这个问题上产生争执，但是我们想提出一点：主要是由于实现了三个兵种的联合，一支军队才能够实现独立。所以，至少对于那些经常需要在战争中独力作战的军队来说，实现这种联合是非常有希望的。

除了三个兵种的联合外，我们也需要考虑两个兵种的联合，即炮兵和步兵的联合。虽然在骑兵独力作战的刺激下，如今的炮兵也出现了独力作战的趋势，并且他们也想组成一支单独的小规模的炮兵军队（与骑兵联合作战），但是按照一般的习惯，炮兵和步兵的联合却出现得比较早。因此，截至目前，炮兵依然必须被配置到旅中。

从这个意义上来说，也可以说所谓的旅就是炮兵和步兵的联合。这样来看的话，问题就仅仅在于与一个炮兵连构成一个旅的步兵军队的兵力应该有多大。从表面上看，这个问题似乎很复

长岛会战前夕，美军在当地进行宣传之后，当地的独立派毁坏英王乔治三世的雕像。

杂,但是事实并非如此,因为在战场上配备给每一千人的火炮数目并不是可以随意决定的,而是由其他原因决定的。与其他类似的问题相比,确定一个炮兵连应该有多少火炮时往往有比较充分的战术依据。所以,我们不应该问必须给这一部分步兵配备多少门火炮,而是应该问必须给一个炮兵连配置多少步兵。

如果在一个军团中每一千人有三门火炮,而且需要将其中一门火炮配备给炮兵预备队,那么可以分配给其他军队的就只有两门火炮,也就是说,应该给一个有八门火炮的炮兵连配备四千名步兵。由于这里所说的比例都是常见的比例,所以我们在这里得出的结果在一定程度上具有普适意义。

关于一个旅的兵力问题,我们没有必要再进行深入探讨。如上所说,一个旅的兵力应该为四五千人,对军队进行划分时,一方面固然要受到这种限制,另一方面也会因为军团的兵力是比较固定的而受到限制,然而对军队进行组合的方式还是比较多的。

对军队进行划分时,被分开的部分的数量宜少不宜多,这的确是一个划分兵力的原则,但是这并不是唯一的原则。接下来,我们还需要考虑几个一般性的问题,而且我们也应该容许人们有对具体情况进行特殊考虑的权利。

首先,我们必须指出,为了使大部队的行动更加灵活,我们可以将大部队分成更多的部分,但是小部队则不能如此,因为如果将小部队分成太多的部分,那将不利于指挥。

如果一个军团由两个主要部分组成,而且每个部分都有自己的司令官,那么这就等于取消了军团司令官。然而,将一个军团分为三部分,情况也不见得会好很多;如果不继续对这三部分进行划分,就难以采取灵活的行军方式,也难以采取恰当的作战部署,但是进行进一步的区分,则会使原有的指挥官产生抵触情绪。

一支军队被划分的部分的数量越多,司令官的权力就越大,整个军队的灵活性就越大,事实上,这也是人们尽可能多地对军队进行划分的一个重要原因。比如与一个军或者一个师的较小的司令部相比,比较大的司令部——比如军团司令部——有更多的传达命令的手段,所以,根据一般的理由,一个军团至少应该被分为八部分,当然,如果的确有必要,也可以将这个军团分为九部分甚至十部分。但是,如果超过十部分,要想毫无疏失地将命令传达到底就会出现阻力,也就是说,这不仅仅是传达命令的问题,而且也是与传达命令有关的其他方面的问题,比如检查和部署,对六个到八个师进行检查和部署,显然比对十二个到十五个师进行检查和部署容易得多。

与此相反,如果一个师的绝对兵力很少,而且是从属于军的一部分,那么它永远只能被分成比上面所说的标准数量还少的部分。一般而言,分成四部分是最恰当的,必要时分成三部分也可以,但是分成六部分或者八部分就有困难,因为在一个师中传达命令的手段是有限的。

通过对上述标准数量的修正,我们可以得出一个结论:一个军团至少应该被分为五部分,但是最多不能超过十部分;一个师至少应该被分为四部分,但是最多不能超过五部分。虽然在军团和师之间有军作为过渡,但是一个军的兵力应该为多大,以及是否应该设置军级编制,这都取决于军团和师的组合结果。

　　将二十万人分为十个师，再将一个师分为五个旅，那么一个旅就有四千人。如果将这支军队分为五个军，再将每个军分为四个师，然后再将每个师分为四个旅，那么每个旅就有两千五百人。

　　在这两种划分方式中，我认为第一种划分方式比较好，主要原因有两点：第一，按照第一种方

长岛会战一角

式，层级组织中能够少一个层次，传达命令的速度会因此而提高；第二，一个军团只分为五部分未免过少，指挥速度也会因此而受到影响，一个军分为四部分也是一样，此外，一个旅只有两千五百人，兵力也会显得太少。如果采取后一种方法，一个军团就有八十个旅，而采取第一种方法，则只需要分成五十个旅。不言而喻，指挥五十个旅当然比指挥八十个旅简单。但是在实际中，人们只是为了减少能够直接指挥军队的将领的数目，就放弃了第一种划分方式所有的优点。

　　关于一般性的考察，我们暂时就到此为止，（但是与通过理论研究而得出的结论相比，）具体情况往往更加具有说服力。比如在平原上指挥十个师易如反掌，但是在复杂的山地阵地上指挥十个师却是难如登天；再比如，如果一个军团因为一条大河而必须分成两部分，那么就必须在大河的另一边另外设立一个指挥官。但是，我们必须知道，在有些特殊情况下，有些区分方式原有的缺点反而会因为这些特殊情况而消失。当然，有时候即使在特殊情况下也会产生滥分兵力的情况，比如

为了满足虚荣心，或者受到了复杂的人事关系的牵制。

正如经验告诉我们的那样，无论具体情况如何，一般而言，对军队进行划分时还是应该以一般性的原则为依据。

长岛会战之后，战败的美军开始撤退。

长岛会战之后，作战不利的美军撤往曼哈顿，由于英军未能及时追击，所以美军得以安全撤离。

战术或者战斗学讲授提纲

（一）战斗的一般理论

战斗的目的

1. 战斗的目的包括：

（1）歼灭敌军。

（2）占领某地。

（3）为了满足军人的荣誉心而争取胜利。

（4）同时实现以上两个目的，或者实现所有目的。

胜利的理论

2. 上述四个目的只有通过胜利才能达到。

3. 胜利的标志是敌军退出战场。

4. 敌军只有在下列情况下才会退出战场：

（1）已经遭到惨重的损失，畏惧对方的优势，或者即使能够达到目的也必须付出太大的代价。

（2）队形陷入混乱，整体效能遭到了严重的破坏。

（3）因为地形不利，担心继续战斗会遭到更大的损失。

（4）配置形式非常不利。

（5）防范意外的措施不周，担心遭到突袭。

（6）意识到对方的兵力占据优势。

（7）意识对对方的士气占据优势。

5. 在如上情况下，统帅都有放弃战斗的可能，因为在此形势下，他往往会认为已经没有扭转乾坤的希望，担心局势江河日下。

6.如果撤退的原因不是上述原因中的任何一种，那么就不应该撤退，也就是说撤退行动并非统帅或者司令官的决定。

7.超出统帅或者司令官的意志所能掌控的范围而发生的撤退往往是两个原因：意志不坚定的军队因为缺乏勇气而撤退；军队由于陷入风声鹤唳的境地而撤退。

8.除了上述情况，有时候在上述第四条中的前六种情况下，军队也有可能违反统帅或者司令官的意志而败退。

9.违反统帅意志而败退的情况尤其有可能（而且必然会在）在小规模军队中发生，因为小部队的撤退时间很短，在这段时间内，统帅或者司令官往往来不及做出应急反应。

华盛顿画像

大约与长岛会战同时，英军与美军还进行了新泽西州战役，此战之前，由于华盛顿屡次出现失误，所以许多人质疑他的指挥能力，甚至还发生过抗命现象，但是由于在新泽西州战役中的杰出表现（虽然美军在这次战役中依然落于下风），华盛顿再次在军中树立了权威形象。

10.（1）在大部队中，这种违反统帅意志而败退的情况并不会出现在整体中，而是只会发生在某些部分。然而，如果有许多个部分陷入这种兵败如山倒的局面，致使敌军不费吹灰之力就能斩获辉煌战果，那么整体在上述第四条中的前五种情况下就会面临一种不利结果——促使统帅下定撤退决心。

（2）对于统率大部队的统帅而言，第四条中所说的前四种不利情况，并不是在露出苗头之后就能够以总和的形式呈现在统帅眼前，因为在战争中，统帅的观察绝不会面面俱到。也就是说，只有当这些不利情况集中在某个范围之内，并且形成一种能够影响主力或者一个重要部分的可观的力量之后，它们才能表现出来，而统帅下定撤退决心时往往就是以这种情况为依据的。

11.有时候，有些与战斗本身无关的原因也可以促使统帅下定撤退决心，比如某些能够使统帅对战斗目的丧失信心或者能够改变战略局势的情报。但是这只是战斗的中止，并不属于这里论述的范围，因为这不是战术行动，而是战略行动。

12.放弃战斗就意味着敌军目前占据优势，也意味着我们甘拜下风。对于胜利者而言，这也是胜利的第一种精神力量的表现。

13.由于离开战场才能放弃战斗，所以退出战场而且放下军旗就是承认敌军目前占有优势的标志。

14.胜利的标志并不能决定胜利的大小、意义和光辉。这三点是密不可分的，但是也是绝不相同的。

15.胜利的大小取决于被击败的敌军数量以及缴获的战利品的多少，如果只是击败了一支兵力很小的军队，那么我们就不可能取得辉煌的胜利。

独立派虐待保守派

美国独立战争期间,独立派和保守派之间经常互相攻击,新泽西州战役之后,获胜的英军重新在当地恢复殖民统治秩序,于是保守派发动报复,大肆折磨独立派,这也是导致新泽西起义的直接原因。

16. 胜利的意义取决于所达到的目的的意义,比如占领一个重要的阵地能够使一个本身并不重大的胜利产生重大的意义。

17. 胜利的光辉的表现,是能够以较少的军队缴获较多的战利品。

18. 各种胜利是不同的,尤其是胜利的程度是很不相同的。严格来说,任何一场战斗都是有胜负的,但是根据事物的性质和语言习惯,我们却只将那种付出巨大的努力之后才得到的成果称为胜利。

19. 如果敌军采取行动只是为了探明我们的虚实,在查明我们的虚实之后他们就让步了,那么我们就不能称此为胜利。如果在探明我们的虚实之后,敌军采取了进一步的举动,那么这就表明他们想成为胜利者,如果他们在采取了进一步的举动之后忽然放弃战斗,那么我们就可以认为敌人已被击败。

20. 在交战双方中,只有一方或者双方命令军队后撤,战斗才能被放弃,所以在严格意义上来说,双方都曾经坚守战场的说法是不成立的。

如果根据事物的性质和语言习惯将战场理解为主力军队所在的阵地,那么就必然会出现根本没有一决高下的会战。

战斗是达到胜利的手段

21. 战斗是达到胜利的手段,由于第四条中所说的前七种情况是克敌制胜的前提条件,所以战斗也会必然把达到这些条件作为直接目的。

22. 接下来,我们将从战斗的各个方面来研究战斗。

什么是单个战斗

23. 事实上,每个战斗都可以分成与参战人数一样多的单个战斗,但是单个的人只有在能够独力进行单个战斗时,才能被视为一个独立要素。

24. 战斗单位从单个的人起,随着指挥等级的上升,能够扩大为各种新的单位。

斯塔滕岛和议

　　长岛会战之后，退守曼哈顿岛的美军陷入孤立状态，而英军也暂时无力发动攻势。1776年8月底，亚当斯、富兰克林与拉特利奇与英军海军中将展开会谈，但是由于分歧太大，和谈无果而终。

25.维系这些新的单位的纽带是战斗目的和战斗计划,但是这些新单位的结合并不是十分紧密,也就是说,各部分仍然有一定的独立性,而且各部分的等级越高,这种独立性就越大。至于这些独立性是如何产生的,我们将在后文中进行阐述。

26.整体战斗都是由各级单位(直到单个人)同时进行的若干个战斗组成的。

27.整体战斗也可以是由连续进行的若干个战斗组成的。

28.所有的单个战斗叫部分战斗,这些部分战斗结合在一起的整体叫整体战斗。然而,我们是将整体战斗的概念与个人命令联系在一起的,因为只有受一个意志指挥的战斗才可以被视为一个战斗。

29.我们在这里所说的战斗理论,既适用于整体战斗,也适用于部分战斗。

战斗的原理

30.每次战争都是敌对感情的表现,这种敌对感情必然会本能式地转化为战争。

31.构成战争的真正的要素,是攻击并歼灭敌军的本能。

32.即使是在茹毛饮血的野蛮人身上,这种敌对感情也不是单纯而没有意图的本能,也就是说,其中还包含着理智因素,没有意图的本能也会因此而变成有意图的行动。

33.按照如上所说,感情力量就会在理智面前俯首称臣。

34.感情力量向理智称臣,并不意味着前者将全然丧失效用,也不能简单地用后者代替前者,因为即使感情力量确实会完全被理智湮没,在战争过程中它也能够重新发挥作用。

35.在如今这个时代,由于战争不再是个人之间敌对感情的表现,所以从表面上看,战斗好像不包含任何真正的敌对感情,而纯粹是理智行为。

36.事实上,战争绝对不是纯粹的理智行为。因为从整体而言,敌对双方绝对不会没有互相仇视的感情,而这种仇恨感在个人身上必然会或多或少地发挥作用,致使单个的人由于仇视敌人的整体,进而会仇视敌人中的个人。此外,在战争过程中,每个人也必然会或多或少地产生真正的敌对感情。

37.即使没有敌对感情,荣誉心、功名心、自私自利的心理、团队精神以及其他感情力量也会取代敌对感情。

38.在战斗中,如果指挥官的意志和既定的目的不足以或者完全无法成为促使战斗者采取行动的动因,那么感情的力量就会介入其中,从而发挥很大的作用。

39.战斗是在凶险的环境中进行的,这种凶险的环境恰恰能够给感情力量发挥更大的作用提供用武之地。

40.指挥作战的才能绝对不仅仅指的是纯粹的理智方面的力量,战争也绝不可能是进行单纯计算的结果,之所以这样说,主要有两个原因:

(1)因为斗争是有生命的各种力量(物质力量和精神力量)之间的冲突,我们只能对这些力量

进行一般的估计,而无法做出准确的计算;

（2）在战争中能够发挥作用的感情力量可以使战争成为激情的一种表现,在这种情况下,战争也会成为一种运用较高的判断力进行的活动。

41.综上可知,战争是运用才能和天赋进行的活动,而不是仅仅凭借理智就可以进行计算的对象。

42.在战争中表现出来的感情力量和天赋,应该被视为一种独特的精神力量,这些力量之间的差别和伸缩性都很大,会经常不断超出理智的范围。

43.军事艺术的任务,就是在理论和实践中考虑这些力量。

44.这种力量的作用越是能够发挥到极致,战争的力量就会越强,也会越有成效。

45.技术和技能方面所有的发明创造,比如兵器、军队编制、熟练的战术和在战斗中运用军队的原则等,都能够间接地使战争的本能力量得到更为有效的发挥,但是它对战争的本能力量也是一种限制。

然而,感情力量并不会像这样能够受到人们的支配,如果人们想将这种力量变成一种工具,那么它就会丧失自己的活力和力量。所以,无论是在理论中,还是在常态的军队组织形式中,都必须给感情力量留下一定的活动余地。要做到这一点,就必须在理论中占据高远的立足点,在实践中,更需要拥有洞若观火的判断力。

基普湾登陆战

和议终止之后,英军于1776年9月15日发动基普湾登陆战,美军兵败如山,纽约失守。大战中,面对溃不成军的美军,华盛顿因为怒火而失去理智,纵马到黑森佣兵阵前,喝令败军重新发动攻击,对谁的劝阻都不听,无奈之下,他的两名副官只好将他强行带走。

两种战斗：白刃战和火力战

46. 在人类发明的武器中，能够使战斗者近身相搏以展开粗蛮搏斗的兵器，是最适合发泄本能感情的武器，比如与长矛、标枪、投石机相比，匕首和战斧更适合这种近身搏击。

47. 用来对敌军进行远程攻击的武器都是智力的产物，这些武器甚至能够使感情力量和斗争本能完全丧失作用，而且这些武器的攻击距离越远，就越具有这种特性。比如在使用投石机时，人们还有一定的仇恨感，但是使用火枪时，仇恨感就会少一些，如果是使用火炮，那么仇恨感就会更少。

48. 即使在现代有许多武器处于上述两类武器之间，这些武器也可以被分为泾渭分明的两类，即刺杀武器和射击武器，利用前者可以展开白刃战，利用后者可以进行远程攻击。

49. 利用刺杀武器和射击武器进行的战斗，分别为白刃战和火力战。

50. 白刃战和火力战都以歼灭敌军为目的。

51. 在白刃战中必然需要歼灭敌军，但是在火力战中，歼灭敌军的可能性则有所下降，由于这个区别，这两种战斗就会产生完全不同的意义。

52. 因为在白刃战中必然需要歼灭敌军，所以在形势对某一方有利或者某一方占据优势的时

纽约大火

长岛会战失败之后，华盛顿预料到纽约市必定会被英军占领，所以打算纵火将纽约焚毁，但是遭到了大陆议会的坚决抵制。然而在基普湾登陆战之后，纽约市忽然发生大火，几乎将整个纽约焚毁，幸好当天下午风向转变，英军及市民合力扑火，才保住了纽约市西北部市区。

候,这些有利条件就会具有决定性的意义,处于不利情况下或者士气比较低的敌人此时则会选择望风而逃。

53．在规模比较大的白刃战中,处于弱势的一方通常会及早遁逃,这种战斗固有的效果也会因此而有所降低,也就是说原有的效果是歼灭敌军,但是在敌军遁逃之后则会演变为驱逐敌军。

54．通过观察白刃战的实际效果,我们就能知道,必须将驱逐敌人当成这种战斗的目的,而不能将歼灭敌军当成目的,或者说,歼灭敌军只是一种手段。

55．火力战的固有目的是驱逐敌军,而歼灭敌军只是手段,或者说,对敌军进行火力攻击的目的,只是为了驱逐敌军,以便增加在白刃战中获胜的把握。

56．希望通过火力战消弭的危险并不是完全无法消弭的,在大多数情况下,它只不过是有可能在某种程度上发生。在我的印象中,这种危险并不是很大,而且需要经过一段时间之后,通过一种综合效果才能变得更为明显,所以,敌对双方中的任何一方都没有刻意规避这种危险的必要。由此可见,驱逐某一方并不是立竿见影之事,在许多情况下,这甚至是根本不可能实现的。

57．如果这种情况是根本不可能实现的,那么通常而言,在火力战结束之后,就必须用白刃战来驱逐敌人。

58．火力战的持续时间越长,它的歼灭力就越大,这与白刃战的特点正好是相反的。

59．通过上述可知,一般而言,火力战的目的并非驱逐敌人,而是利用所使用的手段直接歼灭敌军,如果是规模比较大的战斗,那么火力战的目的就是摧毁或者削弱敌军。

60．如果说白刃战的目的是驱逐敌人,火力战的目的是歼灭敌人,那么我们就应该将白刃战视为进行决战的真正的工具,而将火力战视为为决战做准备的真正的工具。

61．尽管如此,白刃战和火力战依然具有对方的某些性质,比如白刃战也有歼灭力,火力战也有驱逐力。

62．白刃战的歼灭力往往是微不足道的,甚至可以说毫无歼灭力。如果不是在某些情况下可以通过白刃战俘虏敌人,从而能够在一定程度上提高白刃战的歼灭力,那么白刃战的歼灭力恐怕就会完全被人忽视。

63．一般而言,只有在火力战已经产生效果的前提下,才能利用白刃战俘虏敌人。

64．在如今的技术（武器）条件下,没有火力战的白刃战的歼灭力是微不足道的。

65．火力战的歼灭力可以通过时间的延长得到最大限度的提升,也就是说,通过延长时间,能够利用火力战达到动摇或者摧毁敌军士气的目的。

66．在歼灭敌军时,绝大部分效果必须通过火力战才能达到。

67．通过火力战削弱敌军的结果一般有两种：迫使敌军撤退；为白刃战做准备。

68．由于将敌军赶出战场就是得到了胜利,所以,如果能够通过白刃战达到将敌军逐出战场这个预期的目的,那么这就意味着我们能够得到真正的胜利。如果敌军的总体兵力很少,那么这次胜利就可能是对整个敌军的胜利,并且能够对最后的结果产生决定性的作用。

69．如果白刃战并不是在整体中进行,而只是在各部分中进行,或者整体战斗是由一些连续的白刃战组成,那么个别部分的白刃战的成果就只能被视为部分战斗的胜利。

70.如果这个部分是整体中极为重要的一部分,那么这一部分战斗的结果就能对整体产生举足轻重的影响。

71.如果白刃战的结果不是对敌军整体的胜利,那么通过白刃战所得到的利益一般就只有四种:占领敌军的某个地区;动摇敌军的士气;破坏敌军的队形;破坏敌军的物质力量。

72.综上可知,在部分战斗中,应该将火力战视为破坏行动,将白刃战视为决战行动。

两种战斗(白刃战与火力战)与进攻和防御的关系

73.战斗由进攻和防御组成。

74.进攻具有积极企图,目的是驱逐敌军;防御具有消极企图,目的是据守某地。

75.据守并非消极忍受,被动挨打,而是需要在防御中积极发动还击。所谓还击,也就是说歼灭挑衅的敌军。从这个意义上来说,我们只能将防御的目的视为消极的,而不能将防御手段视为消极的。

76.在防御中坚守阵地的结果,是久战无功的敌军被迫退兵,因此,尽管防御的目的是消极的,但是对于防御者而言,胜利的标志就是敌军被迫撤退。

华盛顿堡攻城战

华盛顿堡攻城战发生于1776年11月,由于华盛顿在此战中犯下了严重的战略错误,在敌军即将发动围攻之际,不但没有及时将驻军撤走,还认为驻军能够以寡敌众,致使英军轻而易举地就包围了这座堡垒,而且成功地迫使驻守该地的美军全军投降,美国独立战争因此而一度濒临灭亡的边缘。

77. 作为一种进攻手段，白刃战与进攻有相同的目的。

78. 由于白刃战本身的歼灭力微乎其微，所以在大多数情况下，仅仅把白刃战作为作战手段的进攻者，几乎不能被视为有资格进行战争的对手，或者说，这至少是实力不对等的战争。

79. 只有兵力很小的军队或者单一的骑兵发动进攻时才会采用白刃战，参战兵力越大，兵种越多（炮兵和步兵越多），白刃战的效力就越低。

80. 在进攻战中，必须根据实际情况尽量采取火力战。

81. 在火力战中，就运用火力这一点来看，双方并没有什么差别。或者说，双方越是依赖于火力战，进攻和防御的差别就越小。如果进攻者最后不得不采取白刃战这种不利的作战手段，那么他们就必须具备能够利用这种作战手段的有利条件和兵力优势。

82. 对于防御者而言，火力战是必然需要采取的作战手段。

83. 如果防御者已经通过火力战取得了有利的结果，那么他们就不需要再进行白刃战了。

84. 如果在火力战之后，防御者没有得到有利的结果，而且进攻者发动了白刃战，那么防御者也必须针锋相对地展开白刃战。

85. 如果白刃战比火力战有利，那么防御者就不应该排斥白刃战。

特伦顿战役

华盛顿堡攻城战结束之后，英军与美军在特拉华河两岸呈对峙态势。为了扭转局势，华盛顿铤而走险，在圣诞节翌日强渡特拉华河，利用暴风雪作为掩护，发动突袭，一举击败驻扎在特伦顿的黑森佣兵，大获全胜。之后，美国民心振奋，一度陷入颓势的独立运动再次走向高潮。

两种战斗中的有利条件

86．接下来，我们必须对白刃战和火力战的一般性质作进一步的考察，以便了解那些能在这两种战斗中造成优势的条件。

87．火力战。

（1）使用火器方面的优势，这种优势来自军队的编组形式以及军队的素质。

（2）在作为固定部署的编组形式和基本战术方面的优势。在战斗中使用训练有素的军队时，可以不考虑这些条件，因为这些条件是军队固有的。然而，我们可以——而且应该——将这种条件视为广义的战斗学的研究对象。

（3）兵力数量。

（4）配置军队的形式。

（5）地形

88．由于我们所说的只是训练有素的军队，所以（1）（2）两项不在我们的考虑范围之中，也就是说，在实际考虑中只能将它们视为既有的条件。

89．（1）数量上的优势。

如果在同样大的地区内对两支兵力不等的由步兵和炮兵组成的军队进行平行配置，那么，在所有的射击都是以单个人为射击目标的情况下，命中率与射击人数是成正比的。如果射击目标不是单个人，而是一个整体——比如一个步兵营、一个横队——那么命中率与射击人数也是成正比的。因此，在大多数情况下，对于火力射击可以作这样的估计，即使是在散兵战斗中的射击也是如此。

然而，这个可以作为射击目标的靶子并不是一个完全的实体靶子，或者说，这个靶子是由人和空隙组成的，而空隙是随着战斗者的增加而缩小的，所以，两支兵力不等的军队之间的火力战的效力，取决于射击者的人数和被射击的敌军人数。

简而言之，在火力战中，兵力优势并没有决定性的作用。因为一方通过密集火力得到的利益，能够被对方通过提升命中率的方式抵消。

如果五十人与一个五百人的步兵营在占据同样大的方形阵地的情况下互相进行火力射击，对于前者而言，每五十发子弹中有三十发子弹能够命中，那么对方的命中率也是一样的——每五百发子弹中有三百发子弹能够命中。但是，由于五百人的密度是五十人的十倍，所以，对于兵力只有五十人的这一方而言，他们的命中率也是对方的十倍，也就是说，他们每发射五十发子弹能够击中的敌军人数，正好与自己这一方被敌军发射五百发子弹能够击中的人数一样多。

尽管这个结论与现实中的情况并不是严丝合缝的，而且兵力占据优势往往能够带来或多或少的利益，但是我们可肯定一点——这个结论基本上是正确的。也就是说，兵力占据优势的一方在火力战中得到的效果很少能够与兵力优势成正比，往往不会受到兵力优势的影响。在为决战做准备的过程中，这个结论是节约兵力的基础，而节约兵力是克敌制胜最为可靠的手段之一，所以这个结论具有极为重要的意义。

（2）我们希望我们在上面所说的结论不要被人滥用，比如在两个人占据的阵地与两千个人占据的阵地同样大的情况下，有些人认为前者一定能够获得与后者一样的射击效果。事实上，如果其中一方的兵力太少，致使对方能够将火力集中到这几个人身上，那么兵力大的一方必然会占据优势。同理，一条兵力太小的火力线根本不可能迫使对方接受火力战，而是会立刻被对方逐出战场。

尽管如此，我们在上面所说的结论依然是至关重要的。一条火力线能够与兵力为己方双倍的敌军相抗衡，关于这种情况，我们在现实中已经见过千百次，而且我们也能从中看到这对于节约兵力有多大的好处。

（3）综上可知，敌对双方中的任何一方都能加强或者削弱总体火力效果，这取决于他们是否能在火力线上投入更多的兵力。

90.配置兵力的形式分为如下几种。

（1）敌对双方都可以采取正面平行、宽度相同的配置方式，这种配置方式给双方带来的利益都是相同的。

（2）正面平行，但是其中一方的正面比较宽，哪一方能这样做，哪一方就能得到一定的利益，但是由于射程的限制，这种利益往往是比较小的。

（3）其中一方包围另一方。在这种形势下，发动火力攻击有事半功倍的效果，所以这种配置形式是最为有利的，但是采取这种配置形式的时候，阵地正面的宽度自然是很大的。当然，与（2）

瓦库尔岛战役

瓦库尔岛战役是美国独立战争期间一次极为重要的水战，也被美国海军视为其参与的第一次水上战斗。

（3）相反的配置形式自然是不利的。

91. 在火力战中,地形的有利作用一般分为三种:

（1）具有类似于胸墙的防护作用;

（2）具有隐蔽作用,能够妨碍敌军进行精准射击;

（3）妨碍敌军通行,能够长时间使敌军处于我军火力控制之下,甚至能够妨碍敌军的火力攻击效果。

92. 在火力战中的有利条件,也是能够在白刃战中发挥作用的有利条件。

93. 第八十七条中的第一项和第二项不在我们的论述范围之中,但是我们应该指出一点:在白刃战中使用武器方面的优势不可能产生在火力战中那么大的差别,或者说,在白刃战中能够起到决定性作用的因素是勇气。

94. 在白刃战中,兵力数量更加具有决定性的意义,甚至可以说兵力是否占据优势是最为主要的问题。

95. 在白刃战中,兵力配置形式更加具有决定性的意义,在交战双方的正面平行时,正面宽度较小反而更为有利。

96. 地形。

（1）在白刃战中,地形的主要作用是妨碍敌军通行。

（2）出敌不意在白刃战中具有极为重要的意义,也就是说,自己越隐蔽,就越能收到出敌不意的效果,而地形恰恰能够提供这种隐蔽作用。

战斗的分解

97. 每次战斗都是一个由许多部分组成的整体。在这个整体中,各部分的独立性是互不相同的,越是向下,独立性就越小。

98. 在每次战斗中,可以用口令直接指挥的军队,都可以被视为一个独立的部分,比如一个步

瓦库尔岛战役期间的美国舰队,从左到右依次为复仇号、华盛顿号、费城号、国会号、泽西号、李号、皇家野人号、波士顿号、纽黑文号、普罗威登斯号、康涅狄格号、纽约号、企业号及庄柏号。

兵营、一个炮兵连或者一个骑兵团。

99．当口令无法完全发挥效力时，就要用命令填补空缺。

100．口令不能分等级，因为它已经是实践的一部分，但是命令却可以分等级，可以从最接近口令的明确规定一直到最为一般的指示，或者说，命令不是实践本身，而只是一种指示。

101．凡是受口令指挥的军队都必须绝对服从。

如果命令取代了口令，那么各部分就可以具有一定的独立性，因为命令只是一般性的指示，如果命令有不足的地方，指挥官即可根据自己的意志进行修正。

102．假如在制订战争计划时，能够预先对在战斗中同时出现或者依次出现的各起事件做出精确规定，并且能够完全掌控这些事件的走向，就像安装一台没有生命的机器那样能够考虑最为微小的部分，那么命令的不确定性就会被消除。

103．事实上，由于战斗的主体始终是单个人或者一群人，而不是没有意志的机器，而且他们作战的地点也很少是——或者绝对不是——一块对战斗毫无影响的一马平川之地，所以，要事先估计到一切活动是根本不可能的。

104．在制订计划时，之所以会出现这种无法做到具体而微的缺陷，主要是由于战斗时间有可能延长，参战人数有可能增加。如果制订的战斗计划的内容是指挥一支小部队展开白刃战，那么我们几乎可以做出极为细微的规定，但是，如果战斗计划的内容是指导火力战，那么即使参战部队的兵力很少，也会因为战斗时间的延长和偶然性事件的不断出现，而无法像前者那样做出细微的规定。

此外，如果进行白刃战的是一支兵力比较大的军队，我们也同样无法在事先就做出面面俱到的规定，所以指挥官在战斗中必须根据自己的意志查缺补漏。

如果面临的是一次大会战，那么除了能够对会战初期的行动做出一些规定之外，我们至多只能勾画出会战的主要轮廓。

105．无法对战争计划做出面面俱到的部署的主要原因，是因为战斗的时间和空间有可能增大，所以，相对于小部队而言，我们应该给大部队留下更大的活动空间，而且部队的等级越低，我们对它的命令就应该越具体，直到有些军队能够用口令指挥为止。

106．同一支军队所处的条件不同，它的独立性也会有所变化，也就是说，它的独立性必然会随着时间、空间、地形、任务性质的变化而变化。

107．我们可以有计划性地将整体战斗分解为一些独立的战斗，也可以根据以下情况对整体战斗进行计划外的分解：

（1）与预定的计划相比，计划外的分解更为详细。

（2）在完全不打算分解或者只用口令指挥一切的场合进行分解。

108．之所以进行这种分解，是因为出现了一些事先完全无法估计的情况。

109．进行计划外的分解的结果，是同一个整体中的各部分所获的成果不同。

110．如果需要进行计划外的分解，那么某些部分就需要进行超出计划的改变，需要进行计划外的分解的主要原因：

（1）某些部分需要避开地形、兵力和配置方面的不利。

（2）通过计划外的分解，某些部分能够得到某些有利条件。

111. 通过进行计划外的分解，会有意或者无意地将火力战变成白刃战，也会将白刃战变成火力战。

112. 需要进行计划外的分解的时候，必须使这种改变符合整体计划，能够达到这种要求的方法：

（1）在不利的情况下，力求以某种方式补救这些改变。

（2）在有利的情况下，只要没有发生突变的危险，我们就应该利用这种改变。

113. 通过对整体战斗进行分解——无论是有计划的分解还是计划外的分解——可以将整体分解成数量不定的某些部分，进而可以在整体战斗中形成各种战斗形式，比如白刃战或者火力战、防御或者进攻。

瓦库尔岛战役期间的英军舰队，从左到右依次为卡尔顿号、不屈号、玛利亚号、忠信号及雷神号，背景战舰为美国军舰。

114. 战斗是由两种行动构成的，即破坏行动和决战行动。接下来我们将从总的方面考察这个问题。

115.（1）根据第三十六条[①]的论述可知，在部分战斗中，具有歼灭力的火力战和具有驱逐力的白刃战能够产生两种不同的行动，即破坏行动和决战行动。

（2）军队的兵力越小，这两种行动就越简单，甚至可以简化到一次火力战或者一次白刃战。

116. 军队的兵力越大，这两种行动就越复杂，也就是说，破坏行动必然会扩大到由一系列先后发生或者同时发生的火力战组成，决战行动也必然会扩大到由一系列先后发生或者同时发生的白刃战组成。

117. 以如上所述为依据，战斗分解就会持续下去，而且参战兵力越大，战斗分解的层次就越多，这是因为在时间意义上来说，破坏行动和决战行动之间的距离会越来越大。

---

① 应该是第七十二条。——译者注

在普林斯顿战役中阵亡的梅沙将军

　　普林斯顿战役发生于1777年，战斗初期，美军左翼被战斗力强大的英军击溃，左翼指挥官梅沙将军也死于乱军之中，但是华盛顿及时率领援军赶到，反败为胜，击退了英军。

普林斯顿战役期间，华盛顿在前线督战。

华盛顿在美国独立战争中的贡献以及在美国历史上的地位是不容置疑的，但是在美国独立战争初期，华盛顿的军旅生涯并不是一帆风顺的，在战事吃紧的时候，就连他的将领也不服从他的管辖，认为他没有统率能力，然而凭借毅力与勇气，华盛顿一次又一次地渡过了难关。在普林斯顿战役期间，骑着白马（白马颜色突出，容易成为攻击对象）的他甚至敢到战线最前方督战，他的勇气由此可见一斑。

破坏行动

118. 整体兵力越大，破坏敌军的物质力量就越重要，因为在整体兵力很大的前提下会出现三种情况。

（1）指挥官的影响越来越小。不过，与火力战相比，这种影响在白刃战中的作用会大得多。

（2）精神上的差别越来越小。在大部队中，比如在整个军队中，只有民族的差别，但是在小部队中则会出现各个分支的差别，甚至会出现个人的差别，但是在大部队中，这种差别就会被抵消。

（3）配置的纵深会越来越大，也就是说，用来恢复战斗的预备队的兵力会越来越大。所以，随着单个战斗的数量增加以及整体战斗时间的延长，在驱逐力中始终起决定作用的最初一瞬间的影响会因此而降低。

119. 从上述三条中的最后一条可以看出，整体兵力越大，就越需要通过破坏敌军的物质力量来为决战做准备。

120. 这种准备活动的表现，是敌军兵力被削弱，或者说使兵力对比对我们有利。

121. 敌军的力量遭到破坏的表现：

（1）因为伤亡或者被俘而丧失兵员。

（2）精力疲惫。

122. 如果一支军队在一场持续了几个小时的火力战中损失惨重，那么其余的部分只能被视为残兵胜勇，之所以这样说，主要是因为：

（1）这些兵员的体力已经耗尽。

（2）他们已经弹尽粮绝。

（3）他们的枪械已经塞满油泥。

（4）很多没有受伤的兵员与伤员一起从战场上撤退了。

（5）他们觉得在当天的战事中已经尽到了义务，而且脱离了危险的境地之后，没有必要再自投罗网。

（6）他们的勇气已经衰竭。

（7）他们原先的编组形式和作战队形已经遭到破坏。

123. 上述七条中的第五条和第六条能不能出现以及出现的程度，取决于战斗情况。比如与一支败兵相比，一支虽然损失惨重，但是成功地扼守住了据守地区的军队当然更能再次及早投入使用。

124. 上述七条中有两个结果需要考察。

第一个结果是节约兵力，产生这个结果的基础，是在火力战中使用的兵力比敌人少。也就是说，在火力战中，我们可以通过对兵力的破坏使敌军的一部分兵力丧失战斗力，敌军的其他兵力虽然仍然有一定的战斗力,但是他们的力量多多少少也会遭到削弱,因此,在火力战中使用兵力少的一方,遭到的削弱当然也比较少。

比如在战斗中的兵力对比为五百人对抗一千人,并且双方的损失都是二百人,那么前者剩下的三百人就都已经精疲力尽,而后者剩下的八百人中,除了三百个精疲力尽的士兵外,还有五百人是可以继续作战的生力军。

第二个结果是敌军遭到削弱,即敌军的伤亡兵力和被俘兵力远远超过我军。比如,敌军的伤亡人数和被俘人数为总兵力的六分之一,按照常理而言,他们还有六分之五的兵力可用。然而事实上在这六分之五的兵力中,只有完全没有遭受损失的生力军,以及那些虽然参加了战斗,但是损失很小的兵力才能被继续投入使用,其他的兵力则只能被视为无法使用的残兵胜勇。

125.发动破坏行动的首要目的,就是像上面所说的那样有效地削减敌军的兵力,因为决战只能以较少的兵力进行。

126.构成决战障碍的因素不是军队的绝对数量,而是相对数量。如果说在破坏行动中,互相较量的敌对双方都使用了六分之五的兵力,那么,即使在决战前夕,双方在兵力方面依然保持着势均力敌的态势,双方的统帅也依然极为有可能下定一决胜负的决心。此时,只需要一种微弱的推动力就能引发决战。

127.敌对双方进行破坏活动的主要目的,就是为决战积蓄优势。

128.可以通过歼灭敌军来积蓄优势,也可以通过第四条中所列举的其他条件来达到目的。

129.在破坏行动中,在情况允许的范围内尽量利用所有可以利用的有利条件是一种自然而然的做法。

130.在如今这个时代,大部队的战斗往往会分为几个或多或少具有独立性的战斗,所以,如果我们想利用在破坏行动中获得的利益,那么这些或多或少具有独立性的战斗就必须包括一个破坏行动和一个决战行动。

131.如果对白刃战的运用已经炉火纯青,那么我们就可以得到很多利益,比如重挫敌军的士气,破坏敌军的队形或者占领敌军的领土。

132.如果能做到上面所说的这一点,那么我们就能增加敌军的物质力量遭到破坏的程度。

如果敌人的一个占据有利地形的步兵营在我军炮火的猛烈攻击下已遭到沉重的打击,而且我们在发动白刃冲锋将敌军赶出阵地之后,并且派遣了两三个骑兵连去追击敌军,那么无须多言,我们就可以知道这次战斗能够为整体战斗的胜利得到多么重大的利益。

然而,得到这种重大胜利的前提条件是获胜的军队不会因为孤军深入而陷入险境,如果追击敌军的步兵营或者骑兵连陷入敌军的包围之中,那么在这次战斗中进行决战就是不应该的。

133.在上述战斗中,能否扩大胜利的战果是由隶属于统帅的各级指挥官决定的,因此,如果一个军团所属的师长、旅长、团长、营长、炮兵连长是有经验的指挥官,那么他们就能利用这种胜利为整个军团创造优势。

134.在破坏行动中,双方统帅都会积极夺取对进行决战有利的条件,或者说都想通过破坏行

在特伦顿战役中被俘虏的黑森佣兵

动为进行决战做准备。

135.在对进行决战有利的条件中,最重要的条件是缴获敌军的火炮以及占领敌军的领地。

136.如果敌军据守的是一个坚固的阵地,那么占领敌军的领地就很重要。

137.在敌军(防御者)占据坚固阵地的情况下,进攻者发动破坏行动的时候就必须步步为营,小心翼翼地向目标前进。

138.在火力战中,兵力数量并没有决定性的意义,所以人们自然而然地就会追求以少量兵力进行火力战。

139.在破坏行动中,火力战具有重要的地位,所以在破坏行动中,人们总是追求最大限度地节约兵力。

140.在白刃战中,兵力数量具有决定性的意义,所以在破坏行动中,各个部分在决战中必须使用优势兵力。

141.然而,在白刃战中也应该注意节约兵力,所以,只有在自然而然的状态下进行决战才是合适的。这里所说的在自然而然的状态下进行的决战,指的是无须使用占据很大优势的兵力即可进行的决战。

142.在时机不合适的情况下进行决战的后果:

(1)如果按照节约兵力的原则进行决战,那么我军就会陷入敌军的包围中。

(2)如果倾力而为,那么就会过早地消耗兵力。

143.在进行破坏行动的过程中,我们往往会面对一个问题:是否到了进行决战的时刻? 有时候,甚至在破坏行动临近尾声而必须进行主力决战时,这个问题仍然会困扰我们。

144.在个别地点,破坏行动会出现发展成为决战行动的自然趋势,或者说,要想充分利用在破坏行动中得到的利益,就必须发动已成如箭在弦之势的决战。

145.在破坏行动中使用的手段越有效,物质优势和精神优势越大,破坏行动就越有可能演变成决战。

146.如果在破坏行动中得到的只是很小的消极性成果,或者敌军依然占据优势,那么在个别地点出现上述倾向的可能就是微乎其微的,对于整体而言,这种倾向则根本不可能存在。

147.无论是对于部分还是对于整体,这种自然倾向都有可能导致不合时宜的决战,但是这不一定完全是坏事,因为对于破坏行动而言,这种倾向是一种完全有需要的特性,如果没有这种倾向,那么很多目的就无法达到。

148.总揽全局的统帅和各个部分的指挥官,必须对时局洞若观火,以便判断是否可以进行决战。所谓进行决战的合适时机,就是发动决战之后不会遭到敌军的反噬,从而导致消极的结果。

149.对于指挥官而言,为决战做准备,或者更为确切地说,为一次战斗本身而做的准备,就是部署一场火力战;从广义上来说,部署火力战,就是部署一次破坏行动,延长破坏行动的时间,也就是说,为了在进行决战之前能够使破坏行动充分发挥作用。

150.选择进行决战的时机,并不是单纯地以时间为依据,而是以从实际情况中获得的优势为依据。

151．如果破坏行动收效巨大，转入决战只是水到渠成之事，那么对于指挥官而言，更为重要就是决定在何时何地使破坏行动转变为决战。

152．如果由破坏行动转入决战的趋势并不是很强烈，那么这就是不太可能获得胜利的一个比较可靠的征兆。

153．在上述情况下，统帅和指挥官往往不太可能发动决战，而是会接受决战。

154．如果在上述情况下必须发动决战，那么统帅或者指挥官有此决定定然只是奉命而为。此时，统帅或者指挥官在发布命令时，必须利用所有能够利用的手段来鼓舞人心，振奋士气。

决战行动

155．决战是其中一方的统帅能够迫使另外一方的统帅决定撤退的行动。

156．我们在第四条中已经列举了撤退的理由。这些原因可以是逐渐形成的，也就是说，如果在破坏行动中，这些小的不利因素积少成多，那么即使还没有发生重大事件，统帅也会决定撤退。在此形势下，当然也不会发生决战。

157．退而言之，即使在决战之前，敌对双方一直保持着旗鼓相当的态势，但是有时候一个偶然性的突发事件也能促使其中一方决定撤退。

158．在其中一方不战而退的情况下，应该将这一方视为已经进行过决战。

159．最为常见的一种情况，是决战时机在破坏行动中成熟，但是促使战败者最终下定撤退决心的原因只是一起偶然的突发事件，（而不是对局势的衡量，）在此形势下，我们也应该认为撤退的一方已经进行过决战。

160．既然已经进行过决战，那么这就必然是一种积极的行动。这种决战可能是一次进攻，也可能是一支被隐蔽配置的新的预备队的推进。

161．对于小部队而言，一次夹杂在进攻活动中的白刃战就可以形成决战。

162．对于大部队而言，虽然用单纯的白刃战发动进攻也可以形成决战，但是只用白刃战发动一次进攻很难形成决战。

163．如果军队的兵力极为庞大，那么除了进行白刃战之外，还需要进行火力战。

164．对于由不同兵种组成的大部队来说，决战绝不会只是一次单纯的白刃战，而是必须重新发动一次火力战。

165．在上述情况下发动的火力战具有进攻的特点，因为它的火力比较密集，可以在时间上和空间上发挥集中效果，能够为决战（真正的进攻）进行短时间的准备。

166．如果决战并非一次单纯的白刃战，而是由一系列同时进行或者先后进行的白刃战和火力战组成，那么，在整个战斗中，决战就会成为一次特殊的行动。

167．在这种特殊的决战中，白刃战将会占据主导地位。

168.在这种特殊的决战中,虽然在个别地点可能出现防御,但是由于白刃战居于主导地位,所以进攻也会随之居于主导地位。

169.在会战即将结束时,撤退路线会成为一个迫在眉睫的问题,在此形势下,威胁敌军的撤退线也会成为一种重要的决胜手段。

170.如果情况允许,那么在制订会战计划的初期就应该考虑撤退线的问题。

在1777年的本宁顿战役中被俘获的黑森佣兵

171.如果会战的进展能够为我们提供威胁敌军撤退线的机会,那么威胁敌军撤退线的作用就越大。

172.破坏敌军的队形是能够克敌制胜的另外一种重要手段。

军队进入战斗初期,经过精心安排的作战队形,在经过长时间的破坏行动之后,会遭到严重的破坏。如果其中一方的队形被破坏到一定的程度,那么另外一方集中优势兵力突入前者的阵地中之后就会使前者成为一盘散沙,致使前者无法获得胜利,而只能竭尽全力地保全各个部分,并尽力恢复整体的必然联系。

173.综上可知,如果说在准备活动中应该以尽力节约兵力为主要原则,那么在决战中就应该以尽力投入兵力去战胜敌军为主要原则。

174.在准备活动中应该克制而冷静,在决战中则应该大胆而激昂。

175．在敌对双方的统帅中，通常只有一方是决战的发动者，而另一方则是应战者。

176．如果决战之前敌对双方仍然处于势均力敌的态势中，那么发动决战的一方可能是进攻者，也可能是防御者。

177．由于进攻者的企图是积极的，所以发动决战的往往是进攻者，这也是最为常见的一种情况。

178．如果势均力敌的态势已经遭到破坏，那么发动决战的可能是胜券在握的统帅，也可能是意图一举力挽狂澜的统帅。

179．在上述两种情况中，出现第一种情况的可能性比较大，如果处于第一种情况中的统帅同时也是进攻者，那么这种情况就是更为自然的。

180．然而，如果防御者处于有利地位，那么由防御方的统帅发动决战也是自然的，所以，在破坏行动中逐渐形成的兵力对比，比进攻者和防御者原先的意图更加具有决定性的意义。

181．一个虽然明显落到下风，但是仍然决定发动决战的进攻者，是打算将决战当成实现原先的企图的最后的手段。如果处于有利地位的防御者能够为前者提供备战时间，那么发动这种企图力挽狂澜的决战与进攻者的积极意图就是相符的。

182．（1）如果明显落到下风的防御者仍然决定发动决战，那么这与事物的性质就完全是相悖的，我们也应该将这种行为视为困兽之斗。

（2）能否得到决战行动的成果，取决于能否符合战事的自然趋势。从这个角度来说，只有能够因势利导地发动决战的一方，才能取得决战成果。

183．在敌对双方势均力敌的情况下，往往是率先发动决战的一方能够克敌制胜，因为与会战初期相比，积极因素在会战已经临近决胜的时刻能够发挥更大的作用。

184．在敌对双方势均力敌的情况下，被动迎战的一方的统帅，可能退避三舍，也可能坚守不退，接受决战。

185．如果被动迎战的一方的统帅决定接受决战，那么他的动机可能有两种：

（1）为撤退赢得准备时间。

（2）进行一次真正的战斗，希望利用这场战斗扭转乾坤。

186．如果形势对被动迎战的一方的统帅有利，他也可以选择继续防御。

187．（1）如果发动决战的一方是在因势利导的基础上才发动决战，但是形势对被动迎战的一方有利，而且后者打算选择继续防御，那么接受决战的统帅就必须在一定程度上转入积极防御。之所以提出这种要求，一方面是因为防御者通过防御能够自然而然地得到的利益在战斗过程中已经逐渐消失，另一方面则是因为与会战初期相比，积极因素在会战已经临近决胜的时刻能够发挥更大的作用。

破坏行动和决战行动在时间上的划分

（2）从表面上看，我们在上面所说的每次战斗应该分为两个单独行动的看法[1]似乎是很矛盾的。

188. 之所以产生这种矛盾，一方面是由于人们对战争有根深蒂固的偏见，一方面是因为人们对区分开的事物的概念的理解过于死板。

189. 进攻和防御确实是对立的，但是人们往往将它们之间的对立程度扩大了，认为这两种活动是完全对立的，甚至是在这种对立并不存在的情况下，人们也认为这种对立是存在的。

190. 在这种错误思想的影响下，人们往往误以为进攻者始终是在不间断地前进，进攻过程中之所以力度有所降低，完全是由抵抗引起的，或者说之所以出现这种情况完全是被迫的。

191. 根据这种错误的看法，每一次进攻的开端必然是最为猛烈的突击。

192. 在这种错误思想的影响下，有些人喜欢在准备活动中投入炮兵，如果做不到这一点，他们就以为炮兵会因此而完全丧失效用。

193. 在历史上，人们认为在进攻活动中势如破竹是理所应当的，甚至认为在进攻过程中兵不

查尔斯顿围城战地图，由当时的英国工兵绘制。

萨拉托加大捷之后，美国北部的战事开始逐渐向有利于美军的方向发展，为了扭转局势，英军在美国南部发动大规模反攻，查尔斯顿围城战就是英军在美国南部发动的一场战役，这也是整个独立战争中美军损失兵力最多的一次战役。

---

[1]　每次战斗应该分为两个单独的行动，即破坏行动和决战行动。——译者注

血刃是最为理想的进攻，即使是像腓特烈大帝这样的人，在曹恩道夫会战之前也一直认为不应该在进攻中使用火力。

194．时至今日，虽然人们的这种观点有所改变，但是仍然有许多人认为对于进攻者而言，在占领一个阵地中最为重要的地点的时候也是越早得手越好。

195．在夺取一个阵地中最为重要的地点时，即使那些最重视火力战的人也希望发动进攻的时间越早越好，而且他们希望在距离该地很近的地方用几个步兵营发动齐射，然后发动白刃冲锋。

196．然而，只需要看一看战史以及我们的兵器就可以明白一点：在进攻活动中绝对排斥火力是荒谬的。

197．那些对战争了解得比较多的人，以及对战争有过亲身经历的人都明白一点：一支刚刚发动过火力战的军队很少能够再次被用来发动有力的突击。因此，过于重视火力战是没有什么意义的。

198．在战史中，由于贪功冒进而不得不放弃用惨重的代价才换来的利益的例子比比皆是，所以，占领一个阵地中最为重要的地点时越早得手越好的说法是站不住脚的。

199．综上可知，那种将进攻想象得过于简单的看法是错误的，只有在极少数情况下才会出现这种现象。

200．既然在规模较大的战斗中一开始就发动白刃战和决战的做法与事物的性质是不符的，那么我们自然而然地就需要将战斗区分为为决战所做的火力准备和决战。

201．在很小的战斗中可能不会有这种区分，但是在大规模的战斗中，是否也没有这种区分呢？这并不是说能否不使用火力，而是说这两种行动之间的界限是否会消失，以至于我们不必将它们视为两个独立的行动。

202．或许有人会说一个步兵营在发动冲锋（白刃战）之前应该先进行火力攻击（火力战），这就相当于发动一个行动之前必须先发动另外一个行动，这也就是产生了两个不同的行动。对于一个步兵营来说，情况的确是这样，但是对于一个规模比较大的军队——比如一个旅——来说则并非如此。因为任何一个旅都不会做出所有的步兵营在战争中必须先进行火力射击再进行决战的规定，也就是说在战斗初期，任何一个旅都会直奔目标，至于划分战斗阶段这种事，则可以交给各个营自行解决。

203．经由上述可知，在战斗中并没有针对破坏行动和决战行动而做的统一规定。

然而，当两个营在相距不远的情况下以并列配置的形式作战时，其中一个营的胜负状况则必然会对另外一个营产生影响。此外，由于火器技术的限制，要想使火力攻击发挥效用就必须延长火力攻击的时间，所以这种影响必然会产生更大而且更加具有决定性的意义。因此，在一个旅中，必须在时间方面对破坏行动和决战行动做出某种具有一般性意义的区分。

204．必须做出如上区分还有另外一个重要的原因：与进行破坏活动相比，在进行决战时，人们更喜欢使用生力军。这部分生力军是从预备队中抽出来的，但是就其性质而言，预备队应该是一种属于全军所有的共同财富，不能事先一个营一个营地加以分割。

205. 各个营或旅需要进行一般性的战斗阶段划分,师或者兵力规模更大的军队也需要进行这种划分。

206. 整体越大,构成整体的一级单位就越具有独立性,整体的统一性对这些一级单位的限制就越少,而且在这些由一级单位进行的战斗中也越是有可能出现更多的决战行动。

207. 一个较大的部分(比如构成整体的一级单位)进行的各次决战不会像一个较小的部分进行的决战那样构成一个整体,而是会在时间和空间上有更多的区分,而且这两种不同的活动之间的区别自始至终都是显而易见的。

208. 构成整体的各个部分可能规模会比较大,而且彼此之间的距离也会比较远,在这种情况下作战时,虽然它们的行动仍然会受到统帅意志的制约,但是能够对它们形成制约的统帅意志只是一些最为根本的原则,也就是说,此时各个部分几乎需要完全依靠自己组织战斗。

209. 如果从自身特点来看,某个部分需要进行大规模的决战,那么这些决战对整体的决战就能起到决定性的作用,有时候甚至可以说整体决战反而会包含在这些决战中,或者说在此形势下,

英军在卡姆登战役中剿杀美军

卡姆登战役发生于1780年8月的美国南卡罗来纳州,此次战役以英军胜利告终。

整体进行的决战行动反而会变成不必要的。

210. 比如一个旅(参加会战的最高级单位是军)在一次大会战初期接受的任务是攻占某个村庄,那么为了达到目的,这个旅就需要独力进行破坏行动和决战行动。对于整体决战而言,攻占这

个村庄或多或少地会对它产生一些影响，但是如果说它在很大程度上能够决定整体决战，或者说攻占这个村庄就是决战本身，那么这就是与事物性质不符的言过其实之说。因为在会战的开始阶段，这个旅的活动在整体活动中只是一个很小的部分，并不能决定整体的决战。相反，由于这个旅的活动只能削弱敌军，所以我们反而可以将这个旅的活动视为整体活动中的破坏活动。

如果一个兵力庞大的军奉命占领敌军阵地中某个重要的部分，那么这个军自然而然就会占据举足轻重的地位，甚至可以说这个军的活动能够决定整体的成败。换言之，如果这个军达到了自己的目的，那么其他决战就是不必要的。有时候由于距离和地形原因，在会战过程中只能给这个军下达有限的指示，所以必须同时将破坏行动和决战行动交给它。这样做的话，或许就不会有进行整体决战的可能，或者说整体决战会被分解为几个大单位独力进行的决战。

211．上述情况在大会战中屡见不鲜，所以，僵硬地将战斗区分为两种活动的做法与大会战的进程是互相矛盾的。

212．我们之所以如此重视对战斗活动的区分，根本不是想使人们重视这两种活动的严格意义上的界限，并把这一点作为一个实际原则，而只是想让人们在概念意义上将这两种本质不同的事

考彭斯战役

考彭斯战役发生于1781年1月，在这次战役中，美军击败英军，扭转了南方的战局。图中所描绘的是此次战役中极为具有戏剧性的一幕：一个无名小兵（左）拔枪射击，保护处于敌人包围中的华盛顿（骑白马者）。

物区别开,并且想指出这种内在区分自然也决定着战斗形式。

213.在小规模的战斗中,白刃战和火力战是互相对立的,所以战斗形式的区分也表现得最为明显。但是在大规模的战斗中,这种区分就会模糊化,因为这两种战斗形式在此形势下会交织在一起,但是由于它们的规模此时会变大,而且占用的时间也会增多,所以它们在时间上的距离也会被拉大。

214.如果决战已经由第一级单位发动,那么对整体而言,就没有再区分白刃战和火力战的必要,但是从大体上来看,还是会出现这种区分的痕迹。因为无论人们是想让各级单位同时发动决战,还是想让它们依次发动决战,总是力求在时间上将这些由不同单位进行的决战联系起来。

215.经由上述可知,对于整体来说,这两种行动的区别是绝对不会消失的,或者说在整体中消失的那一部分,在第一级单位中必然会重新出现。

216.只有按照上述理解我们的观点,才能既不会丧失现实意义,又可以使指挥官在一次战斗中注意发挥这两个行动各自应有的作用,以免行动过早或者贻误战机。

217.如果没有给破坏活动提供充足的时间和空间,那么我们就会由于行动过早而陷入贪功冒进的陷阱,在此形势下进行决战当然会面临不利的结局。这种后果有时候是陷入灭顶之灾,有时候是遭到惨重的损失。

218.如果因为缺乏勇气或者判断失误,所以没有在时机成熟的时候进行决战,那么这就是贻误战机。这样做的后果是必然会浪费兵力,也有可能会产生实际的不利。因为决战时机是否成熟一方面取决于破坏行动的持续时间,一方面取决于时机是否有利。

战斗计划的定义

219.(1)战斗计划是维系战斗统一的纽带,每次采取共同行动时都需要这种统一,所谓的统一就是战斗目的。构成整体的各部分为了更好地达到目的,都需要做出一些规定,而做出规定的基础就是战斗目的。因此,制订战斗计划就是确定战斗目的,并根据这个目的做出各种相应的规定。

(2)我们在这里将战斗计划理解为针对战斗做出的一切规定,也可以说战斗计划就是理智对所有的物质的整体作用。

(3)有的规定是事先做出的,有的规定是临时做出的,这两种规定之间的差别是很明显的。

(4)事先做出的规定是真正的计划,临时做出的规定是指挥。

220.临时做出规定的依据,往往是敌对双方之间的相互作用。

221.事实上,军队的编组形式就是计划中固有的一部分,所以我们可以将许多单位合并为少数单位。

222.与整体战斗相比,在部分战斗中进行这种编组更为重要,因为在部分战斗中,这种编组往往是构成整体计划的基础,而且兵力越小,情况越是如此。比如在一次大会战中,一个步兵营只需要根据操典和教练的规定进行部署即可，但是对于一个师来说，这样做却是远远不够的，因为它需要更多的专门规定。

223. 然而在整体战斗中，编组却很少能够等同于所有的计划，即使是兵力最小的部队也是如此。有时候为了能够自由地进行一些特殊部署，在计划中必须改变原来的编组形式。比如对敌军

塔尔顿爵士

塔尔顿爵士是约克围城战期间英军统帅康沃利斯勋爵的臂膀，此战过后，为了推卸战败责任，塔尔顿与康沃利斯因互相指责而交恶，几乎彻底断绝来往。

的一个小防哨发动袭击的骑兵连,往往需要像一支大部队那样分为几个独立的纵队。

战斗计划的目标

224.战斗目的能够使整个计划成为一个统一体,所以可以将战斗目的视为战斗计划的目标以及所有的行动都应该遵循的方向。

225.战斗的目的是克敌制胜,或者说战斗的目的是为了产生第四条中所说的那些对胜利具有决定性意义的情况。

226.只有在歼灭敌军的前提下,才会出现第四条中所说的各种情况,所以歼灭敌军几乎是适用于各种情况的手段。

227.然而,在大多数情况下,歼灭敌军就是主要的战斗目的。

228.如果歼灭敌军是主要的战斗目的,那么制订战斗计划时就应该以尽可能多地歼灭敌军为目标。

229.如果第一条中列举的其他目的比歼灭敌军更为重要,那么歼灭敌军就只是一种居于次要地位的手段。此时,我们就不需要尽可能多地歼灭敌军,而只需要量力而为即可,或者说在此形势下,我们可以选择达到目标的捷径。

230.(1)有时候即使不采用歼灭敌军这种手段也能达到第四条中第四项至第七项所说的迫使敌军撤退的目的,也就是说通过机动战胜敌军,而不是通过战斗战胜敌军。然而,这并不是胜利,所以,只有当人们追求的是其他目的而不是胜利的时候才能用到这种方法。

(2)有时候使用军队的前提虽然仍然是歼灭敌军,但是这种战斗只是有可能发生,而不是一定会发生。因此,当人们不是以歼灭敌军为目标而是以其他目的为目标时,都是以这些目的会产生效果而且不会遭到敌军的反噬为前提的。如果不存在这个前提,那么我们就不能把这些目的作为目标,否则这个计划就是错误的。

231.以上述为基础,可以得出一个结论:如果说歼灭大量的敌军是获胜的条件,那么在制订战斗计划时,就必须把歼灭敌军作为计划中的主要事项。

232.机动本身并非战斗,只有在通过机动活动无法达到目的时才能使用战斗,所以整体战斗的法则对于机动活动是不适用的,而且在机动活动中能够产生作用的特殊因素也不能帮助战斗理论确立任何法则。

233.在实施战斗计划时出现混乱现象是在所难免的,但是这并不妨碍在理论上将性质不同的事物区别开。因为只有在了解了每个部分的特性之后,我们才能将它们结合起来。

234.经由上述可知,在任何情况下,歼灭敌军都是目的。在能够歼灭敌军的前提下,第四条中所说的第二项至第六项的情况才会出现,而且只有在这些情况作为独立因素出现之后才能与歼灭敌军发生相互作用。

235.在上述情况中反复出现的结果只能被视为在歼灭敌军的前提下才会出现的结果。

236．如果说在战斗计划中可以做出一些具有普适意义的规定，那么这些规定必然与如何有效地使用军队去歼灭敌军有关。

胜利的大小与胜算的关系

237．在战争中，精神力量和精神效果是难以进行确切计算的，所以使用什么手段能产生什么结果也是难以确定的。

238．在军事活动中不断发生的偶然性事件也会降低我们的胜算。

239．凡是在没有胜算的场合，冒险就会成为一种必然需要的因素。

240．就一般意义而言，所谓冒险，就是在明知不可为大于可为的前提下采取行动；就广泛意义而言，所谓冒险，就是在没有把握的前提下孤注一掷。在这里，我们应该按照第二种意义来理解

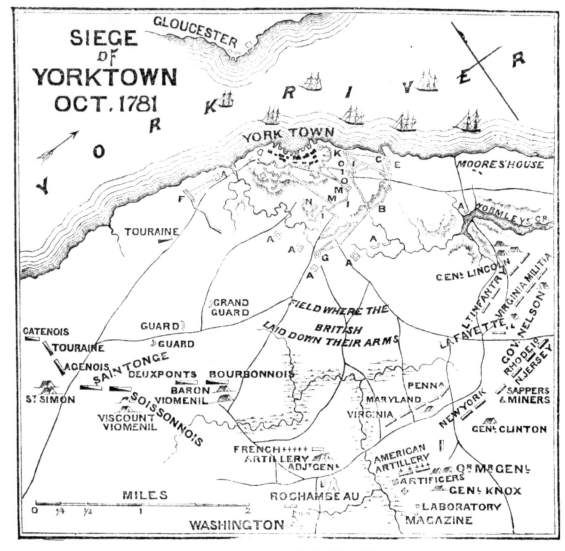

美国人在1875年绘制的约克围城战复原图

冒险。

241．如果在可为和不可为之间有一条界线，那么我们就可以把这条线作为冒险的界线；如果超过了这条界线进行冒险，那么这就是狭义的冒险，也是我们不能容许的。

242．事实上根本不存在这样的一条线。因为战争不仅是一种理智活动，也是一种充满激情和勇气的活动，而激情和勇气是一种在战争中绝对不能被排斥在外的因素，也是一种极为有力的因素。如果过分地钳制它们，那么我们就会因为力量有所削弱而陷入不利境地。由于受到许多因素的限制，在实际中，我们非但往往不会冒险，反而会对越过那条界线畏如蛇蝎，在此形势下，有时候就需要通过非常规方式——越过这条界线——来弥补这种缺陷。

243．对各种条件的估计越乐观，就越想冒险，对胜利的期望就越大，确立的目标也会越大。

244．我们越是需要冒险，胜算就越小。

245．在使用的手段不变的前提下，胜利的大小与胜算是成反比的。

246．胜利的大小和胜算是两种对立的因素，对于这两种因素，我们应该给予它们多大的重视程度呢？

247．在整个战争中，这是一个最为特殊的问题，对此，我们不可能做出一般性的规定。关于这个问题，我们所能说的只有两点。

第一，应该给予胜利的大小或者胜算多大的重视程度，必须视具体情况而定，有时候我们必须孤注一掷。

第二，冒险精神是一种纯主观的东西，无法事先加以规定。我们可以要求一个指挥官用专业知识判断他掌握的战斗手段以及面临的形势，并要求他不要贪功冒进，如果他能做到这一点，那么他想在勇气的驱使下利用掌握的手段做什么，就应该由他自己决定。

胜利的大小与代价的关系

248．为了歼灭敌军愿意付出多大的代价，也是一个与歼灭敌军有关的问题。

249．当我们打算歼灭敌军时，往往会考虑一个问题：使敌军损失的兵力大于我军损失的兵力。然而，并不是在任何情况下都应该做到这一点，因为有时候虽然需要付出比较大的代价，但是只要能够使敌军的兵力减少，我们就可以得到相应的利益，比如我军的兵力非常大的时候就是如此。

250．由于胜利的大小取决于牺牲的大小，所以，即使我们的意图确实是使敌军损失的兵力大于我军损失的兵力，我们也需要考虑牺牲大小的问题。

251．综上可知，为了歼灭敌军愿意付出多大的代价，取决于我军的价值以及具体情况。我们既不能说尽量节约兵力是原则，也不能说无所顾忌地消耗兵力是原则。

各部分的战斗方式的规定

252. 各部分应该在何时何地进行战斗，以及应该如何进行战斗，这些都需要在战斗计划中做出规定，也就是说，我们应该在战斗计划中规定战斗的时间、空间和战斗方式。

253. 在纯概念意义上对各部分的战斗方式所做的规定，与在具体条件下对各部分的战斗方式所做的规定是不同的。

254. 在具体情况下面对有利条件和不利条件时，人们总是千方百计地使有利条件发挥作用，并且想方设法地使不利条件丧失效力，所以战斗计划就必然会因为不同的情况而产生不同的差别。

255. 以一般情况为依据，我们也可以得出一些结论，这些结论为数不多，而且形式很简单，但是它们是一些极为重要而且触及事物本质的结论，也是决定其他问题的基础。

约克围城战即将打响之际，华盛顿下达最后一道军令。

进攻与防御

256.战斗方式只有两种区别,由于这两种区别随处可见,所以它是具有普遍性的。第一种区别是分别在积极意图和消极意图的基础上产生的进攻和防御,第二种区别是在武器性质的基础上产生的火力战和白刃战。

257.从严格意义上来说,防御似乎就是单纯地抵御进攻,所以它只是一面盾牌。

258.如果事实确实如上所述,那么防御就是一种纯粹的消极行动,或者说是一种绝对忍受的活动。然而,战争并非忍受,所以防御不能以绝对消极的概念为基础。

259.通过仔细考察即可发现,即使是武器中最为消极的武器——火器——也具有某种积极特点。此外,无论是在防御活动中还是在进攻活动中,敌对双方使用的武器都是相同的,而且他们运用的战斗方式——白刃战和火力战——也是相同的。

260.经由上述可知,我们必须像看待进攻那样,也将防御视为一种斗争。

261.进行斗争的目的是为了获得胜利,所以进攻和防御的目的都是为了获得胜利。

262.我们没有任何理由假定防御者的胜利是消极的,如果防御者的胜利在某些情况下的确是消极的,那么这只是由于特殊条件造成的,我们绝对不能将这种消极性纳入防御的概念中,否则这种消极性就必然会影响斗争的整个概念,致使概念中出现矛盾。

263.进攻者希望采取行动,而防御者则会选择等待,这是进攻与防御之间的一个极为重要的区别,也是唯一的一个原则性的区别。

264.这个原则性的区别贯穿在整个战争中,也必然会贯穿在整个战斗中,归根结底,进攻与防御之间所有的区别都是从这个原则性的区别中产生的。

265.进攻者希望采取行动,当然是想通过这种行动达到某种目的,而且这个目的必然是积极的,或者说进攻者必然会抱有积极企图。

266.这种积极企图不可能是为了得到胜利,因为胜利仅仅是一种手段。比如当一支军队为了满足荣誉心,或者为了利用胜利所能产生的精神作用增加进行政治谈判的筹码的时候,从表面上看,这支军队追求的是胜利,但是事实上他们追求的是胜利所能产生的影响,而不是胜利本身。

267.虽然进攻者和防御者都有获得胜利的意图,但是产生这种意图的基础是不同的。对于进攻者而言,产生这种意图的来源是利用胜利想要达到的目的;对于防御者而言,产生这种意图的来源则是战斗本身;进攻者的意图是自上而下确定的,而防御者的意图则是自下而上确定的。

268.防御者之所以应战,是因为他们不愿让进攻者实现积极企图,或者说防御者是想保持现状。对于防御者而言,这是一种必要的直接意图,至于他们想要进一步达到的其他意图则是不必要的。

269.经由上述可知,防御者意图中的必要的部分是消极的。

270.(1)只要防御者意图中的必要的部分是消极的,或者说只要防御者希望看到的是保持现状,那么无论何时何地,防御者都不会主动出击,而是会选择等待。

然而,从进攻者采取行动的那一刻开始,防御者就必须从等待状态中脱离出来,此时,他们必须以牙还牙,进攻者和防御者之间的区别也会因此而消失。

(2)如果仅仅在整体战斗中运用如上所说的这一点,那么从表面上看,进攻和防御所有的区别就在于进攻者抢先出手,而防御者后发制人,但是战斗进程本身并不受这种区别的限制。

271.如果将如上所说的这一点运用到部分战斗中,那么希望不发生任何变化的各部分也有可能选择等待。

272.防御者的各部分可以选择等待,进攻者的各部分也可以选择等待。

273.事实上,与进攻者相比,防御者选择等待的情况会多一些,这是由事物的性质决定的。

274.在整体战斗中,人们越是想将防御原则贯彻到全军,那么整个抵抗活动就会更加被动,也会无限接近于绝对的忍受——在我们看来,绝对忍受是极为荒谬的。

275.综上可知,无论是在战斗的初期,还是在整个战斗过程中,进攻或者防御的意图都能发挥具有决定性的作用,在此基础上则会出现两种不同的战斗方式。

276.在任何情况下,我们都必须通过战斗计划规定整体战斗应该是进攻战还是防御战。

277.对于执行特殊任务的那部分兵力,我们也必须通过战斗计划规定他们进行的战斗应该是进攻战还是防御战。

美军发动冲锋,进攻英军的堡垒。

278. 在不考虑那些能够对选择进攻或者防御产生决定性影响的特殊情况的前提下,我们只能得出一个结论:如果想阻止决战就进行防御,如果想寻求决战就发动进攻。

白刃战和火力战

279. 制订战斗计划时必须选择由武器决定的战斗形式,即白刃战或者火力战。

280. 与其说这两种战斗形式是战斗的分支,不如说它们是战斗的原始组成部分。它们是由武器决定的,互相依赖,只有结合在一起才能构成完整的战斗力。

281. 在现实中,每一个战士都必须备有两种武器,各个兵种必须密切配合,这就足以证明我们的看法是真理,不过这并非绝对真理,而只是一种与大多数情况相符的类似于真理的真理。

282. 将白刃战和火力战区分得泾渭分明,只使用其中一种而摒弃另外一种,这种情况是可能的,也是很常见的。

283. 关于这两种战斗形式的从属关系以及投入使用的先后次序,无须在战斗计划中另行规定,因为它们就像军队的编组形式一样,都是战斗计划中固定不变的部分。

284. 如果说针对这两种战斗形式可以提出具有一般性的法则,那么这个法则就是,将这两种战斗形式分开使用只是迫不得已,或者说这只是一种较弱的行动方式。如果人们不同意我们的看法,那么除此之外就没有什么具有一般性的法则了。

凡是必须将这两种战斗形式分开使用的场合,都属于特殊情况的范围。比如当人们打算对敌军发动突袭,或者没有进行火力战的时间,或者认为自己的军队在士气上占据压倒性的优势的时候,就会单纯地发动白刃战,不过这显然是一种个别现象。

时间和空间的规定

285. 一般来说,对于整体战斗而言,时间规定只适用于进攻,空间规定只适用于防御。

286. 然而,对于部分战斗来说,无论是制订进攻战斗计划,还是制订防御战斗计划,都需要对时间和空间做出规定。

时间规定

287. 在战斗计划中对部分战斗做出时间上的规定时,从表面上看好像只有两三点,但是经过仔细观察之后,我们就会发现并非如此:事实上,时间规定中始终贯穿着一种具有决定性意义的重要思想,这种思想就是逐次使用兵力。

美军攻占英军堡垒

逐次使用兵力

288. 从理论上来说,在需要各种力量共同发挥作用的情况下,同时使用力量是一个基本条件。之所以这样说,是因为兵力数量是克敌制胜的一个因素,在其他条件相同时,能够同时投入一切兵力的一方,就能战胜没有同时使用所有兵力的敌人,也就是说能够在时间上高度集中兵力的一方,能够首先击败敌人在先期投入的兵力。

击败这部分敌军之后,胜利者的士气就会有所上升,失败者的士气则会有所下降,因此,即使敌对双方损失的物质力量是相等的,我们也可以说,这种局部胜利能够使胜利者的总体力量超过失败者的总体力量。当然,对于胜利者而言,这也有助于他们在整体战斗中克敌制胜。

289. 然而,得出上述结论的两个前提条件实际上是根本不存在的,这两个前提条件为:同时使用的兵力数量没有最大限度;对于同一支军队的使用没有最大限度。

290. 关于第一个前提条件,由于对于战斗者而言,空间本身对他们的数量就是一种限制,凡是不能被投入使用的战斗者只能被视为无效力量,所以由于受到配置纵深和正面宽度的限制,被投入使用的兵力数量是会受到一定限制的。

291. 除了上述原因,火力战的特性对兵力数量也是一种极为重要的限制性因素。我们在前面说过,在火力战中,在一定的限度内使用较多的兵力只能加强双方的火力战的总体效果,所以,当一方无法从投入的兵力中获得利益时,即使投入再多的兵力也无济于事,在此形势下,兵力数量也就达到了最大限度。

292. 投入兵力的最大限度必须视具体情况而定,比如地形、士气、火力战的直接目的等。

293. 由于投入兵力的数量有最大限度,所以超过这个限度就是对兵力的浪费。

294. (关于第二个前提条件,)对同一支军队的使用也是有最大限度的。在火力战中投入的兵力数量有最大限度,在白刃战中也是如此。如果说与火力战相比,军队在白刃战中遭到的损耗比较小,那么在白刃战中失利时,军队在精神方面遭到的打击则比较大。

295. 每一支在战斗中残存下来的军队都会变成无法继续(即刻)使用的兵力,所以在战斗中会出现一种新的因素:与残存军队相比,新锐兵力占据着不容置疑的优势。

296. 已经被使用过的兵力会变成无法即刻继续使用的兵力,这就是在每次战斗中会或多或少出现的兵力危机。

297. 白刃战实际上没有持续时间。

事实上,在两个骑兵团发动猛烈对冲的一刹那就已经决定了胜负,虽然在发动对冲时,他们会进行真正的搏斗,但是他们真正进行搏斗的时间很短,从时间意义上来说,这段为时短暂的时间几乎是不值一提的。(在进行白刃战的前提下,)对于步兵和大部队来说,情况也是如此。但是,即使可以在发动决战(白刃战)的一瞬间决定胜负,也并不意味着所有的问题都会因此迎刃而解,因为在决战中产生的危机并不会因为胜负已定而完全消失。

华盛顿在新泽西州阅兵

比如对于胜利者而言,虽然他们可以利用骑兵团对失败者发动猛烈的追击,但是此时的骑兵团已经不再是那个能够保持完整队形的骑兵团。虽然在胜负已定之后,胜利者的士气有所上升,但是他们的物质力量却遭到了很大的削弱,他们的队形也被打乱了,他们之所以能够保持优势,只是因为士气遭到打击的失败者面临的情况更为混乱。如果失败者在此时能够调来一支生力军,那么在双方军队素质完全相同的情况下,这支生力军就必然能够扭转乾坤。

298．在火力战中,也会出现上述情况。也就是说,用火力成功击退敌军的这一方,在敌军败退的这一刻,同样处于队形混乱和力量遭到削弱的状态,而且这种状态将会一直持续到一切都恢复正常状态为止。

299．我们针对小部队所谈的一切,同样也适用于大部队。

300．在小部队中,一旦出现危机,这种危机就会以同样的程度迅速蔓延到全军,所以与大部队相比,相同的危机对小部队的打击会比较大,但是对于小部队而言,危机持续时间比较短。

301．与小部队相比,相同的危机对大部队的打击会比较小,但是对于大部队而言,危机持续时间会比较长。

302．只要胜利者的战斗危机还没有消失,那么失败者调来数量比较大的生力军就有可能因凭前者的战斗危机而一举扭转颓势。

303．如上所言是将逐次使用兵力视为有效因素的第二个原因。[①]

304．由于在一系列连续的战斗中逐次使用兵力是可能的,而且同时使用兵力也是有限度的,所以我们可以很自然地得出一个结论:同时使用时无法发挥作用的兵力,可以在逐次使用时发挥作用。

305．通过一系列连续进行的部分战斗,整体战斗的持续时间会被大大延长。

306．在整体战斗时间大大延长的前提下,逐次使用兵力时需要考虑一个新的因素:意外事件。

307．在可以逐次使用兵力的前提下,我们根本无法知道敌军将会如何使用自己的兵力,只有在敌军同时使用兵力的前提下,我们才能做出相应的判断。如果敌军打算逐次使用兵力,那么我们只能进行一些一般性的准备。

308．相对于其他领域而言,偶然性在战争领域中更有用武之地,所以,一旦行动的持续时间被延长,我们就越需要考虑偶然性因素的影响。

309．考虑偶然性因素的影响时,我们必须有一个总体性的考虑,这种考虑就是加强预备队的力量。

配置纵深

310．就需要逐次投入兵力进行的战斗的性质而言,配置生力军是必须做到的。不过,生力军的生力程度是很不同的,他们可以完全是没有经历过战斗的生力军,也可以是虽然经历过战斗,但

---

① 将逐次使用兵力视为有效因素的第一个原因,是同时投入使用的兵力数量和对同一支军队的使用是有限度的。——译者注

是经过休整之后，力量已经有所恢复的生力军。

311．无论是哪一种生力军，对他们进行配置的时候，前提都是必须将他们配置在火力射程范围之外。

312．将生力军配置在火力射程范围之外的程度也是有所不同的，因为火力射程范围不是骤然停止的，而是逐渐停止的。

313．一支生力军被配置得越远，他们在作战的时候力量就越强。

314．被配置在火力射程范围之内的任何军队都不能被视为生力军。

315．在后方配置生力军主要有三方面的原因：第一，替换或者驰援已经疲惫的兵力；第二，决胜时刻出现之后，利用胜利者的危机状态发动猛攻；第三，预防意外事件。

316．所有被配置在后方的军队，无论他们属于哪个兵种，无论他们叫第二线还是预备队，也无论他们是一部分还是一个整体，他们都属于生力军。

同时使用兵力和逐次使用兵力的两极性

317．同时使用兵力和逐次使用兵力是互相对立的，各有各的益处，所以我们可以将它们视为对立的两极。在统帅选择用兵方式时，这两极对他们都有很大的吸引力，只有在能够正确地估计这两极的吸引力的前提下，统帅才能采取最适合自己的用兵方法。

318．我们必须了解这种两极性的法则，也就是说，我们必须在了解这两种用兵方式的利益和条件的基础上，才能进而了解它们之间的关系。

319．同时使用兵力时，投入兵力数量的规则如下：

（1）在双方的正面宽度相等的前提下，在白刃战中投入的兵力应该大于在火力战中投入的兵力。

（2）与上述情况相比，向敌军发动包围时应该同时投入更多的兵力。

320．只有能够同时发挥作用的兵力才能被视为同时使用的兵力，所以，在正面宽度相等的情况下，同时使用兵力的可能性会比较低。比如在火力战中，三列横队还可以勉强同时发挥作用，但是六列横队就不可能同时发挥作用。

321．两条兵力不等的火力线可以互相抗衡，如果一方在容许的范围内减少兵力，那么总体火力效果就会被削弱。

322．火力战的破坏力越弱，要想得到应有的效果所需的时间就越长，所以，希望尽量降低火力战的总体破坏力的一般主要是想赢得时间的一方（通常是防御者）。

323．一般而言，兵力很小的一方也会作如上考虑。因为即使双方损失的兵力相等，兵力较少的一方遭到的损失相对来说也会比较大。

324．相反的条件将会产生相反的利害关系。

325．如果加强火力并不能带来特别的利益，那么双方都会尽力减少投入使用的兵力，当然，减

康利沃斯在约克投降

少兵力时并不会减少到可以使敌军立刻发动白刃战的程度。

326.综上可知，在火力战中，同时使用兵力会因为并不能带来太大的利益而受到限制，所以双方都会改为逐次使用其余的兵力。

327.在白刃战中，数量优势具有决定性的作用，同时使用兵力比逐次使用兵力更为有利，所以在白刃战中，逐次使用兵力这种做法几乎是被排斥的，只有在特殊情况下，这样做才是可行的。

328.在白刃战中，逐次使用兵力的做法之所以是被排斥的，是因为白刃战是一种几乎没有持续时间的决战。

329.然而，就白刃战所带来的危机来看，逐次使用兵力却是非常有利的。

330.如果在整体战斗中，白刃战只是对整体战斗没有决定性影响的部分战斗，那么在白刃战中使用兵力时，就必须考虑可能发生的后续战斗。

331.基于如上考虑，人们在白刃战中就不会投入过多的兵力，而是往往会投入能够有把握地击败敌军所需的兵力。

332.只有在难以发挥战斗效果的情况下才有必要投入更多的兵力。在白刃战中，除此之外，再无任何其他的一般性的法则。

333.对于一般理论而言，我们还有必要指出很重要的一点：在白刃战中，即使同时使用兵力会造成兵力上的浪费，这种浪费也不会像在火力战中的兵力浪费那样会产生很大的不利。因为在白刃战中，军队只有在处于危机状态的情况下才会无法使用，而不是长时间无法使用。

334.以上述为依据可知，在白刃战中，同时使用兵力的前提条件，是无论如何以现有的兵力都可以获胜。由于白刃战中的成果不像火力战中的成果那样可以一个个地累加起来，所以逐次使用兵力根本不能弥补兵力的不足，但是在现有的兵力足以获胜的情况下，同时投入更多的兵力就是对兵力的浪费。

335.我们在上面考察的是在火力战和白刃战中用加大兵力密度的方式来大量使用兵力的问题，接下来，我们将研究一下如何在比较大的正面上，也就是如何在包围战中大量使用兵力的问题。

336.要想在比较大的正面上同时投入大量的兵力进行战斗，我们可以采用以下两种方法：

（1）扩大我们自己的正面，以此来迫使敌军延伸正面，在此形势下，虽然我们面临的形势并不比敌军有利，但是这样做能够使双方同时使用比较大的兵力。

（2）包围敌军的正面。

337.只有在极少数情况下，这种能够使双方同时使用较大的兵力的方法才能对我们有利，而且我们无法肯定在我们扩大正面以后，敌军是否会被迫延伸正面。

338.如果敌人没有延伸正面，那么，我们的正面上多出来的那一部分兵力就只有两种选择，第一种选择是无所事事，第二种选择是包围敌军。如果向敌军发动包围之后能够迫使敌军延伸自己的正面，那么敌军这样做的原因只有一个——害怕被我军包围。

339.然而，如果想要包围敌军，那么比较好的办法是在战斗初期就未雨绸缪，而且我们只能以

签署《巴黎和约》

　　1782 年 11 月 30 日,英美两国签署《巴黎和约》,美国获得独立,图中人物从左到右依次为杰伊、亚当斯、富兰克林、劳伦斯、坦普尔·富兰克林,英国代表拒绝入画。

这种看法为立足点,才能进一步考虑扩大正面的问题。

　　340. 同时使用兵力发动包围时有一个特点:既能增加双方同时投入的兵力总量,也能够使我们投入比敌军更多的兵力。①

　　341. 向敌军发动包围之后能够得到的第二个利益是,如果火器的命中率能够增加一倍,那么集中射击的效果就会大为提高。

　　342. 向敌军发动包围之后能够得到的第三个利益是,能够切断敌军的退路。

　　343. 被包围的兵力越大——确切地说,被包围的军队的正面越大——通过包围能够得到的利益就越小;如果被包围的兵力越小,那么通过包围能够得到的利益就越大。

　　344. 关于第一个利益,我们想说明的是,兵力大小并不会改变火器的射程,也不会改变包围线和被包围线之间的差别,所以,被包围线的正面宽度越大,第一个利益就越小。

　　345. 事实上,完全包围敌军这种现象是很少出现的,也就是说,我们很难在敌军四周构筑一个圆形的包围圈,在大多数情况下,这种包围只是部分包围,通常在一百八十度以下的包围。如果说

────────────

①　这是向敌军发动包围之后能够得到的第一个利益。——译者注

拉法耶特侯爵

　　拉法耶特侯爵是法国历史上著名的政治家，因为先后参加过美国独立战争和法国大革命，所以被誉为"两个世界的英雄"，美国独立战争期间曾任华盛顿前卫部队司令。

被包围的敌军是一个军团，那么很容易就能想象到，在此形势下，我们通过发动包围得到的利益将会多么微弱。

346. 显而易见，第二种利益的情况与第一种利益的情况也是一样的。

347. 同理，被包围的敌军的正面越大，第三种利益也必然会显著减少。

348. 然而，发动包围的一方也会面临一种极为特殊的不利局面：兵力被分散在比较大的空间中。在此形势下，包围战的作用就会在两个方面遭到削弱。

349. 如果包围者需要通过一定的空间，那么在通过这个空间所需的时间之内，他们就无法进行战斗。此时，包围者进行的一切活动都不是与敌军战线垂直的活动，由于被包围者往往是在小圆的半径上活动，而包围者往往是在圆周上活动，也就是说，与被包围者相比，包围者通过的空间会比较大，所以这就是双方之间一个很大的差别。

350. 经由上述可知，与包围者相比，被包围者①能够比较容易地将自己的兵力派遣到不同的地点。②

351. 对于包围者而言，由于传递情报和命令时经过的空间比较大，所以他们的整体的统一性会因此而遭到削弱。③

352. 能够削弱包围战的这两种不利因素的作用是随着正面的延伸而增加的。如果被包围者的兵力只是几个营，那么这些不利因素的作用并不是很明显；如果被包围者的兵力是一个军团，那么这些不利因素的作用即可一目了然。

353. 在兵力很小的军队中，很少会出现或者根本不会出现侧面运动；同理，军队的兵力越大，侧面运动就越多。

354. 在可以观察到的空间内，传达命令（或情报）方面的一切差别都会荡然无存。

355. 正面越小，包围战的利益就越大，正面越大，包围战的利益就越小，所以，我们可以断定，在包围战中，必定有一个利弊相同的平衡点。

356. 如果超过这一点，那么在延伸正面之后，我们非但无法通过逐次使用兵力的方式得到利益，反而会面临不利。

357. 如果想使逐次使用兵力的利益与采取较大正面的利益保持平衡，那么我们就不能越过这个点。

358. 为了找到这个平衡点，我们必须更加明确地考察通过包围战可以得到的利益，找到这个平衡点的最为简单的方法如下。

359. （发动包围战之后，包围者能够得到三种利益，前两种利益为：能够增加双方同时使用的兵力总量，而且包围者有可能投入比敌军更多的兵力；在提高命中率的前提下，能够大大提高集中射击的效果。）因此，从被包围者的角度来看，为了避免这两种不利局面，保持一定的正面宽度就是有必要的。

---

① 有的版本译为包围者，根据上下文来看，这里译为被包围者更为恰当，原因如上所述：包围者在圆周上活动，而被包围者是在小圆半径上活动。——译者注
② 这是能够削弱包围战的作用的第一个因素。——译者注
③ 这是能够削弱包围战的作用的第二个因素。——译者注

360．如果想避免遭到集中射击的危险，那么被包围者只需要适当地延伸正面即可。比如在遭到敌军包围时，将正面向后延伸的部分配置在超过敌军射程的地方就能避免这种危险。

361．然而，配置在每个阵地后方的预备队或者其他组织——比如指挥机关——也应该被配置在敌军的火力射程范围之外，如果这些预备队或者其他组织遭到三面攻击，那么它们就会丧失固有的效力。

362．在大部队中，这些本身就很庞大的预备队和指挥机关必然需要占据比较大的空间，所以，整体越大，这些预备队和指挥机关在火力射程之外的地方占据的空间也就越大，因此，正面必须随着军队兵力的增大而增大。

363．在大部队的后方留下比较大的空间，一方面是因为预备队需要占据比较大的空间，另一方面是因为后方的空间越大，军队的安全就越有保障。之所以这样说，主要原因有两个：第一，流弹对大部队和大辎重队的伤害往往会超过两三个营对他们的伤害；第二，一般而言，大部队的战斗持续时间比较长，所以那些配置在后方的并未真正参加战斗的军队遭到的损失也会比较大。

364．综上可知，如果想为正面宽度规定一个数值，那么这个数值必须随着兵力数量的增加而上升。

365．包围战能够给我们带来的利益中，其中一个利益就是能够同时使用兵力，所以，我们无法为正面宽度规定一个固定的数值，或者说，我们由此只能得出一个结论：这种利益是随着正面的增

华盛顿和拉法耶特

加而降低的。

366．较多的兵力之所以能够同时发挥作用,主要与火枪射击有关。对于火炮而言,只要它能够单独发挥作用,那么,即使包围者在大圆周上配置了很多火炮,被包围者在较小的圆周上也能配置数量相同的火炮,并不会出现空间不足的问题,因为包围者的火炮绝不会多到能够构筑一条漫长的战线的程度。

367．虽然包围者占据的空间比较大,但是被包围者绝不能因此而认为敌军的火炮不是很密集,所以命中率就比较低,因为包围者不太可能将自己的炮兵以单炮为单位平均分配在广大的地区。

368．由于火炮的射程比较远,所以对于包围者而言,在单纯的炮兵战斗或者以炮兵为主要兵种的战斗中,采取较大的包围正面就可以扩大双方的正面之间的差别,而且也可以因此而得到很大的利益,比如围攻某个多面堡时就会出现这种情况。然而,对于以炮兵为辅、以其他兵种为主的军队来说,这种利益就不存在了,因为在此形势下,被包围者并不会面对缺乏空间的问题。

369．经由上述可知,在较大的正面上通过同时使用较多的兵力所能得到的利益,必然表现在步兵的火力战中。

370．(在步兵的火力战中,)包围者与被包围者的正面宽度之所以产生差别,主要与火枪射程有关,如果这种差别消失了,那么对于包围者而言,通过增加正面宽度就能在同时使用兵力这一方面占据显著的优势。

华盛顿和拉法耶特

371. 根据对包围战的前两种利益所作的论述可以得出一个结论：小部队的确很难得到必要的正面宽度，因为经验告诉我们，小部队往往必须改变固定队形才能在很宽的正面上展开。比如一个单独行动的步兵营很少能够按照常态配置的正面宽度作战，而是需要分成连，再将连分成散兵线，除了作为预备队的那一部分兵力，其余的兵力则需要占领比他们应该占据的空间大两三倍乃至四倍的空间。

372. 同理，兵力越大，就越容易得到必要的正面宽度。由于正面宽度虽然是随着兵力的增加而增加的，但它并不是按照相同的比例增加的，所以，大部队不需要变更固定的编组形式，而且可以在后方配置大量的军队。

373. 因为上述原因，在兵力比较大的情况下，人们往往会将配置在后方的军队也编成固定的队形，就像成两线配置的普通战斗队形那样。一般而言，除了这两线配置之外，后方还有由骑兵组成的第三线，此外还有占据总兵力六分之一或者八分之一的预备队。

374. 在现实中，我们可以看到，在兵力比较大的军队中，预备队占据的比例也很大，这就说明总兵力超过正面的需要已经成为一个趋势。

375. 关于包围战的前两种利益，情况就是如此，第三种利益[1]则与此不同。

376. 前两种利益能够增强我军的力量，帮助我军更为有把握地获胜，虽然第三种利益也有这种作用，但是只有在敌军的正面很窄的情况下，这种利益才能产生这样的作用。

377. 如果有切断敌军的撤退线的可能，那么被部署在正面作战的敌军的士气就会一落千丈。

378. 然而，只有当敌军意识到撤退线岌岌可危，并且在这种危险的威胁下，他们已经无视命令与纪律的约束时，才会出现上述情况。

379. 在距离撤退线比较远的情况下，仅仅因为听到背后的枪炮声而感到撤退线有被截断的危险，也能使士兵产生不安的情绪，但是，只要这些士兵不是乌合之众，那么这种不安情绪就不会导致抗命不遵的现象。

380. 在此形势下，虽然包围者通过切断敌军的退路可以得到一些利益，但是我们并不能将这种利益视为能够增加获胜把握的利益，而应该将它视为能够扩大既得胜利成果的利益。

381. 显而易见，包围战的第三种利益也会受到反比例原则的支配，也就是说，敌军的正面越小，这种利益就越大，敌军的正面越大，这种利益就越小。

382.（如果被包围者的兵力比较小，那么在即使撤退线即将被切断的情况下，他们也不需要延伸正面。）然而，如果被包围者的兵力比较大，那么他们就需要延伸正面。因为撤退行动绝对不会在整个阵地的正面上进行，而是只需要在几条通道上进行，而且与小部队相比，大部队撤退时需要更多的时间。由于需要较长的时间，所以也就需要比较宽的正面，因为这样做的话，包围者就很难迅速抵达敌军撤退时所经过的各个地点。

383. 由于在大多数情况下，第三种利益只是对扩大胜利的规模有影响，而不是对胜算有影响，所以，这种利益随着包围者情况和意图的改变会产生完全不同的意义。

---

① 指的是切断敌军的撤退线。——译者注

384.如果获胜的把握不是很大,那么我们首先应该做的是想方设法增加胜算,当然,此时就不必太在意那种能够扩大胜利规模的利益。

385.如果这种能够扩大胜利规模的利益与增加胜算是背道而驰的,那么这种利益反而会变成实际上的不利。

386.如果出现上述情况,那么我们就必须设法及早使逐次使用兵力的利益与延伸正面的利益形成平衡。

387.综上可知,同时使用兵力与逐次使用兵力这两极之间,以及延伸正面与纵深配置这两极之间的平衡点的位置,既会因为兵力的大小而发生变化,也会因为敌对双方的情况和意图的变化而发生变化。

388.兵力较弱且行事谨慎的统帅必然会选择逐次使用兵力,兵力较强且敢于铤而走险的统帅必然会选择同时使用兵力。

389.归根结底,选择哪一种用兵方式还是由事物的性质决定的。

390.对于进攻者而言,最为自然的战斗形式是包围战,即促使敌对双方同时使用兵力的作战形式。

黑斯廷斯战役

在之前的插图中,我们大致梳理了近代之前的西方战史,并重点梳理了拿破仑战史。无论战争的方式有多少种,也无论作战方式有多么先进,有一点是不变的:战争必定会对人类以及人类社会造成伤害。从古至今,这一点始终没有变过。

战争过后，尸横遍地的惨烈场景。

在血流成河的战场上，兄弟相残、骨肉厮杀的惨剧正在上演。

391. 对于防御者而言,他们往往会选择逐次使用兵力的形式,即有可能被包围的作战形式。

392. 包围战有力图迅速决战的性质,反包围战有力图赢得时间的性质,这两种性质与这两种作战形式的目的是一致的。

393. 就防御的性质而言,还有一个促使防御者采取纵深配置的理由。

394. 防御者可以享有的诸多利益中的一种利益,是可以坐享地利之便,所以,在需要扼守的地区进行防御就成了这种利益中的一个重要因素。

395. 有的人认为,对于防御者而言,为了坐享地利之便,就应该尽量延伸正面,这种片面的观点也是促使统帅占领比较宽的正面阵地的一个主要原因。

396. 然而,截至目前,我们考察延伸正面的依据只有两个:或者是为了迫使敌军同样延伸正面;或者是为了延伸我军的侧翼,以便包围敌军的正面。

397. 如果说敌对双方的意图都是积极的,或者说我们并没有从进攻和防御的角度考虑问题,那么利用比较大的正面包围敌军就是比较容易的。

398. 然而,扼守某个地区而进行的防御一旦与正面战斗或多或少地联系起来,我们就很难再对延伸出去的那一部分正面加以利用,因为扼守某个地区而进行的防御很难或者根本不能和延伸的侧翼统一起来。

399. 为了正确地理解上述现象,我们必须联想到实际情况:对于扼守某地而进行防御的防御者而言,地形上的天然障碍很难使他们对敌军的举动一览无遗,而对于进攻者而言,他们有时候利用佯动就能迷惑对方,使对方陷入手足无措的境地。

400. 由上可知,在防御中,如果防御者的正面大于进攻者展开兵力之后的正面,那么对于防御者而言,这就是一种极大的不利。

401. 如果进攻者占据的正面很小,那么在战斗初期,防御者并不需要展开较大的正面就能有力地回击敌军。也就是说,他们只需要采取积极的反包围措施。

402. 由上可知,防御者为了避免因为正面太大而陷入的不利局面,在任何情况下都需要在条件许可的范围内采取最小的正面,因为这样做的话,他们就能在后方部署更多的兵力,而且这些兵力绝对不会像正面过大时那样陷入无所事事的境地。

403. 满足最小的正面,并寻求最大的纵深,对于防御者而言,这是他们在选择战斗形式时的自然倾向,只要能做到这两点,进攻者就一定会选择与此相反的倾向:延伸正面,以便对敌军构筑完整的(圆形的)包围圈。

404. 然而,上面所说的只是一种倾向,而不是原则。因为我们说过,包围战的利益是随着正面的延伸而递减的,所以,当正面超过一定限度之后,就不能再与逐次使用兵力的利益保持平衡了。无论是进攻者还是防御者,他们都会受到这个原则的支配。

405. 在此,我们需要将两种不同的正面延伸区分开:一种是由防御者采取的配置正面决定的;一种是由进攻者延伸侧翼决定的。

406. 如果防御者的正面已经延伸得很长,以至于进攻者的侧翼延伸得再长也无法得到任何利益,那么进攻者就必须停止延伸侧翼。也就是说,在此形势下,进攻者必须通过另外的途径去获取利益。

407.然而,如果防御者的正面已经小到了不能再小的程度,那么进攻者就可以通过延伸侧翼和进行包围的形式来获得利益,当然,在此形势下,也必须重新确定包围的界限。

408.如果在敌军的正面延伸得很长的情况下依然想包围敌军,那么包围者就会面对此前说过的种种不利;如果这种过度包围是由于敌军的纵深比较深,那么包围者就会面临更加严重的不利。

409.在包围者面临上述不利的情况下,正面狭小的防御者通过逐次使用兵力而得到的利益就会具有更加重要的意义。

410.如果进攻者的正面与防御者的正面同样狭小,并且没有包围防御者的意图,那么双方所享有的逐次使用兵力的利益就是相同的,所以,防御者并不会因为正面狭小且采取了纵深配置就能单独享有逐次使用兵力的利益。(在防御者的正面狭小且采了纵深配置的前提下,)如果进攻者打算包围防御者,那么防御者就有可能需要到处构筑与进攻者相对的正面,也就是说,防御者有可能在同样大的正面上进行战斗。

不过,我们还需要考虑四个问题。

411.第一,(在防御者的正面狭小的前提下,)即使进攻者同样缩小自己的正面,防御者也可以始终享有一种利益——将进攻者力求在比较宽的正面上进行的速战转变成集中的持久战。因为对于防御者而言,战斗时间的延长就是一种利益。

412.第二,在被包围的情况下,被包围者并不一定必须在与敌军平行的正面上作战,而是可以攻击敌军的侧翼和后背,事实上,双方所处的空间位置也恰好能给被包围者提供这样的机会。当然,这种用兵方式属于逐次使用兵力,因为在逐次使用兵力的过程中,各次使用兵力的方式可以是不同的。然而,如果纵深很浅,那么被包围者就不可能向包围者发动这种包围。

413.第三,如果防御者的正面狭小,而且纵深很深,那么他们就有可能迫使进攻者发动过度包围,而且他们可以利用配置在后方的兵力从中获利。

414.第四,如果防御者因为正面狭小而在后方配置了很多兵力,那么他们就可以避免一种与这种配置形式相反的错误——(在正面比较宽的前提下)由于正面上的某些部分未能参战而浪费兵力。当然,这也应该被视为防御者的一种利益。

415.上面说的这四点就是通过纵深配置——逐次使用兵力——能够得到的一些利益。在一定的范围内,防御者能够使这些利益与通过延伸正面得到的利益保持平衡,但是进攻者同样也可以这样做;也就是说,这些利益能够使进攻者发动包围时有所顾虑,但是,这并不能完全阻止进攻者将正面延伸到这个界限的倾向。

416.然而,如果防御者的正面延伸得太长,那么进攻者的上述倾向就会减弱,甚至会完全消失。

417.在上述情况下,虽然防御者由于纵深太浅而缺乏后备兵力,致使无法回击在宽大的正面上发动包围的进攻者,但是即使包围者能够获得利益,这种利益也是微乎其微的。

418.在上述情况下,如果量力而行的进攻者并不是很重视切断敌军的退路,那么他们就不会

中世纪的围城战

在战争中，围城战是一种极为有效的战术，但是在极端情况下，尤其是在围城军队异常强大，而守军弹尽粮绝的情况下，城中往往会出现人吃人的惨剧。

寄希望于通过包围战获得利益。如此一来,他们发动包围战的倾向也就减弱了。

419.如果防御者占领的正面过大,致使进攻者可以使这个正面上的一部分敌军处于闲置状态,那么进攻者发动包围战的倾向也会有所减弱,因为对于进攻者而言,这也是一种比较重要的利益。

420.在上述情况下,进攻者不必通过延伸正面或者发动包围战的形式来追求自己的利益,而是可以通过相反的方式获利,也就是说,他们可以通过集中优势兵力攻击敌军的某一个点的方式来获得利益。显然,这就相当于纵深配置。

421.进攻者可以将自己的正面缩小到什么程度,主要取决于三点:

(1)兵力的大小;

(2)敌军正面的大小;

(3)敌军为发动反攻所做的准备。

422.如果进攻者的兵力很小,那么让敌军正面上的任何一部分兵力处于闲置状态都是不利的,因为在这种情况下作战空间比较小,一切都能被尽收眼底,敌军可以迅速将这部分处于闲置状态的兵力运用到其他地方。

423.由此可以得出一个结论:即使在兵力很大且正面很宽的情况下,被进攻者的正面也不能太小,否则就会出现上述不利现象,至少会在局部出现这种不利现象。

424.然而,一般而言,如果防御者因为正面太宽或者消极被动,而没有准备发动反包围的积极企图,那么进攻者就可以通过缩小正面(比防御者的正面更小)而集中兵力的方式来获利。

425.防御者的正面越宽,进攻者就能使更多的敌军兵力处于闲置状态。

426.如果防御者扼守某个地区的意图非常强烈,那么就越容易出现上述情况。

427.一般而言,防御者的兵力越多,就越容易出现上述情况。

428.如果防御者的兵力很大、正面太宽,并且他们扼守某个地区的意图非常强烈,那么进攻者通过集中兵力就能得到最大的利益。

429.人们之所以追求通过逐次使用兵力可以得到的利益,一方面是因为这样做可以利用生力军恢复同一场战斗,一方面是因为这样做可以后使用兵力。

430.综合上述可知,在战争中,由于兵力大小、兵力对比、作战态势、作战意图和作战意志的变动,同时使用兵力和逐次使用兵力之间的平衡点的位置也会发生变动。

431.地形对这个平衡点的位置的变动也有很大的影响。

432.由于情况多变、关系繁杂,我们根本不可能对这个平衡点确立一个绝对标准的数值,但是与这些复杂多变的关系的固定点有关的某种因素毕竟还是存在的。

433.这样的因素有两个,也就是说两个方向上[①]各有一个。

第一个因素是,将一定的纵深视为同时使用兵力的纵深,因此,为了延伸正面而采取比较浅的纵深,只能被视为不得已的下策。当然,这种因素也决定着必要的纵深。

第二个因素是预备队的安全,这个因素决定着必要的正面宽度。

---

① 作者在此处语焉不详,没有说清楚这两个方向是什么,按照我们的理解,它们分别指的是正面阵地的横向和纵深配置的纵向。——译者注

434. 上面所说的必要的纵深是进行一些固定编组的基础。

435. 在利用这个结论为我们进行的一般性考察归纳出最后的结论之前，我们还有必要阐述一下关于空间的规定。

空间的规定

436. 空间的规定能够解决的问题，是整体和各部分应该在何处战斗。

437. 指定整体的战斗地点是一个战略任务，不属于我们在这里论述的范围，在此，我们只讨论与战斗本身有关的部署，所以，我们必须以敌对双方互相接近为讨论这个问题的前提。一般而言，战斗地点不是在敌军所在地（进攻），就是在我军所在地（防御）。

438. 构成整体的各部分的空间规定中，就包含着双方军队在战斗中应该采取的几何形式①。

439. 一般而言，整体的几何形式可以分为两种，即直线式和向心圆式，这两种形式是产生其他

踏着尸山血海前进，胜利者将会成为英雄，但是战场上的累累死尸将无人问津。

---

① 指的应该是军队的作战队形。——译者注

形式的基础。

440.如果敌对双方的军队的确有一较高下之心，那么他们的配置线就必然是平行的。所以，当其中一方沿着与另一方的配置线垂直的方向挺进时，另一方就必须彻底变换正面，与敌军平行。或者说，他们至少需要抽调一部分兵力这样做。此外，后者要想完全发挥作用，还必须将正面上处于闲置状态的兵力向后移，如此一来就会形成向心圆或者向心多边形的配置。

441.无须多言即可明白，在双方的条件完全相同的情况下，直线式是一种对彼此带来的好处和弊端都相同的作战形式。

442.直线式并不是只能从直接的平行攻击中产生，当防御者平行地迎击斜形攻击时也能形成直线式配置。当然，在此形势下，双方的其他条件就不再是相同的，因为新阵地可能不如原先的阵地有利，而且工事建筑有待建设。我们在这里之所以说明这一点，只是为了避免在概念上犯张冠李戴的错误。在此形势下，我们认为对双方利弊相同的只是配置的形式。

443.所谓的向心圆的配置形式其实就是包围和被包围，关于这一点无须再多言。

444.假如我军需要与敌军展开全面战争，那么仅仅根据配置线的几何形式，我们即可指定各部分的空间位置，但是这并不是绝对的。也就是说，我们往往会面对这样一些问题：是否需要与敌军所有的部分作战？如果不是这样，那么我们应该与哪一部分敌军作战？

445.如果我们可以避免与敌军中的某一部分交战，那么，无论是同时使用兵力还是逐次使用兵力，我们都能更有力地打击其余的敌军，或者说，我们可以倾力而为，去打击其余的敌军。

446.在上述情况下，在我们使用兵力的地点，我们就能占据优势，或者至少能够在总体兵力对比方面占据优势。

447.在可以避免与敌军中的某一部分交战的前提下，我们可以将与敌军交战的地点视为一个整体，如此一来，我们就可以通过在空间上尽力集中兵力来增强自己的力量。

448.显而易见，在所有的战争计划中，这种手段是一个极为重要的因素，也是一种常用手段。

449.为了确定在这个意义上可以将哪一部分敌军视为一个整体，对这个问题进行进一步研究就是很有必要的。

450.我们在第四条中已经指出了可以促使其中一方撤退的种种原因。产生这种现象的原因或许与整体军队有关，或者说，它至少与整体中一个极为重要的部分有关，也就是说，与其他部分相比，这部分更为重要，而且能够决定其他部分的命运。

451.不言而喻，对于小部队而言，上述原因与整体军队有关，但是在大部队中则并非如此。在大部队中，虽然第四条中的（4）（6）（7）项也与整体军队有关，但是其他各项——尤其是遭到的损失——则始终只与某些部分有关。因为在大部队中，各个部分遭到的损失很少是完全一样的。

452.那些由于处境不利而必须撤退的部分，都是整体中的重要部分，为了简便，我们称这部分兵力为战败者。

453.这些战败者的配置位置可能是相邻的，也可能平均分布在整个军队中。

454. 无论战败者的配置位置是哪一种情况，我们都没有理由认为其中的某一种能够产生更大的影响。如果一个军团中的某一个军一败涂地，而其余的军毫发无损，那么这与损失均匀地分布在全军中的情况相比，有时候会比较不利，有时候则反而会比较有利。

455. 出现第二种情况的前提，是平均使用与敌军对峙的兵力，但是我们只研究第一种情况，因为我们在这里研究的是不平均使用兵力的效果。

456. 如果战败者的位置是相邻的，那么我们就可以将他们视为一个整体。

457. 如果我们可以搞清楚能够支配整体并且对整体具有决定性影响的某个部分具有什么样的特点，那么在战斗中，我们就可以确定应该把哪一部分敌军作为真正的打击目标。

458. 在不考虑地形影响的前提下，我们只能根据敌军所处的位置和兵力数量来确定打击目标。

459. （关于敌军兵力数量方面，）我们应该区别对待下面的这两种情况：第一种情况是倾尽全力打击敌军的某一个部分，而忽视其他部分；第二种情况是派遣少量兵力牵制其余的敌军。显而易见，这两种情况都是空间上的兵力集中。

460. 可以作为我们的打击目标的那部分敌军的兵力应该为多大，实际上就是我们在此前说过

在千军万马厮杀的战场上，每一个人的性命都命悬一线，在这种形势下，人性还能保留几分？

的正面可以小到什么程度的问题。

461. 在第二种情况下，可以作为我们的打击目标的那部分敌军的兵力应该为多大呢？我们首先假设敌军和我们一样都有积极意图，以此为基础，我们可以得出一个结论：如果我们以主力攻击敌军的次要部分，那么敌军也会这样做。

462. 由上述可知，我们要想获得最终的胜利，就必须使可以作为我们的打击目标的这一部分

敌军的兵力在整体中占据的比例,大于我军所牺牲的那部分兵力在总体兵力中占据的比例。

463. 如果我们打算用四分之三的兵力进行主要战斗,用四分之一的兵力牵制其余的敌军,那么与我军主力交战的那部分敌军的兵力应该占据总兵力的四分之一,甚至是三分之一。

如果战斗的结果是各有胜负——我军用四分之三的兵力打败了敌军三分之一的兵力,敌军用三分之二的兵力打败了我军四分之一的兵力,那么这种结果显然是对我军有利的。

464. 如果我军的兵力占据绝对优势,以至于我们用四分之三的兵力就可以击败敌军二分之一的兵力,那么我们获得最终胜利的可能性就会增大。

465. 我们的兵力数量越是占据优势,可以作为我军打击目标的那部分敌军的兵力就可以越大,我们能够斩获的战果也就越大;同理,我们的兵力数量越少,可以作为我军打击目标的那部分敌军的兵力就应该越小,我们能够斩获的战果也就越小。这种说法与兵力较小的一方更应该集中兵力这个自然法则也是相符的。

466. 不言而喻,做出上面的论述的前提,是敌军为了击败我军的次要兵力所需的时间,与我军战胜敌军主力所需的时间大致上是相同的。如果情况不是这样(敌军所需的时间少于我军所需的时间),那么敌人就可以调集攻击我军次要兵力的那部分兵力来攻击我军的主力。

467. 兵力相差越大,兵力占据优势的一方获胜的时间就越短。这也说明,我们不能随意削减

大战即将打响之际,统帅在前线进行战斗部署,在这一刻开始,他们必须心如铁石,对于此刻的他们而言,胜利就是一切。

　　在战争状态下，当兵力紧张时，往往会出现强行征兵的现象，连老人都不能幸免，在这幅战况惨烈的图景中，我们可以清清楚楚地看到几个老兵正在奋力厮杀。

那部分我们用来准备做牺牲的兵力，而是必须使这部分兵力与他们能够牵制的敌军兵力保持一个适当的比例，所以兵力小的一方的兵力集中程度是有一定限度的。

　　468．在确定打击目标的第二种情况下，我们所作的设想^①实际上是极为罕见的。

　　一般而言，如果防御者以一部分兵力扼守某地，那么这部分兵力就无法被迅速调集到另一个地点向进攻者发动还击。由此可见，进攻者在集中兵力时还可以稍微超过上述比例，比如，如果他们用三分之二的兵力攻击敌军三分之一的兵力，那么在一定程度上来说，他们仍然有可能得到最终的胜利，因为另外三分之一的兵力不太可能像防御者其余的兵力那样被钉死在某地。

　　469．如果有人想对上述结论作进一步的引申，认为如果防御者不主动攻击进攻者的次要兵

---

①　指的是敌军与我军一样都有积极企图。——译者注

力,那么进攻者就必然可以得到最终的胜利,那么这就是一个错误的结论。之所以这样说,是如果防御者不主动攻击进攻者的次要兵力,是因为他们还可以从未受到攻击的兵力中抽调一部分用来抗击进攻者的主力,从而降低进攻者的主力获胜的可能性。

470.可以作为我们的打击目标的那部分敌军兵力越小,上述情况就越有可能出现,一方面是因为空间有限,一方面是因为即使能够击败这部分敌军,我军的整体士气也不会上升太多,而且这种小规模的胜利不太可能会使敌军丧失运用现有的手段去挽回颓势的理智和勇气。

471.只有在防御者既不能通过击败进攻者次要兵力来补偿主力军队遭到的损失,也不能用没有遭到攻击的兵力来抗击进攻者的主力的情况下(出现这种情况,有时候是因为敌军迟疑不决),兵力比较小的进攻者才有通过集中兵力的方式来战胜防御者的希望。

472.通过理论研究,我们应该指明一点:当进攻者集中兵力发动攻击时,防御者有可能会陷入无法进行有力回击的境地，但是并不是只有防御者才会面临这种困境，事实上，有时候进攻者也会陷入这种境地。

473. 为了在某地占据优势，并达到出敌不意的效果，而突然在该地集中大量兵力，使敌军既没有时间向该地派遣同样多的兵力，也没有为发动报复而做准备的时间。（如果能做到这一点，那么这当然是有利的。）但是，在此形势下，要想做到出敌不意，就必须早下决心，抢先行动。

474. 抢先行动有时候是一种利益，但是并不是在任何情况下这都是一种必然有效的绝对利益。

475. 在发动出敌不意的行动时，如果既没有主观方面的有利条件（抢先行动），也没有客观方面的有利条件，但是行动依然成功，那么我们就只能将这视为一种侥幸。然而，我们并不应该在理论上对此有所非议，因为战争本来就是一种无法将冒险活动排除在外的赌博行为。所以，在缺乏所有有利条件的情况下，集中一部分兵力以期侥幸地达到出敌不意的目的也是容许的。

476. 如果其中一方成功地发动了突袭，那么另外一方在一定程度上就不太可能通过报复行动来弥补损失。

477. 我们在上面论述的是可以作为我们的打击目标的那部分敌军的兵力大小的问题，接下来我们来谈谈这部分兵力所在的位置。

478. 在不探讨地形和其他具体条件的前提下，我们只能将两翼、侧面、后方和中央分别视为各有其自身特点的打击目标所在地。

479. 把敌军的两翼作为打击目标，是因为我们可以从这里包围敌军。

480. 把敌军的侧面作为打击目标，是因为这样可以迫使敌军在猝不及防的情况下与我军交战，也能增加敌军撤退的难度。

481. 攻击敌军的后方与攻击敌军的侧面，效果都是一样的，也就是说都可以切断敌军的退路或者可以增加敌军撤退的难度，只是攻击敌军的后方时，这种效果会更好一些。

482. 然而，在敌军的侧面或者后方采取行动时，必须有一个前提条件，那就是能够迫使敌军在侧面或者后方应战。如果做不到这一点，那么我们就会面临很大的危险，因为此时我军可能会处于闲置状态，如果遇到这种危险的是我军主力，那么我们就肯定达不到作战目的。

483. 在少数情况下，敌军会放弃侧面或者后方，尤其是在敌军通过积极发动反击的方式来弥补自己的损失的时候最容易出现这种情况。

484. 中央的特点是，当我军对它发动攻击时能够将敌军的各个部分分割开，一般而言，这种攻击行动被称为突破。

485. 显而易见，突破与包围是相反的。

在行动成功时，这两种作战方式都能对敌军的力量造成很大的破坏，但是这两种作战方式是各有特色的。

第一，包围战之所以有助于增加我军的胜算，是因为它能够震慑敌军的士气。

第二，突破战之所以能够增加我军的胜算，是因为它能够使我军的兵力更加集中。

第三，如果在包围战中投入了很大的兵力，并且获得了成功，那么我们就可以进而直接歼灭敌军。只要能够通过包围战获胜,那么在战后初期,这种成果无论如何都会大于通过突破战获得的成果。

第四,突破战只能间接地歼灭敌军,一般而言,它的效果并不会在大战当天就表现出来,但是随着时间的推移,这种效果就会更多地在战略方面表现出来。

486.集中兵力突破敌军某一个点的前提是敌军的正面过宽,因为在敌军的正面过宽①的时候,用少量兵力很难牵制其余的敌军,而且在我军主力附近的敌军很快就能赶来发起抗击。当我军攻击敌军的中央时,我军主力两侧都会有这样的敌军,但是当我军攻击敌军的其中一翼时,仅仅只有一侧有这样的敌军。

487.经由上述可知,攻击敌军中央的时候,我军有可能会因为遭到敌军的向心反击而陷入不利。

488.因此,必须根据具体情况来选择打击目标。在选择打击目标时,正面宽度、撤退线的位置和状况、敌军的素质、敌军统帅的特质以及地形等,都具有决定性的作用。

489.我们已经研究了集中主力在一个地点发动真正的战斗的问题,虽然这种集中活动可以在多个地点进行,但是这与集中优势兵力攻击敌军中的某一部分这个原则并不是相悖的。然而,随着打击目标的增加,这个原则的力量就会相应地被削弱。

490.我们在上面所说的只是集中兵力能够带来的客观利益,或者说,这是一种通过在主要地点形成有利的兵力对比而得到的利益。除此之外,对于统帅或者指挥官来说,集中兵力还有一个主观原因,那就是尽量将主力掌握在自己手中。

491.尽管在每次会战中,统帅的意志和智慧能够统揽全局,但是这种意志和指挥的力度在向下层贯彻的过程中是逐渐递减的,而且军队离统帅越远就越是这样。当统帅离军队很远的时候,下级指挥官的重要性和独立性必然有所增加,但是这是以牺牲统帅的意志的力量为代价的。

492.在情况允许的范围内,统帅保持最大限度的权限不仅是合理的,而且在不发生反常现象的前提下,这样做也是有利的。

相互作用

493.至此,我们已经论述了与根据军队的性质在战斗中使用兵力有关的一般性的问题,接下来我们还需要考察一个问题:敌对双方的计划和行动的相互作用。

494.制订战斗计划时只能对可以预见的活动做出规定,一般而言,战斗计划只能对以下三方面做出规定:

(1)总体轮廓;

(2)各种准备活动;

(3)战斗初期的具体活动。

495.事实上,只有战斗初期的具体活动可以完全由战斗计划加以确定,战斗过程中的活动则

---

① 按照下文来看,"因为在敌军的正面过宽的时候"似乎是作者的笔误,正确的说法应该是"因为敌军的正面比较小的时候"。——译者注

战场，人性泯灭之地。

只能通过根据具体情况来下达的新指示和新命令来确定，或者说，战斗过程中的活动只能通过指挥来确定。

496. 在指挥战斗的过程中最好也能遵循制订战斗计划时所遵循的原则，因为在这两种活动中面对的目的和手段都是一样的，如果做不到这一点，那么就只能将此视为无法避免的缺陷。

497. 然而，指挥活动和制订计划是两种性质完全不同的活动：战斗计划是在从容不迫的情况下制订的，而指挥活动是在危险步步紧逼的情况下进行的；制订战斗计划时是站在总揽全局的高

度,用比较广阔的视野来解决问题的,进行指挥时则是根据具体而微的现实情况来解决问题的,有时候,人们甚至不是根据具体情况来做决定,而是被具体情况控制。我们在这里不谈这两种智力活动在性质上的差别,只是把它们作为不同阶段的活动区分开。

498. 如果敌对双方都不知道对方的兵力部署情况,那么他们各自就只能根据一般性的理论原则来进行战斗部署。所谓的一般性的理论原则,主要指的是军队的编组形式和基本战术,因为军队的编组形式和基本战术只能以一般情况为依据。

499. 不言而喻,与根据具体情况而进行的部署相比,根据一般情况进行的部署的作用是比较小的。

500．经由上述可知，在敌军有所行动之后有针对性地进行部署显然是有利的，就好像在扑克游戏中下家享有后发制人的利益。

501．不是根据具体情况而进行部署的现象是极为罕见的，甚至可以说是完全没有的。在那些不能被了解的情况中，第一种具体情况是地形。

502．由于只有防御者才能准确地预知战斗将会在何处打响，所以一般而言，能够了解地形的主要是防御者，因为他们能够事先对该地进行必要的勘察。

503．防御者占据某地之后就会将其视为禁脔而不容他人觊觎，所以，虽然进攻者在战斗开始之前也能了解地形，但是这种了解是很不完善的，然而，他们可以通过从别的地方得到的情况制订战斗计划。

504．如果防御者在熟知某地地理条件的基础上想扼守某地，那么他们就会制定某种比较固定也比较详细的用兵方法，如果进攻者能够知道防御者的用兵方式，那么他们就可以有针对性地制订战斗计划。

505．如上所言是进攻者要考虑的第一个问题。

506．在大多数情况下，上述阶段可以被视为双方制订计划阶段的结束，此后发生的一切活动则属于指挥范畴。

507．在战斗中，如果任何一方都不是单纯的防御者，而是都怀有积极企图，都向着敌军推进，那么，只需要根据地形改变固有的部署——比如军队的编组形式、战斗队形和基本战术——就可以用它来代替真正的战斗计划。

508．在整体兵力很少的情况下，上述现象是很常见的；在整体兵力比较大的情况下，上述现象则比较少见。

509．如果在战斗中有进攻和防御之分，那么在双方制订计划阶段结束之后，处于有利地位的就是进攻者，因为防御者的大部分意图会在备战过程中暴露出来。

510．由于上述原因，时至今日，我们依然在理论上依然将进攻视为一种非常有利的战斗形式。

511．然而，如果将进攻视为一种较强的作战方式，那么这就是一种荒谬的看法。

512．通过观察防御者的备战活动，进攻者的确可以窥破敌军的战斗意图，但是这种利益是有限的，我们之所以说上述看法是荒谬的，主要是因为持有这种看法的人高估了进攻者通过窥破敌军意图而能得到的利益。我们并不否认这种利益的重要性，但是这种利益并不意味着一切。对于防御者而言，他们可以把地形作为一种辅助力量，以此在一定程度上加强自己的兵力，在大多数场合下，通过利用地形而得到的利益具有很重要的意义，如果部署得当，那么这种利益将会具有更加重要的意义。

513．如果防御者对地形的利用是错误的，采取的防御方法也是错误的，那么进攻者在制订战斗计划时所能享有的后发制人的利益就会表现得更加明显，有时候，我们甚至可以将在进攻活动中得到的利益——无论是正常利益还是超出预期的利益——完全归于防御者的错误。

514．然而，智力的作用并不是在战斗计划产生之后就终止了，接下来我们将在指挥的范围内考察相互作用①的关系。

515. 指挥的范围,指的就是战斗的过程或者战斗的持续时间。在战斗中,如果用兵方式是逐次使用兵力,那么战斗的持续时间就会越长。

516. 经由上述可知,要想依靠指挥活动斩获辉煌成果,就必须进行纵深配置(逐次使用兵力)。

517. 如此一来,就会产生一个问题:在战斗过程中,是应该主要依靠计划,还是主要依靠指挥?

518. 有意忽略某些现有的根据,而且当这些根据对制订计划有价值时也对其等闲视之,这当然是错误的。这也就是说,应该在现有根据的基础上根据计划尽量详细地规定行动,只有在计划无法触及的领域,指挥才有用武之地,所以,指挥只是对计划的一种补充,或者说之所以会产生指挥,是因为计划本身有一种无法避免的缺陷。

519. 我们在上面所说的计划只是有根据的计划,我们在制订所有具有具体目的的计划时,都不能以假定的推测为依据,而是必须以实际情况为依据。

520. 经由上述可知,在没有根据的情况下,我们就不能利用计划做出任何详细的规定,不做详细规定,也就是相时而动,与强行做出的逆势而为的规定相比,相时而动显然要好一些。

521. 制订战斗计划时,如果追求做出具体而微的规定,那么这就是错误的,因为针对具体细节所做的规定既取决于一般情况,也取决于具体情况。

522. 具体情况的影响是随着时空的扩大而扩大的,所以,事无巨细皆有详细规定的战斗计划往往是错误而有害的。

523. 上述原因也是产生烦琐复杂且华而不实的战斗计划的根源,因为制订这些计划的依据是大部分不符合实际情况的假定。

524. 经由上述可知,与其制订事无巨细皆有详细规定的计划,不如依靠指挥见机行事。

525. 依靠指挥见机行事的前提,是配有强大的预备队(纵深配置)。

526. 从相互作用②来看,进攻者的计划往往比较长远。③

527. 然而,防御者却能够以地形为依据,预先规定战斗进程,也就是说,防御者的计划可以深入战斗中。

528. 如果上述观点可以作为一种可靠的依据,那么我们就可以说,防御者的计划比进攻者的计划详细(更多地依赖计划),而进攻者则需要更多地依赖指挥。

529. 事实上,防御者的这种(在坐享地利之便的基础上所产生的)优越性只是一种表面现象,事实上,这种优越性是不存在的。因为他们根据地形进行的部署活动只是准备活动,而且这些活动是以假定为依据的,而不是以敌军的实际情况为依据的。

---

① 　根据下文来看,这里所说的相互作用应该指的是指挥和计划的相互作用。——译者注
② 　这里所说的相互作用,应该指的是进攻者和防御者之间的相互作用。——译者注
③ 　根据我们的理解,这句话的意思是,进攻者往往是根据防御者的战备活动采取下一步的举措,也就是说,进攻者往往会比防御者多走一步。——译者注

530. 经由上述可知，只有在这些假定有可能与实际情况相符的前提下，这些假定以及防御者以这些假定为依据而进行的部署活动才是有价值的。

531. 防御者在做出假定和根据这些假定进行部署时必须遵循的上述前提条件，必然会使他们受到很大的限制，而且防御者在进行部署和制订计划时必须三思而后行。

　　大战过后的夜晚，士兵在营地听指挥官下达第二天的作战指示，但是不知道到了明天的这个时候，在场的这些人还有多少能活下来。

532. 如果防御者的部署状况和战斗计划过于详尽，那么进攻者就可以避重就轻，[①]使防御者的一部分力量处于闲置状态，对于防御者而言，这当然是对兵力的浪费。

533. 阵地正面过宽，需要扼守的地区太多，都属于上述现象。

534. 事实上，上面所说的这两个缺点就是防御者的计划因为过于烦琐而产生不利的一种表现，也是进攻者在计划得当的前提下能够获益的征兆。

535. 对于防御者而言，只有在无论从哪个角度来看，阵地都非常坚固的前提下，他们的计划才有优于进攻者计划的可能。

536. 如果防御者的阵地不够坚固，或者因为时间仓促而无法在阵地上构筑必要的工事，甚至根本没有阵地，那么他们就应该尽量做到后发制人，并且需要更多地依赖指挥。

537. 上述结论表明，应该追求逐次使用兵力的一方主要是防御者。

---

① 根据我们的理解，这句话的意思是，如果防御者的部署状况和战斗计划过于详尽，那么他们的战斗意图就有可能会暴露无遗，而进攻者则可以针对这种情况避重就轻，击敌软肋。——译者注

538. 我们在前面说过, 只有大部队才能享有狭小的正面所带来的利益, 因此, 防御者应该尽量通过指挥活动使强大的预备队所能提供的辅助性作用得到最大限度的发挥, 或者说, 防御者在制订计划时, 应该尽量避免因为计划详尽所造成的分散兵力的危险。

539. 经由上述可知, 防御者的兵力越大就越有利。

540. 因此, 对于指挥官而言, 在拥有强大的预备队的前提下, 尽量通过逐次使用兵力的方式来延长战斗的持续时间是一个首要的有利条件。无论指挥官的造诣如何, 如果能占据这方面的优势, 那么他们就可以在指挥活动中占据优势。即使一个指挥官的造诣再高, 在缺乏兵力的条件下, 他的指挥活动也很难发挥作用; 即使一个指挥官的造诣很低, 在兵力充足的条件下, 他在战斗过程中也必然会占据优势。

541. 此外, 还有一个客观条件有助于指挥官占据优势, 而且这种优势只会被防御者占有, 这就是熟悉地形。在情况紧急、无法进行详细勘察就需要迅速下定决心时, 熟悉地形能够带来什么利益是可以想象到的。

542. 计划中的规定主要针对的是级别较高的单位, 指挥中的规定主要针对的是级别较低的单位, 这是由事物的性质决定的, 虽然指挥中的规定具有数量上的优势, 但是其中每个具体规定的意义比较小, 如此一来, 计划与指挥在重要性方面的一些差别就互相抵消了。

按照克劳塞维茨的说法, 在近身相搏的战斗中, 敌对双方可能是在个人仇恨的驱使下交战, 但是在火器被发明之后, 在战斗中, 个人仇恨因素已经微乎其微, 对于参战者而言, 所谓的 "敌人" 只是一个可以被击中的目标。

543．指挥活动是相互作用的领域，在指挥活动中，相互作用是永远不会停止的，因为在此形势下，双方是当面对峙，所以，敌对双方在指挥中所做的规定或者是根据双方的相互作用得出的，或者是根据相互作用修改的，这也是由事物的性质决定的。

544．我们在前面说过，在指挥活动中，防御者尤其需要注意节约兵力，而且他们在使用兵力时一般也能够占据优势（因为熟知地形），那么我们可以由此得出一个结论：防御者在指挥的相互作用方面所占据的优势，不仅可以抵消他们在计划的相互作用方面面临的不利，而且还可以在总体的相互作用方面占据优势。

545．无论在具体场合下进攻者和防御者在相互作用方面的关系是什么样的，他们在某种程度上追求的都是后发制人的利益。

546．追求后发制人的利益也是给大部队配备强大的预备队的真正原因。

547．毫无疑问，对所有的大部队来说，除了地形之外，预备队是防御活动中最为主要的有效手段。

指挥特性

548．构成计划的规定与构成指挥的规定有本质上的区别，这是因为智力发挥作用的场合不同。

549．这种不同的场合主要分为三种：根据不足、时间仓促以及存在危险。

550．从总体角度观察某些事物的情况和主要联系时，它们是主要事物，但是，如果缺乏这种总揽全局的眼光，那么这些事物就会变成次要事物，而另外一些次要事物反而会变成主要事物。

551．如果说战斗计划是一张平面图，那么战斗指挥就是一张透视图；前者更像一张缩略图，而后者更像一张写实图。

552．时间仓促非但会影响我们对事物的观察，也会影响我们的思考活动。通过比较、权衡、批判进行的判断活动的作用，没有随机应变的作用大，我们必须看到这一点。

553．无论是自己还是别人，面临巨大的危险时所产生的直观印象必然会影响单纯的智力活动的作用，这是人的天性。

554．如果在任何情况下都难以完全使智力发挥作用，那么我们就只能寄希望于勇气。

555．能够使我们寄予希望的勇气分为两种：一种是视死如归的勇气，一种是犹豫彷徨时敢于采取行动的勇气。

556．我们称第二种勇气为智者之勇，至于第一种勇气，目前还没有能够与之对应的名称，因为第二种勇气的名称也不是很准确。

557．勇气的原始意义，就是面临危险时敢于做出自我牺牲。

558．这种敢于做出自我牺牲的勇气可能有两个完全不同的来源：第一个来源是藐视危险，无论这是出于天性，还是悍不畏死，或者是由习惯养成；第二个来源是具有积极的动机，比如荣誉心、爱国心等。

559. 只有产生于第一个来源的勇气才能被视为真正的勇气、天生的勇气。这种勇气的特点是已经与人的天性融为一体，永远不会消失。

560. 产生于第二个来源的勇气则并非如此，因为这个来源（积极的动机）与面对危险时产生的直观印象是相对立的，有时前者会压倒后者，有时后者会压倒前者。在藐视危险的基础上产生的勇气能够使人更加冷静而顽强，在积极动机的基础上产生的勇气能够使人敢于铤而走险，孤注一掷。

561. 如果能将上述两种勇气结合起来，那么这就是一种完美的勇气。

562. 我们在上面考察的勇气完全是主观产物，只与个人的自我牺牲精神有关，所以我们可以称其为个人勇气 。

563. 不在乎自我牺牲的人，也不会在乎他人的牺牲，在他看来，别人都只是一种工具，他对待自己的方式与对待别人的方式是一样的。

564. 因为具有某种积极动机而敢于冒险的人，也会给他人灌输这种思想，或者说，他们认为自己有权利要求别人服从自己的这种感情。

565. 在上述两种情况下，勇气就会产生一定的客观的影响，它不仅会影响个人牺牲，也会影响统帅或者指挥官对麾下兵力的使用。

566. 如果人们在面对危险时产生的直观印象能够被勇气击倒，那么勇气就会对智力活动产生影响，也就是说，已经摆脱忧虑束缚的智力活动会变成自由的活动。

567. 然而，如果人们根本没有智力，那么即使有勇气也不会产生智力，更不会产生洞察力。

568. 在智力和洞察力不足的情况下，勇气就会成为匹夫之勇。

569. 与匹夫之勇相比，智者之勇有完全不同的来源：产生智者之勇的基础是信念，或者说他们认为进行冒险是必要的，或者说在高明的见解的指导下，他们坚信自己所冒的风险并不像其他人所认为的那么大。

570. 没有个人勇气的人有时候也能产生这种信念，但是只有在这种信念能够反过来影响人的感情，并且能够激发出人的感情中更为高尚的力量的前提下，这种信念才能变成勇气，进而使人在面临危险时保持冷静。从这个角度来说，智者之勇这个名称并不是很精准，因为这种勇气绝对不是从智力中产生的。至于思想能够产生感情，并且这种感情可以在思考能力的推动下不断变得更为强烈，这是任何人都可以依据经验了解的。

571. 一方面在个人勇气的支持下，智力能够被加强，一方面信念又可以反过来加强感情力量，所以，二者因此能够互相接近，融为一体，进而在指挥活动中产生相同的效果。但是这种情况毕竟是很少见的，一般而言，在勇气的支配下进行的活动总是带有从勇气的根源中产生的某些特性。

572. 如果登峰造极的个人勇气能够与登峰造极的智力活动结合起来，那么这种指挥活动一定是最完美的。

573. 在信念基础上产生的勇气，主要指的是在面临许多不确定性的时候，在寄希望于侥幸的前提下而进行的冒险活动，由于个人危险一般不会成为复杂的智力活动的对象，所以这种冒险活

如果说在陆地战中，失败者还有逃生的可能，那么在惨烈的海战中，落入水中的战败者逃生的可能性就是微乎其微的。

动一般与个人危险无关。

574. 经由上述可知，在指挥过程中面临燃眉之险时，感情必然能够为智力提供支持，智力也可以反过来激发感情力量。

575. 在既不完全了解情况也没有足够的时间的前提下，如果人们需要在势危事急的情况下通过判断活动做出正确的决策，那就需要一种高尚的精神力量，我们称这种精神力量为军事才能。

576. 通过观察由许多大大小小的单位进行的战斗，以及由这些战斗而产生的其他行动，我们就可以看到一点：支配低级单位的主要是在自我牺牲的基础上产生的勇气，支配高级单位的则是另外一种勇气。

577. 单位级别越低，行动就越简单，简单的智力活动就越能满足需要，个人（统帅或者指挥官）面对的危险就越大，也就越需要个人勇气。

578. 单位级别越高，个人（统帅或者指挥官）的行动就越重要，影响也越大，因为需要他解决的问题在一定程度上都与整体有关，所以在此形势下，就越需要他具有广阔的视野。

579. 与职位较低的人相比，职位较高的人往往具有广阔的视野，而且能够更加清楚地观察到各种现象之间的联系，但是对总体情况缺乏了解，而且必须通过兵行险招和单纯的智力活动来解决问题的也恰恰是这些职位较高的人。

580. 随着战事的推进，上面所说的指挥特性就越明显，因为此时的战况与最初了解的战况已经产生了很大的差距。

581. 战斗持续时间越长，超出我们预料的偶然性事件就越多，所有的活动越是会脱离常态，也会变得更为繁杂。

582. 随着战事的推进，那些被累积下来的需要解决的事情就越多，个人（统帅或者指挥官）的思考时间也就越少。

583. 在上述情况下，级别较高的单位就会逐渐陷入个人勇气重于一切的境地。

584. 经由上述可知，在每一次战斗中，随着战事的推进，战斗组合的作用会变得越来越小，以至于最后能够发挥作用的仅仅是个人勇气。

585. 在战斗中，能够克服指挥中的困难的因素，主要是勇气以及可以由勇气加强的智力，由于随着战事的推进，敌军也会遇到与我军相同的困难——比如在一般情况下，我们由于失策而造成的损失可以被敌军由于失策而造成的损失抵消——所以，问题并不在于这些因素能够克服什么困难或者不能克服什么困难，而在于我们必须在勇气方面和智力方面胜过敌军一筹。

586. 除了智力和勇气，还有一种很重要的能力，那就是迅速而精准的判断力。这种能力有时候是一种天赋，但是它更多地来自后天的磨炼，也就是说，通过后天的磨炼能够使这种能力成为一种习惯，战争经验的主要价值和战争经验能够给军队带来的巨大的好处就表现在这里。

587. 最后，我们还必须指出一点：既然在指挥过程中，人们总是看重眼前情况，而很难顾及长远情况，那么想要补救这个缺陷就只有一个办法，那就是当人们难以确定自己采取的行动是否正确时，就应该努力将这种行动变成具有决定性意义的行动，而且只要能真正追求由此可以得到的

　　一支击败守军的胜利者的军队即将进驻平民区,面对武装到牙齿的军队,平民能做什么呢? 对于战争,或许我们只能引用一句话作结:"凭君莫话封侯事,一将功成万骨枯。"

各种成果,那么他们就能做到这一点。

　　无论在那一种情况下,指挥整体时必须站在比较高的立足点上,但是,如果无法得到这样的立足点,那么即使站在下级的立足点上,通过上述方式也能将整体引导到既定的方向上。

　　比如一个师长在一次大会战之后的混乱状态中失去了与整体的联系,所以无法确定是否应该再次发动攻击,那么当他决定再次发动攻击时,就必须将攻击活动进行到底,而且他必须努力得到一个能够抵消其他地点在同一时间内产生的不利的结果,才能使自己的军队和整体军队稳定下来。

　　588. 我们在例子中所说的这种行动就是狭义上所说的果断的行动。我们认为,只有通过这种方式才能将偶然性限制在可控范围内。我们所说的这种看法可以使人果断,而果断可以防止半途而废,而且这也是在指挥比较大的战斗时的最为光辉的特性。

图书在版编目（CIP）数据

战争论：插图本 / (德) 克劳塞维茨著；张弛译.
— 长春：吉林出版集团股份有限公司, 2014.12
(汉阅图文馆)
书名原文: The book of war
ISBN 978-7-5534-6150-2

Ⅰ.①战… Ⅱ.①克… ②张… Ⅲ.①战争理论
Ⅳ.①E8

中国版本图书馆CIP数据核字(2014)第274250号

战争论：插图本

著　　者	[德] 克劳塞维茨	
译　　者	张　弛	
责任编辑	王　平　张晓华	
封面设计	观止堂 _ 未　氓	
开　　本	787mm×1092mm　1/16	
印　　张	60	
版　　次	2015年6月第1版	
印　　次	2019年7月第2次印刷	

出　　版	吉林出版集团股份有限公司
电　　话	总编办：010-63109269
	发行部：010-63104979
印　　刷	鑫艺佳利（天津）印刷有限公司

ISBN 978-7-5534-6150-2　　　　　定价：380.00元 (全三册)